市町村会 議員の常識
【昭和3年初版】

東京仁義堂編輯部 編纂

地方自治法研究
復刊大系〔第二六六巻〕

市町村会 議員の常識

〔昭和三年初版〕

日本立法資料全集 別巻 1076

信山社

東京仁義堂編輯部編纂

市町村會議員の常識

東京
仁義堂發行

序に代へて

現今世界的文化發達は實に著しきものあるが然るに吾等國民としてその時勢の進運に伴ふ智識を備へ居るや否やに就ては都會と地方とを問はず何人にも疑はるゝところにして殊に地方に於ては其の縣の縣勢をも知らずして天下國家を論じ市町村民をして五里霧中に迷はしむるもの等あるを見受ける。甚だしきに於ては己が一家をさへ治め得ずして其の市町村を而かも有利に治め得るが如き言論を以て町村自治體の根底を破壞する者さへある。而して町村改善に最も急務なる今日斯る者あるが爲めにその方針を誤り居る町村の損害たるや大なるは勿論であるが責任として町村識者の失態たる事は免がれ難い。いづれの府縣市町村を問はず此の弊害を脱する爲めには尠からず苦心してゐるところにして此の專たるや市町村の識者たるべき卽ち市町村會議員の努力を俟つて改善を圖るべからざるを考へ玆に本書を刊行するに至つたものである。

著者記す

市町村會議員の常識　目次

目次　終

◎大日本帝國憲法

第一章　天皇

◎大日本帝國ノ統治

第一條　大日本帝國ハ萬世一系ノ天皇之ヲ統治ス

◎皇位ノ繼承

第二條　皇位ハ皇室典範ノ定ムル所ニ依リ皇男子孫之ヲ繼承ス

◎天皇不可侵

第三條　天皇ハ神聖ニシテ侵スヘカラス

◎統治權ノ總攬

第四條　天皇ハ國ノ元首ニシテ統治權ヲ總攬シ此ノ憲法ノ條規ニ依リ之ヲ行フ

◎立法大權

第五條　天皇ハ帝國議會ノ協賛ヲ以テ立法權ヲ行フ

◎法律ノ裁可公布及執行

第六條　天皇ハ法律ヲ裁可シ其ノ公布及執行ヲ命ス

◎帝國議會ノ召集

第七條　天皇ハ帝國議會ヲ召集シ其ノ開會閉會停會及衆議院ノ解散ヲ命ス

◎緊急勅令

第八條　天皇ハ公共ノ安全ヲ保持シ又ハ其ノ災厄ヲ避クル爲緊急ノ必要ニ由リ帝國議會閉會ノ場合ニ於テ法律ニ代ルヘキ勅令ヲ發ス

此ノ勅令ハ次ノ會期ニ於テ帝國議會ニ提出スヘシ若議會ニ於テ承諾セサルトキハ政府ハ將來ニ向テ其ノ效力ヲ失フコトヲ公布スヘシ

◎行政命令

第九條　天皇ハ法律ヲ執行スル爲ニ又ハ公共ノ安寧秩序ヲ保持シ及臣民ノ幸福ヲ增進スル爲ニ必要ナル命令ヲ發シ又ハ發セシム但シ命令ヲ以テ法律ヲ變更スルコトヲ得ス

◎官制ノ制定

第十條　天皇ハ行政各部ノ官制及文武官ノ俸給ヲ定メ及文武官ヲ任免ス但シ此ノ憲法又ハ他ノ法律ニ

特例ヲ掲ケタルモノハ各々其ノ條項ニ依ル

◎陸海軍ノ統帥

第十一條　天皇ハ陸海軍ヲ統帥ス

◎陸海軍ノ編成

第十二條　天皇ハ陸海軍ノ編制及常備兵額ヲ定ム

◎宣戰講和及條約締結

第十三條　天皇ハ戰ヲ宣シ和ヲ講シ及諸般ノ條約ヲ締結ス

◎戒嚴ノ宣告

第十四條　天皇ハ戒嚴ヲ宣告ス

戒嚴ノ要件及效力ハ法律ヲ以テ之ヲ定ム

◎榮典ノ授與

第十五條　天皇ハ爵位勳章及其ノ他ノ榮典ヲ授與ス

◎恩赦ノ大權

第十六條　天皇ハ大赦特赦減刑及復權ヲ命ス

◎攝　政

第十七條　攝政ヲ置クハ皇室典範ノ定ムル所ニ依ル
攝政ハ天皇ノ名ニ於テ大權ヲ行フ

第二章　臣民權利義務

◎臣民ノ要件

第十八條　日本臣民タルノ要件ハ法律ノ定ムル所ニ依ル

◎參政ノ權利

第十九條　日本臣民ハ法律命令ノ定ムル所ノ資格ニ應シ均ク文武官ニ任セラレ及其ノ他ノ公務ニ就クコトヲ得

◎兵役ノ義務

第二十條　日本臣民ハ法律ノ定ムル所ニ從ヒ兵役ノ義務ヲ有ス

◎納稅ノ義務

第二十一條　日本臣民ハ法律ノ定ムル所ニ從ヒ納稅ノ義務ヲ有ス

◎居住及移轉ノ自由

第二十二條　日本臣民ハ法律ノ範圍內ニ於テ居住及移轉ノ自由ヲ有ス

◎身體ノ自由

第二十三條　日本臣民ハ法律ニ依ルニ非スシテ逮捕監禁審問處罰ヲ受クルコトナシ

◎裁判ヲ受クルノ權

第二十四條　日本臣民ハ法律ニ定メタル裁判官ノ裁判ヲ受クルノ權ヲ奪ハルヽコトナシ

◎住居ノ保障

第二十五條　日本臣民ハ法律ニ定メタル場合ヲ除ク外其ノ許諾ナクシテ住所ニ侵入セラレ及搜索セラルヽコトナシ

◎信書ノ保障

第二十六條　日本臣民ハ法律ニ定メタル場合ヲ除ク外信書ノ祕密ヲ侵サルヽコトナシ

◎所有權ノ保障

第二十七條　日本臣民ハ其ノ所有權ヲ侵サルヽ事ナシ公益ノ爲必要ナル處分ハ法律ノ定ムル所ニ依ル

◎信敎ノ自由

第二十八條　日本臣民ハ安寧秩序ヲ妨ケス及臣民タルノ義務ニ背カサル限ニ於テ信敎ノ自由ヲ有ス

◎思想ノ發表及集會結社ノ自由

第二十九條　日本臣民ハ法律ノ範圍內ニ於テ言論著作印行集會及結社ノ自由ヲ有ス

◎請願ノ權

第三十條　日本臣民ハ相當ノ敬禮ヲ守リ別ニ定ムル所ノ規程ニ從ヒ請願ヲ爲スコトヲ得

◎非常大權ノ施行

第三十一條　本章ニ揭ケタル條規ハ戰時又ハ國家事變ノ場合ニ於テ天皇大權ノ施行ヲ妨クルコトナシ

◎軍人ト臣民ノ權利義務

第三十二條　本章ニ揭ケタル條規ハ陸海軍ノ法令又ハ紀律ニ牴觸セサルモノニ限リ軍人ニ準行ス

第三章　帝國議會

◎帝國議會ノ組織

第三十三條　帝國議會ハ貴族院衆議院ノ兩院ヲ以テ成立ス

◎貴族院ノ組織

第三十四條　貴族院ハ貴族院令ノ定ムル所ニ依リ皇族華族及勅任セラレタル議員ヲ以テ組織ス

◎衆議院ノ組織

第三十五條　衆議院ハ選擧法ノ定ムル所ニ依リ公選セラレタル議員ヲ以テ組織ス

◎議員ノ兼攝

第三十六條　何人モ同時ニ兩議院ノ議員タルコトヲ得ス

◎立法ト議會ノ協贊

第三十七條　凡テ法律ハ帝國議會ノ協贊ヲ經ルヲ要ス

◎法律案ノ提出

第三十八條　兩議院ハ政府ノ提出スル法律案ヲ議決シ及各法律案ヲ提出スルコトヲ得

◎法律案提出ノ制限

第三十九條　兩議員ノ一ニ於テ否決シタル法律案ハ同會期中ニ於テ再ヒ提出スルコトヲ得ス

◎建議ノ權

第四十條　兩議院ハ法律又ハ其ノ他ノ事件ニ付各々其ノ意見ヲ政府ニ建議スルコトヲ得但シ其ノ採納ヲ得サルモノハ同會期中ニ於テ再ヒ建議スルコトヲ得ス

◎帝國議會ノ召集

第四十一條　帝國議會ハ毎年之ヲ召集ス

◎帝國議會ノ會期

第四十二條　帝國議會ハ三箇月ヲ以テ會期トス必要アル場合ニ於テハ勅命ヲ以テ之ヲ延長スルコトアルヘシ

◎臨時議會ノ召集

第四十三條　臨時緊急ノ必要アル場合ニ於テ常會ノ外臨時會ヲ召集スヘシ
臨時會ノ會期ヲ定ムルハ勅命ニ依ル

◎議會ノ開閉其他

第四十四條　帝國議會ノ開會閉會會期ノ延長及停會ハ兩院同時ニ之ヲ行フヘシ
衆議院解散ヲ命セラレタルトキハ貴族院ハ同時ニ停會セラルヘシ

◎解散後ノ議會ノ召集

第四十五條　衆議院解散ヲ命セラレタルトキハ勅命ヲ以テ新ニ議員ヲ選擧セシメ解散ノ日ヨリ五箇月以內ニ之ヲ召集スヘシ

◎議事ノ定足數

第四十六條　兩議院ハ各々其ノ總議員三分ノ一以上出席スルニ非サレハ議事ヲ開キ議決ヲ爲スコトヲ

得ス

◎議決ノ方式

第四十七條　兩議院ノ議事ハ過半數ヲ以テ決ス可否同數ナルトキハ議長ノ決スル所ニ依ル

◎會議ノ公開ト密會

第四十八條　兩議院ノ會議ハ公開ス但シ政府ノ要求又ハ其ノ院ノ決議ニ依リ祕密會ト爲スコトヲ得

◎議院ノ上奏權

第四十九條　兩議院ハ各々天皇ニ上奏スルコトヲ得

◎請願ヲ受クルノ權

第五十條　兩議院ハ臣民ヨリ呈出スル請願書ヲ受クルコトヲ得

◎議院内部ノ整理

第五十一條　兩議院ハ此ノ憲法及議院法ニ掲クルモノヽ外内部ノ整理ニ必要ナル諸規則ヲ定ムルコトヲ得

◎議員ノ發言表決ノ自由

第五十二條　兩議院ノ議員ハ議院ニ於テ發言シタル意見及表決ニ付院外ニ於テ責ヲ負フコトナシ但シ

議員自ラ其ノ言論ヲ演說刊行筆記又ハ其ノ他ノ方法ヲ以テ公布シタトキハ一般ノ法律ニ依リ處分セラルヘシ

◎議員身體ノ保障

第五十三條　兩議院ノ議員ハ現行犯罪又ハ內亂外患ニ關ル罪ヲ除ク外會期中其ノ院ノ許諾ナクシテ逮捕セラルヽコトナシ

◎國務大臣及政府委員ノ發言權

第五十四條　國務大臣及政府委員ハ何時タリトモ各議院ニ出席シ及發言スルコトヲ得

第四章　國務大臣及樞密顧問

◎國務大臣ノ輔弼ト副署

第五十五條　國務各大臣ハ天皇ヲ輔弼シ其ノ責ニ任ス

凡テ法律勅令其ノ他國務ニ關ル詔勅ハ國務大臣ノ副署ヲ要ス

◎樞密顧問

第五十六條　樞密顧問ハ樞密院官制ノ定ムル所ニ依リ天皇ノ諮詢ニ應ヘ重要ノ國務ヲ審議ス

第五章　司法

◎司法權ノ實行

第五十七條　司法權ハ天皇ノ名ニ於テ法律ニ依リ裁判所之ヲ行フ
裁判所ノ構成ハ法律ヲ以テ之ヲ定ム

◎裁判官ノ資格及獨立權ノ保障

第五十八條　裁判官ハ法律ニ定メタル資格ヲ具フル者ヲ以テ之ニ任ス
裁判官ハ刑法ノ宣告又ハ懲戒ノ處分ニ由ルノ外其ノ職ヲ免セラルヽコトナシ
懲戒ノ條規ハ法律ヲ以テ之ヲ定ム

◎裁判ノ公開

第五十九條　裁判ノ對審判決ハ之ヲ公開ス但シ安寧秩序又ハ風俗ヲ害スルノ虞アルトキハ法律ニ依リ又ハ裁判所ノ決議ヲ以テ對審ノ公開ヲ停ムルコトヲ得

◎特別裁判所

第六十條　特別裁判所ノ管轄ニ屬スヘキモノハ別ニ法律ヲ以テ之ヲ定ム

◎行政裁判所

第六十一條　行政官廳ノ違法處分ニ由リ權利ヲ傷害セラレタリトスルノ訴訟ニシテ別ニ法律ヲ以テ定

メタル行政裁判所ノ裁判ニ屬スヘキモノハ司法裁判所ニ於テ受理スルノ限ニ在ラス

第六章　會計

◎租稅ノ賦課其他

第六十二條　新ニ租稅ヲ課シ及稅率ヲ變更スルハ法律ヲ以テ之ヲ定ムヘシ

但シ報償ニ屬スル行政上ノ手數料及其ノ他ノ收納金ハ前項ノ限ニ在ラス

國債ヲ起シ及豫算ニ定メタルモノヲ除ク外國庫ノ負擔トナルヘキ契約ヲ爲スハ帝國議會ノ協贊ヲ經ヘシ

◎經常歲入ノ確保

第六十三條　現行ノ租稅ハ更ニ法律ヲ以テ之ヲ改メサル限ハ舊ニ依リ之ヲ徵收ス

◎議會ノ豫算議定權

第六十四條　國家ノ歲出歲入ハ每年豫算ヲ以テ帝國議會ノ協贊ヲ經ヘシ

豫算ノ款項ニ超過シ又ハ豫算ノ外ニ生シタル支出アルトキハ後日帝國議會ノ承諾ヲ求ムルヲ要ス

◎衆議院ノ先議權

第六十五條　豫算ハ前ニ衆議院ニ提出スヘシ

◎皇室經費ノ確保

第六十六條　皇室經費ハ現在ノ定額ニ依リ每年國庫ヨリ之ヲ支出シ將來增額ヲ要スル場合ヲ除ク外帝國議會ノ協賛ヲ要セス

◎豫算議定權ノ制限

第六十七條　憲法上ノ大權ニ基ツケル既定ノ歳出及法律ノ結果ニ由リ又ハ法律上政府ノ義務ニ屬スル歳出ハ政府ノ同意ナクシテ帝國議會之ヲ廢除シ又ハ削減スルコトヲ得ス

◎繼續費ノ議定

第六十八條　特別ノ須要ニ因リ政府ハ豫メ年限ヲ定メ繼續費トシテ帝國議會ノ協賛ヲ求ムルコトヲ得

◎豫備費ノ設置

第六十九條　避クヘカラサル豫算ノ不足ヲ補フ爲ニ又ハ豫算ノ外ニ生シタル必要ノ費用ニ充ツル爲ニ豫備費ヲ設クヘシ

◎財政上ノ緊急處分

第七十條　公共ノ安全ヲ保持スル爲緊急ノ需用アル場合ニ於テ內外ノ情形ニ因リ政府ハ帝國議會ヲ召集スルコト能ハサルトキハ勅令ニ依リ財政上必要ノ處分ヲ爲スコトヲ得

前項ノ場合ニ於テハ次ノ會期ニ於テ帝國議會ニ提出シ其ノ承諾ヲ求ムルヲ要ス

◎豫算不成立ノ場合

第七十一條　帝國議會ニ於テ豫算ヲ議定セス又ハ豫算成立ニ至ラサルトキハ政府ハ前年度ノ豫算ヲ施行スヘシ

◎歲出歲入ノ決算

第七十二條　國家ノ歲出歲入ノ決算ハ會計檢査院之ヲ檢査確定シ政府ハ其ノ檢査報告ト倶ニ之ヲ帝國議會ニ提出スヘシ

會計檢査院ノ組織及職權ハ法律ヲ以テ之ヲ定ム

第七章　補則

◎憲法改正ノ手續

第七十三條　將來此憲法ノ條項ヲ改正スルノ必要アルトキハ勅命ヲ以テ議案ヲ帝國議會ノ議ニ付スヘシ

此ノ場合ニ於テ兩議院ハ各々其ノ總員三分ノ二以上出席スルニ非サレハ議事ヲ開クコトヲ得ス出席議員三分ノ二以上ノ多數ヲ得ルニ非サレハ改正ノ議決ヲ爲スコトヲ得ス

◎皇室典範ノ改正

第七十四條　皇室典範ノ改正ハ帝國議會ノ議ヲ經ルヲ要セス

皇室典範ヲ以テ此ノ憲法ノ條規ヲ變更スルコトヲ得ス

◎前二條ニ對スル制限

第七十五條　憲法及皇室典範ハ攝政ヲ置クノ間之ヲ變更スルコトヲ得ス

◎憲法前ノ法令及財務行政ノ效力

第七十六條　法律規則命令又ハ何等ノ名稱ヲ用ヰタルニ拘ラス此ノ憲法ニ矛盾セサル現行ノ法令ハ總テ遵由ノ效力ヲ有ス

歳出上政府ノ義務ニ係ル現在ノ契約又ハ命令ハ總テ第六十七條ノ例ニ依ル

普通選擧法詳釋

選擧は國政に參與すべき代表者を選定する國家の重大なる公事である、故に選擧の爲めに投票を行ふことは立憲國における國民の重大なる責務であると同時にこれに依つて國民自らが國政に參與するのであるから選擧權は憲法治下に於ける國民が有する特權である、卽ち參政權なのである。

而して從來は舊選擧法に依つて之等參政代表者を選定し來つたが第五十四帝國議會が解散となり同時に新《あら》たに布《し》かれた普通選擧法に依て第一次の試練《しれん》を經たが此の普選法が選擧法上における一大改革であるだけに可《か》なりの難解な點を多數に含《ふく》んでゐる、此處に普通選擧の手引ともなるべき衆議院議員選擧を大綱《たいこう》として更らに府縣會議員選擧、市町村會選擧等を書き加へて所謂普選なるものゝ詳解を記さうと思ふ。

一　議員の定員

◎衆議院議員選擧　普選定施以前に於ける如く府縣を一區域とする大選擧區と一市又は數郡を一區域とする小選擧區との二種類の中間を採《と》つて今回所謂中選擧區と云ふ區域を定めたのである、卽ち人口十二萬につき一人の議員を選出すると云ふ標準の下にその割當數を見ると全部の選擧區の數は百二十二となる。此の中選擧區百二十二から選出される議員の總數は四百六十六名で卽ち衆議院の定員であるのである。

◎府縣會議員選擧　府縣會議員の定數は各府縣の人口を標準してゐるから從つてそれ〳〵其の數を異にし定員を定むべき割合は左の如くである。

一、府縣の人口七十萬未滿は議員三十人。
二、府縣の人口七十萬以上百萬未滿は五萬を加ふる每に一人を增す。
三、府縣の人口百萬以上は七萬を加ふる每に一人を增す。

◎市會議員選擧　府縣會同樣に人口を標準としたる規定で左の如き割合となる。

一、人口五萬未滿の市は三十人。
二、人口五萬以上十五萬未滿の市は三十六人。
三、人口十五萬以上二十萬未滿の市は四十人。
四、人口二十萬以上三十萬未滿の市は四十四人。
五、人口三十萬以上の市は四十八人。
六、人口三十萬を超ゆる市は人口十萬を加ふる每に四人增加。
七、人口五十萬を超ゆる市は人口二十萬を加ふる每に四人增加。

◎町村會議員選擧　府縣制同樣にその割合は左の如くである。

一、人口五千未滿の町村は十二人。
二、人口五千以上一萬未滿の町村は十八人。
三、人口一萬以上二萬未滿の町村は二十四人。
四、人口二萬以上の町村は三十人。

右の標準に依れば人口五萬の町村と雖も定員は三十人となつてゐるが此の特別の事情ある町村は、條例を設けて特に增員することが出來る規定が加へられてゐる。

二　選　擧　權

◎有資格者　（一）帝國臣民であること〻（二）年齡二十五年以上の男子であつて其の市（町村）內に引續き二年以上住んでゐる者は凡て選擧權を有するものである。帝國臣民であると雖も朝鮮、臺灣、樺太等の植民地には、選擧法が施行《しつこう》されてゐないからこれ等の植民地に居住する人々は選擧權がないわけである。

◎無資格者　普選は普く選擧權を與へるのが本旨であるが女子參政權と二十五歲未滿者以外に次

に掲げる「缺格條項」に該當する者には選擧權は與へられてゐない。

一、精神上缺陷《けつかん》のある者、裁判所から禁治産の宣告《せんこく》を受け後見人を付せられある者、心神耗《こう》弱者、啞《おし》者、聾《ろう》者、其他準禁治産の宣告を受け保佐人を付せられある者。

二、社會生活の落伍《らくご》者、卽ち破産者にして裁判所から破産の宣告を受け復權し得ない者。

三、生活の爲め公私の救助を受け又は扶助《ふじよ》を受くる者、但し解釋に依り軍事救護法又は癈兵院《はいへいゐん》法に依つて救護を受ける者、火災地震水害等で罹災《りさい》救助を受ける者、恩給法等に依つて恩給又は遺族扶助料等を受ける者、工場法鑛業法傭人《やとひにん》扶助令に依つて扶助を受ける者、施藥施療《せやくせれう》を受ける者、學資の補助を受ける者、年末年始等に施與を受ける者、傳染病豫防法に依つて生活費を受ける者、親戚《せき》故舊より體面維持《たいめんいぢ》の爲め補助を受ける者、父兄より扶養《ふやう》を受ける子弟或は子弟より扶養を受ける父兄、其他民法上の如何を問はず事實上家族として同一世帶內にある者より扶助を受ける者、托鉢僧雲水巡禮《たくはちそううんするじゆんれい》等之等は何れも缺格條項には當てにまらないから有權者たることは出來るのである。

四、一定の住所を有しない者、所謂居住に必要な設備《せつび》を有しない乞食浮浪《こじきふらう》人の類。

五、六年の懲役《ちようえき》又は禁錮《きんこ》以上の刑《けい》に處せられた者、但し其の後大赦特赦《たいしやとくしや》を受けるとか又は復權に依つて資格を回復した場合は有權者となり得る。

六、尙ほ惡質の犯罪者には一定の期間だけ選擧權を與へない條項がある、それは皇室罪、放火罪、失火罪、其他各種の破廉恥罪《はれんちざい》を犯して六年未滿の懲役に處せられた者はその刑の執行《しつこう》中は勿論のこと刑の執行を終つた後もその刑期の二倍に相當する期間は缺格者である。

七、華族の戶主と軍人、華族の戶主（卽ち公侯伯子男の有爵者）と陸海軍軍人にして現役中の者、但し身分上は現役に編入せられた者でもその入營期日が來ないので未だ入營しない者又は師休中にある下士官及び兵卒は事實上常業に從來し國民兵役の軍人と異《ことな》らない爲め權利を與へる規定が入れられたのである。

三　被選擧權

◎有資格者　これは帝國臣民であることゝ年齡三十年以上の男子であることの二つの資格さへ備はつてゐるならば被選擧權を得るのである。

◎無資格者　前述選擧權の資格條項に於て缺格條項の部に加へられたる者以外に左の二つの人に

は被選擧權はない規定である。

一、在職の宮内官（尚ほ司法官、會計檢査官、收稅官吏、警察官吏等は在職中は被選擧權はない）

二、選擧事務に關係ある官吏及吏員

◎兼職を禁ぜられる人、　「官吏及び待遇《たいぐう》官吏は在職中議員と相兼ねることを得ず」と云ふ規定に依り議員と官吏は兼職を禁ぜられた、即ち待遇官吏とは神社の神職、學校敎員、産業技術員、土木職員、衞生職員等その中に含まれてゐる。

◎府縣會市町村會議員の被選擧權　「選擧權を存する市町村公民は被選擧權を有す」の規定に基き市町村會議員の選擧權を有つものは凡て市町村會議員には勿論府縣會議員にも選擧される資格がある。只普選法と比較して異《こと》なる點は、

普選法では被選擧權の要件を年齡三十歲以上の者としてゐるが此の場合の被選擧權の方では年齡二十五歲以上の者と規定されてゐる。尚ほ被選擧權の資格のない人は選擧權のない人と同樣であるが地方議會と云ふところから、在職の檢事、警察官吏、收稅官吏、選擧事務に關係ある官吏及吏員、或は市町村の有給吏員はその關係區域内では被選擧權を與へられてゐない、從つて立候補せんとする者は辭職してから後でなければならない次に府縣會議員に當選した後　その職を辭さねばならぬ職業は、

在職中の其の府縣の官吏又は有給吏員其他の職員で、市町村會議員の場合は在職中の市町村の有給吏員、教員其他の職である

四　選擧の手續

◎候補者屆出と保證金　從來行はれた泡沫《はうまつ》候補の屆出《とゞけいで》を阻止《そし》する爲めに普選法は「議員候補者の屆出」と「保證金を供託《きよ、たく》」する新しい制度を設けた、此の候補者の屆出方法は（一）自分自身を候補者として屆出る場合と（二）他人を候補者として推薦《すゐせん》し屆出る場合とがあり、後者の推薦屆出者は選擧人名簿に記載されてある者に限る、尙ほ候補者の屆出期間は選擧期日前七日迄であるが特に死亡したる場合等に備《そな》へる爲め選擧期日の前日迄と云ふ特別の規定を設けてゐる。次で候補者の屆出をせんとする時は、保證金として現金又は（國債證書）金二千圓を供託しなければならない。但し此の供託金は

一、その候補者の得票數が議員の定數で有效投票の總數を除して得た數の十分の一に達しない時

二、選擧の期日前十日以內に特別の事情なくして候補を突然辭した時

以上二つの場合に當るとその供託金全部は政府に沒收《ぼつしゆう》されて了《しま》ふ。

◎無投票當選　選擧の手數煩雜を避《さ》け無益なる競爭を阻止し且つ候補者の屆出制度を重大視する爲め此の普選法には無投票當選の規定を設けた、卽ち屆け出た候補者數が、其の選擧區の議員定數を超えざる時は投票を行はずにその屆け出た各候補者をして何れも當選人と決定するのである。之れが府縣會議員選擧の場合にも同樣此の制度が認められ又市會議員選擧の場合は人口五萬以上勅令指定の大中都市に於ける選擧の場合だけ之れを認め其他は屆出の制度を認めぬと同時にこれも認められてゐない。

五　投票心得

◎投票に際し選擧人の心得　附與されたる尊《たつと》い一票、卽ち選擧權を行使するに際し如何にして投票すべきかにつき之れを簡單《かんたん》に個條書的に云ふならば左の如くである

一、投票は一人一票に限る事

二、投票は必ず本人が行ふ事

三、投票は必ず自書する事
四、候補者一人だけを書く事
五、自分の氏名は決して書かない事
六、投票用紙は折り込む事
七、投票の文字はハッキリ書く事
◎無効投票　もし投票し開票の結果これが無效投票となる場合となつた例等を記せば次の如くである
一、型を用ゐたるもの又は版で捺したもの
二、自書しても塗りつぶして書いた文字の分り兼ねるもの
三、投票所で渡された投票用紙以外の用紙に書いたもの
四、朝鮮文字並に梵《ぼん》字等で書いたもの
◎假投票　若し選擧人にして果して本人かどうかと云ふ疑ひが生じた場合に投票管理者は立合人と會議の上普通の如き投票を拒絶《きよぜつ》し假投票を行ふことが出來る假投票とは別に封筒《ふうとう》に入れ表面には選擧人の氏名を記入し之れを開票管理者の審査に委《まか》せるのである。

◎點字投票　投票の自書主義と云ふところから盲人《もうじん》の投票に限り點字を有效と認めることゝなつた。點字は東京盲學校に於て使用されてゐるものを標準としそれ以外のものは無效である。而して盲人が投票せんとする時は投票管理者にその旨《むね》を申し出づると管理者は調査の上「點字投票」なる印を捺《お》した用紙を渡すそこが備へられたる點字器に依つて投票するのである。

◎不在者投票　職業の關係上選擧當日に不在なるが爲め投票し能はざる者に對し特別の方法に依つて投票し得る制度である、其の範圍は

一、數時間で往復してゐる港灣《こうわん》等の小船舶《はく》又は五噸《とん》未滿及び五十石未滿のものを除く外の船舶の船員並にその船舶に乘務してゐる者等

二、鐵道列車に常時乘務してゐる鐵道係員又は郵便取扱員等

三、演習召集中の者又は敎育召集中の陸海軍軍人

四、海上勤務中の艦船乘員なる軍屬

等であるがその方法としてはその投票者が當日不在となることが豫想された時には其の選擧人の屬する投票區の投票管理者即ちその市町村長に對し不在投票用紙及びその封筒を請求し選擧期日前に特別投票管理者（市町村長又は艦船長）が定めた場所に於て候補者を記入するのである。但し之れは地方

議會の選擧には認められてゐない

六　選擧運動と取締

◎選擧運動員　法律上に於ける取締の中心人物として見るべき有權者のうちから選擧事務長一人を設けることになつてゐる此の事務長を設ける場合、議員候補者若《も》しくは推薦屆出者自身が事務長になる事も出來るが普通の場合に於ては、候補者に依つて選任されるか又は推薦屆出者に依つて選任されるかの二つの內何れかである、而して事務長が選任されたら直ちに所管の警察署に屆出を要する。

此の選擧事務長が選任された後において都合に依つて事務長を換《か》へることは自由であるそれは候補者が辭めさせることも出來れば又推薦者が辭めさせることも出來る然し推薦者が辭めさせる場合には必ず候補者の承諾《しやうたく》を要す尙ほ事務長自から辭することも出來る何れも此の場合には文書をもつて通達するのである。

選擧事務長の仕事としてはその選擧區內に選擧事務所の設置を定め有權者中から選擧委員並に選擧事務員を選任し之れを警察署に屆出選擧費用等は總て事務長の手を通じて行ふのである。

選擧委員と事務員は事務長の手で選任されその數兩者を通じて五十人以內とされてゐる選擧委員は事務長を助けて選擧運動の方針方法等內部に於ける策戰に關係し選擧事務員は事務中心の仕事をする然し之等は嚴格なる區別ではないが選擧事務長と選擧委員は共に實費を貰へるが報酬《ほうしゆう》を受けることが出來ない、只事務員だけが報酬を受けることが出來る

◎選擧事務所　　選擧事務所は候補者一人に付七ケ所以內と規定され、同時に選擧當日の事務所は投票所の入口より三町以內には之れを設けることが出來ない。

斯の如くにして選擧當日に投票所の附近に休憩所《きうけいじよ》を設けることを禁じられてゐる之れは投票所附近に限らず時と場所を問はず休憩所なるものは一切禁じられた

◎應援演說と推薦狀　　選擧運動は候補者と事務長、選擧委員又は事務員に限られ、それ以外の人禁じられてゐる、もし之れを行ふ時は勿論處罰される、が然し第三者にして候補者の爲めに應援演說を誠《こゝろ》みるとか推薦狀を發するとかの運動に限つて許されてゐる。

演說とは言論《けんろん》をもつて大衆に政見を述べ又はその候補者を推薦することであるが集會を催《もよふ》して懇《こん》談したり又は協議したりすることは勿論面接と看做《みな》され演說として認められない

推薦狀とは有權者に發する信書若しくは新聞雜誌の廣告、引札、張札等の推薦も含められてゐる如

く解釋されてゐる

選擧運動員となるには必ず選擧を必要とするが獨立の運動者即ち第三者は資格に制限がない、故に二十五歳以下の者でも婦人でも演說又は推薦狀に依る運動は出來るわけである。但し「選擧事務に關係ある官吏及び吏員はその關係區域內に於ける選擧運動を爲すことを得ず」と云ふ規定に依り之等の人にはたとへ第三者に屬する運動でもその區域內では絕對に出來ないわけである

◎文書圖畫の制限　文書圖畫とは候補者が政見發表に用ひる爲めの新聞及び雜誌を初めパンフレツト、ポスター、ビラ、引札、張札等にして文章と繪畫とを問はず選擧運動の爲めに有權者へ配つたり又は辻《つじ》などへ揭げたり張り出したりするものを云ふ、而してポスターやビラ等へはその責任者を明かにする爲め表面には氏名と住所を記入することになつてゐる

尙ほ之等引札張札の類は二度刷《ずり》もしくは二色以下とし大いさは長さ三尺一寸、幅二尺一寸以內と規定されてゐる

それから名刺は地色を白色に限られる大いさの制限だけはない

立看板は候補者一人に付百個以內に限られ地色を白色とし文字は黑色に限り大いさは縱《たて》九尺、橫二

尺と規定されてゐる、而して事務所を中心として一町以内の區域に二個以上を禁じ選擧當日は投票所の入口から三町以内はポスター、ビラ、立看板等を禁止されてゐる

◎戸別訪問の禁止　　普選法が實施されて以來戸別訪問が一切禁ぜられたばかりでなく有權者の一人々面談し或は電話をもつて投票を依賴するが如きも禁ぜられた。戸別訪問と云つても他の用事の爲めに訪問することは勿論差支《さしつかへ》はないが要するに投票を得る目的をもつて又は得せしめぬ目的をもつて訪問するを指すので、而して連續して面會するを戸別訪問と云ふのである、連續して訪問するとは必ず隣家へ隣家へと行くのみならず昨日は甲部落の等を訪問し今日は乙部落の等を訪問することも矢張り戸別訪問として認められることになる

府縣會議員選擧運動と取締

府縣會議員の選擧運動に關しての取締規定は以上のものと同じであるが只選擧事務所の數と選擧委員及事務員の數に相違がある、卽ち

選擧事務所は選擧區の大小に依つて二段に規定され、選擧區（市郡）の配當議員數をもつて選擧人名簿記載の總數を除して得た數が一萬以上の時は三ケ所以內、又一萬未滿の時は二ケ所以內と云ふ

のである。

選擧委員又は事務員も前記の計算に依り一萬以上の時は二十人以內、一萬未滿の時は十五人以內とされてゐる。

市會議員選擧運動取締

市會議員選擧運動取締は人口五萬以上の都市は府縣會議員と同樣にして、事務所の數は議員の定數で有權者總數を除《ぢょ》し一千以上の場合は二ケ所以內、一千未滿の場合は一ケ所。選擧委員及事務員の數は右の數が一千以上の場合は十五人以內、一千未滿の場合は十人以內である。

右の外人口五萬未滿の都市に於ける場合は普選法取締規定の內の一部卽ち

一、選擧の當日は投票所より三町以內に事務所を設けざること

一、すべて休憩所等は設けざること

一、戶別訪問を禁止したること

一、選擧事務に關係ある官吏及吏員に對し選擧運動を禁じたること

一、文書圖畫の制限をなしたること

以上の如くその一部のみ適用されてゐる。

町村會議員選擧運動取締

町村會議員の選擧運動取締は矢張り普選法の一部にして前記人口五萬未滿の小都市の取締に於けるものと同樣である。

七　選擧運動費

◎運動費の制限　金力選擧の弊を除く爲めにその最高額を限つて運動費の制限を爲した、卽ち全國平均を一萬二千圓と云ふ目標《もくしよう》を樹《た》て此の計算法を選擧人の總數を選擧區の議員定數で除し之れに四十錢を乘じて出來た數これを制限額と定め此の額以上に支出することが出來ない

◎制限額を越せば當選無效　以上の算出方法に依り定められたる運動費がもし支出超過《てふくわ》となつた場合はその候補者が當選しても無效である

◎選擧郵便は一回無料　選擧運動費用の制限と共に立候補に際し政見發表の文書とか選擧運動の爲めの文書とかはその選擧區內の有權者全部に對し一回だけ無料で配達する規定が設けられた。その郵便物の規定は左の如くである

一、重量十匁までの無封の書狀或は私製はがきの何れかなること
一、差出人は事務長を選出した候補者又は推薦屆出者
一、表面左方上部の普通切手を貼る個所へ必ず「選擧」と記入すること
一、市町村每に同文なること、但し數種類にてもよく又市の內（東京大阪京都名古屋の各地は區）
一、同一市町村內に配達するものは之れを一束《たば》として一回に差出すこと

府縣會議員選擧運動費用

府縣會議員選擧の際も同樣運動費を制限してゐるが此の場合の制限額算出法は選擧人の總數を選擧區の議員配當選で除しこれに四十錢を乘じて出來た數之れがその制限額となるが普選法と異る點は無料郵便物の差出が許されてゐない

市會議員選擧運動費用

市會議員の選擧の際は前述の人口五萬以上の大中都市は府縣制と同じ取扱ひにして算定法は名簿に載《の》つた選擧人總數を議員の定數で除し之れに四十錢を乘じて得た數は制限額で人口五萬以下の小都市は運動費用の制限がない

町村會議員選擧運動費

町村會議員選擧には選擧運動の費用は何等制限されてゐない

八　選擧違犯と罰則

◎買收は懲役　　普選法に於ける買收の罪は懲役刑を認め重罪犯として處罰することゝなつてゐる

◎選擧犯罪と選擧權及被選擧權　　選擧違犯に依つて罰金以上の刑に處せられた者は舊法では衆議院議員の選被兩權を五年間禁ぜられたが新法では府縣會議員、市町村會議員の選被兩權をも共通して

禁止されることゝなつた

◎買收　　候補者自身が當選を得んが爲めに買收する場合、候補者の運動員が候補者を是非當選せしめんが爲めに買收する場合。候補者の運動員が他の候補者を落選させんが爲めに買收する場合の何れを問はず、投票の買收を行へば重き選擧違犯として處罰される、卽ち金錢物品供與の利益に依る買收、公私の職務に依る買收、饗應《きやうおう》接待に依る買收等何れを問はず目的に依つての買收は犯罪となるのである

◎運動後の報酬　　選擧運動を爲したる後に選擧人又は運動者に對し報酬を與へる場合

選擧人の場合ある候補者の爲めに投票を爲した事、ある候補者の爲めに投票をしなかつたこと

運動員の場合ある候補者の爲めに運動を爲したこと、ある候補者の爲めに運動を中止したこと

選擧人と運動者の場合右の投票、選擧運動に關して周旋《しゆうせん》、勸誘《くわんゆう》を爲したこと

以上の場合に一切の利益を、供與、申込、約束《やくそく》をすれば處罰されることゝなつてゐる

◎利益の要求　　もし選擧人が利益を得て投票せんとした場合並に之等違犯行爲を爲さしめる爲めに周旋し或は勸誘したる者も同樣處罰される

◎候補者當選人を辭めさせる事　　候補者を買收し又は報酬を約束して辭任せしめた場合の犯罪は

左の三ケ條に該當《がいたう》する者は處罰される

一、屆出後候補者を辭めさせふ事

一、屆出前候補者たらんとする者を斷念させる事

一、承諾期間中選擧後の當選人を辭任させる事

◎選擧運動妨害《ばうがい》　暴行《ばうかう》もしくは威力《ゐりよく》を加へること、選擧人を拐引《かいいん》すること、交通又は集會の便を妨《さまた》げること、演說を妨害すること、不正の方法で自由を妨害すること、利益關係にて威逼《ゐふく》すること等選擧運動を妨げ當選を妨害すること等は處罰されることゝなつてゐる

◎選擧職員への暴行　投票管理者、開票管理者、選擧長、立會人、選擧監視者等之等選擧職員に對し暴行を加へ又は脅迫《きようはく》を加へたりすること、選擧會場又は投票所で騷《さわ》ぎ立て混亂狀態を起さしめること、投票、投票函、關係書類をひつくり返したりすること等何れも罰せられる

◎多數集會して暴行　選擧に際し多數集會して警察官が解散命令を行つても解散せぬ場合等は首《しゆ》魁《くわい》を首《はじ》め指揮《しき》率先《そつせん》し助勢した者附加隨行した等何れも罰せられる

◎官吏吏員の選擧妨害　官吏吏員が故意に職務を怠《おこた》ること、職權を濫用《らんよう》すること、投票の秘密を侵《おか》すこと等は何れも處罰

◎演說又は文書の煽動《せんだう》　演說又は新聞紙、雜誌、パンフレット、ビラ等で選擧違反を犯《おか》さしめる目的で人を煽動した者又は演說、言論《げんろん》機關等で候補者の身分、職業又は經歷に關して虛僞《きよぎ》の事項を發表、或は掲載したり撒布《さんぷ》したりした者は處罰される

◎其他の處罰　右の外左に掲げた事柄はすべて違反である

一、選擧に關し兇器《きようき》其他人を殺傷《さつしよう》することの出來る物を携帶《けいたい》した者

一、右兇器を携帶して選擧會場、開票所又は投票所に入つた者

一、選擧に關し多衆聚合し若しくは隊伍《たいご》を組んで往來し又は喇叭《らつぱ》等を鳴らし旗を押し立てたりして氣勢を張り、警察官の制止を受けるもその命令に從はない者

一、選擧人でない者が投票した時

一、氏名を詐稱《きしよう》し其他詐僞《さぎ》の方法で投票したる者

一、投票を僞造し又はその數を增減したる者

一、立會人が義務を缺く時

◎選擧違反の時效　選擧違反の時效の完成を六ケ月と定められ、但し投票僞造の罪は一年、尙ほ犯人が逃亡した時の時效は一年である

府縣會市町村會議員の場合

府縣會議員及び市町村會議員の選擧の場合の選擧違反も普選法の罰則が準用される。

第一節　市町村及區域

詳釋　市制第一條及町村制第一條

本條は新市町村制施行に當り區域の限界を明確にしたまでのことである。舊制度を改めて新制度施行となるも、其の區域は從前通りで變動なき旨を示したのである。市町村の區域は恰《ちか》も國家の領土の如きもので、其の土地に於ける自治權の行はるゝ範圍である。從つて其の區域內にて諸財產を有するものは又は他より入來の者は其の本籍《ほんせき》の如何を問はず其の土地にて規定された規約を遵守《じゆんしゆ》すべき義務あるわけである。若し萬一その義務に服從せぬ者ある時は。市町村は法會規則に照し强制手段に出づることが出來る。由來市町村の區域は地形、人情、風俗、習慣等の諸點を酌量して定められたものであるから容易に之れを變更すべきものではない。若し或る特別の事情に依り變更の必要を認むる場合は第四條の規定に從ふべきものである。

現制の市と謂ひ町村と稱するも單に人口の多寡《たくわ》と土地の大小廣狹《せふ》とによりて其の名稱の差異を生じたに過ぎない。要《えう》は都合と田舍といつたやうな莫《さく》たる區別に過ぎぬのである。其の人口の多少とか土地の廣狹とかに就いても法律上には確然たる規定がない。併し内規といふものがあつて市の人口には二萬五千以上といふことになつてゐる。されど町村の方は人口にも土地にも何等の制限がないから、自ら小村落が雜然として數多あるわけである。其の町村の中で人口が二萬五千以上にして市制施行の意思あれば請求の結果市となることが出來るのである。その手續きは町村廢置分合の制卽ち町村制第三條の規定に依ることで、府縣知事が其の町村會の意見を徵し府縣參事會の議決を經て内務大臣に上申すること、内務大臣は其の人口、環境《くわんきやう》、財力及び其の他の諸事項に就き十分の調査をしたる結果、市として適當なるものと認定すれば、市制を施行して市たることが出來る。町村を市となすことは内務大臣の權内にある。

町村が市となる場合の差異點は前述の如く、我が國では市制、町村制の二種目の法律となつてゐるので、市制は市に、町村制は町村に各々別々に適用されるのであるから、町村が市となれば從前の町村制施行が廢止となり、新に市制施行となる。現今は市と町村とは法制上にては左程の差別を見ないが、唯經濟及び財政方面の差異は頗る顯著《けんちよ》なものがあるやうである。市には市參事、市參與の如き町村の機關には無いものが有るだけの差である。舊制に於ては、市の選擧は二級制にして、其の第一次の監督官廳は府縣知事なるも、町村の第一次の監督官廳は郡長であつた。併し何れも今回の改正にて廢止となつたので今日に於ては市と町村とは法律上左程の差異がなくなつた譯である。

詳　釋　　市制第二條及町村制第二條

本條は市町村の法制上に於ける性能を明規したのである。市町村は本條の規定に依り法律上一個の自然人と同等の權利義務を有する人格者である。故に市町村は法人である。法律上に於て權利を有し義務を負擔《ふたん》し得る有資者たることを意味するもので、市町村が吾等自然人の如く財産を有し或は市町村債を起し又は訴訟行爲を爲すが如きは、何としても市町村に法制上の人格者即ち法人たる有資者であるからである。

市町村は私法上、吾人と均しく權利義務を有するのみならず、團體として獨立の存在を有するが爲め、國家は市町村に自治權なるものを附與して其の區域内の公共事務を執行せしむることになつてゐる。一市町村内の統治事務は國家が官廳政治を以て之れに干渉《かんしよう》するよりも、その地方その土地と利害關係の緊密なる其の土地の住民自身をして之れに當らしむるを以て却つて行政上目的の達成といふ方面から好結果と認めたわけである。そこで國家は全國を府縣及び市町村に分ちて地方團體となし、各其の區域内の公共事務を行はしむるのである。されど市町村の公共事務は國家行政の一部に屬するものなれば、全然之を市町村の自治團體に一任して少しも關係なしとは謂ひ得ない。元來國家が市町村なるものに自治權を附與して地方行政を執行せしむる所以は、國家統治の效果をより以上に良結果を擧げんが爲めで政府は單に行政の大綱《たいもう》を掌握《しようあく》せるのみにて其の地方行政事務は政策上、その土地と最も利害の直接關係ある市町村民をして利益を計り幸福を增進せしむることゝした。そこで國家は市町村制及び其の他の法令を設けて豫め守るべき規則を示し、なほ市町村の事務に違法及び非公益等のなきやうに、監督官廳の監視を承けしむるのである。故に市町村の事務は全然市町村自ら勝手氣儘に執行さるべき性質のものではなく、國法の許す範圍内にして尙ほ且つ官廳の監督下に之を行ふべきものである。

市町村行政の目的は國家行政の目的と其の精神に於て異なるところなく、矢張人類の幸福を目的としてゐる。市町村の行政は其の市町村内に居住する人民及び市町村内の土地、建物その他重要なる財產を有する者の幸福發達を計るにある。要言すれば、市町村の行政は市町村團體の發達及び市町村人民の幸福を計るにあると謂はれてゐる。故に市町村長及び市町村會議員其の他の機關は、常に如何にせばわが市町村の發展を見、如何にせば我が市町村民の益となるかと云ふことに留意しつゝ何事も行はなければならぬ。

詳　釋　　市制第三條及町村制第三條

本條は市町村の設置分離併合の手續方法の規定である。市町村を新設若しくは廢滅し、又は一市町村をして分割若しくは數町村を併合するの義で、次條の市町村の境界變更とは其の趣を異にしてゐるもと〳〵市町村は法律又は命令等によりて其の區域を定めたことではなく、自然の地形を利用せられたもので、山川溪谷《けいこく》とか生來風俗習慣等をも顧慮《こりよ》して一定の區域が出來あがる。故に國家は之に自治權を附與して自治團體と爲し、併《あわ》せて行政區劃としたものである。そこで市町村の改廢分合又は境界變更などは濫《みだ》りになすべきものではない。併し社會文化の進展上その區域が餘りに狹きに過ぎて到底獨立獨步の自治行政を行ふべく不可能と認めた場合には止むなく併合の必要が起つて來る。又前と反對に其の區域が餘りに廣きに過ぎて團體として統一を缺く如き場合には已むを得ず幾つかに分割すべき必要が起るのである。それ故にたまに此の市町村の廢置分合が行はれるのである。

其の廢置分合の方法手續を見るのに、市にあつては其の廢置分合に關係ある市町村會及び府縣參事會の議決を經て內務大臣に於て之れが決定を與ふるのである。町村に於ては府縣知事が先づ以て其の關係町村會の意見を徵し、更に府縣參事會の議決を經て尙ほ內務大臣の許可を俟《ま》つて之を定めることになつてゐる。市町村の廢置分合は市町村自治權の盛衰消長に關して預つて力あることで、濫りに之れが廢置分合を行ふは、其の自治權を壓迫《あつぱく》するの虞《おそ》れあるに依つて十分愼重の態度を要することである。この廢置分合に際して市町村會、府縣參事會の意見を聞くといふことはその土地の人民の意嚮《いこう》に反して之れを爲すは宜しくない點からである。蓋《けだ》し其の土地の人民の意嚮を無視して廢置分合を斷行するといふことは能く能く考慮すべきもので、單に滯納者《たいのうしや》多數の故を以て自治團體の獨立存在をして不可能と斷定し、又は些事《さじ》たる公益上の必要あるとて無暗に廢置分合の執行といふことは恰も貧家をして到底自治の見込がないからといふて、數個を合併したやうなもので其の一家が圓滿に成立して行くことが出來ないと同樣で到底滿足に價値する好結果を擧げられやう筈《はづ》がないのである。却つて自治行政の基礎《きそ》破壞《はくわい》を來す虞《おそ》れあるものなれば謹《つゝし》まねばならぬことである。

市町村の廢置分合に伴《ともな》つて起つて來るものは財產の處分といふことである。この財產處分はなかなかの難事なもので、餘程巧妙《こうみよう》に且つ圓滑《えんかつ》にやらぬと市町村の利害に大影響を及ぼして延《ひ》いて後日紛議の原因となりやすい。此の財産處理に關しては實情の精細なる調査の上適當なる處置を取るべきものである。これも府縣知事に於て市町村會の意志を聞き府縣參事會の議決を經て決定すべきものとなつてゐる。

なほ市町村の廢置分合に關して留意すべきことは市町村會の議員の地位で例へば甲と乙と謂ふ町村を合して丙なる町村と變じた場合には便宜上、甲乙兩町村の議員が其の儘丙なる新制の町村會議員となるのである。之れに反して丙といふ町村を分割して甲乙の二村を成立せる場合には、分割前の丙町村會議員の身分如何といふ問題が起つて來るのである。即ち市町村の廢置分合に於て市町村會議員の地位の消滅か繼續かといふ問題になる。此の問題は原則として、特種の事情なき限り、その町村の消滅と同時に其の議員も共に消滅すべきものと心得なければならぬ。

普通の場合に於て市町村の合併若しくは分割の何れの場合を問はず、一町村が消滅といふことになれば其れと同時に其の議員といふ者も其の身分を失《うしな》ふものであるから、新《あら》たに選擧しなければ新市町村の議員たることは出來ないのである。但し特種の事情と便宜上からして舊議員を以て新町村の議員と爲すことが出來ない譯でもない。只法理學上原則として上述の如く解釋すべきである。

群　釋　　市制第四條及町村制第三條

本條は市町村の境界變更に關する方法手續の規定である。市町村の境界變更といふことは廢置分合なる存廢の義ではなく單に其の境界のみが伸縮《しんしゆく》するだけの意味である。この境界變更も亦市町村の直接利害關係を有するものなれば愼重なる考慮を必要とするのである。從つて其の手續きに於ても矢張り廢置分合の場合と同一樣式で、府縣知事は其の關係町村會の意見を徵し、なほ縣參事會の議決を經て更に內務大臣の許可を得て後に之を決定すべきものである。市の廢置分合は最後の決定を下すものは內務大臣の權能となつてゐるが、境界變更の場合は最後の決は府縣知事の職能に在ると規定されて居る。境界變會は廢置分合に比して其の事態が少々輕いからである。改正後の市町村には「地主ノ意見云々」といふ規定はないけれども、その境界變會地が一個人の所有地に屬する時は地主の意見を聞くことが至當のことである。然しながら其の意見に左右されるわけではなく只々參考までに聞くものとする。

「所屬未定地」とは未だ何れの市町村區域にも屬して居ない土地といふことで、之れを何れかの市町村區域に所屬編入すれば必然に境界に變化を來すのであるから矢張正當の境界變更の手續に依らねばならぬのである。市町村の境界變更に於ても亦廢置分合の場合と同樣、財産處理の問題が起るのである。この問題の處理方法も亦府縣知事に於て廢置分合の時に於ける財產處理の手續きと同一の方法を以て之れを決定すべきものとなつてゐる。故に府縣知事が境界變更に際して財產所有をも伴《ともな》ふ場合には市町村會及び縣參事會に於て境界變更を議すると同時に其の財產處理の件も附議するものとす。

『意見ヲ徵ス』其の意嚮《いこう》を聞いて參考とするまでのことで其の意見に拘束《こうそく》される議ではない。

『議決ヲ經テ』必ず其の議決に拘束さるゝ意味である。

卽ち府縣知事が市町村の廢置分合或は境界變更に付き決定を與ふるに際して市町村會の意見は滿場一致で贊成でも、縣參事會の議決が不贊成なれば其の事は到底行はれないのである。之れに反して市町村會の意見は大反對でも府縣參事會の議決が贊成であり、且つ內務大臣の許可があり、自分に於て適當なりと信ずる時は之れを行ふことが出來るのである。何れにせよ最後の決定は內務大臣（市の廢置分合の場合）又は府縣知事の權能に依るものである。而して市町村の廢置分合及び境界變更に關し市町村の爲すべき事務は勅令に基《もとづ》くべきものである。

詳　釋　　市制第五條及町村制第四條

本條は市町村の境界に關する論爭及び境界上の不明なる場合を決定するの手續規定である。土地所有權の論爭事件は其の所有者の一個人たると市町村たるとを問はず何れも司法裁判所の民事々件の管轄に屬するもので市町村の境界論爭とは其の趣《おもむき》を異《こと》にするのである。市町村境界の論爭は單に自治團體たる區域境界の爭論なれば或る特種の場合、卽ち市町村の公有地山河《さんか》溪谷《けいこく》の境界論爭の如きは自ら所有權にも關係を及ぼす場所がないとは限らぬが、由來論爭の性質上よりして行政事務に屬するものであるから、先づ府縣參事會にて之れが裁定を見るべきものと爲す。若し其の裁定に不足不滿の市町村は最後の審判を受けんが爲め行政裁判所に上訴の權を許してゐる。

市町村の境界が確然と判明しない場合に起る論爭は所謂境界論爭となるものであるから府縣參事會に於て裁定の權力を有するのであるが、假りに論爭のなき時に於ては府縣參事會の議決に依り定むべきものである。その決定に不服の生ずる場合に於ては境界論爭となるのであるから前述の如き府縣參事會の裁定に附すべき道理なるも、旣に其の決定を與へた以上は府縣參事會に於ては再度の議案とせず直《たゞ》ちに行政裁判所へ出訴《しゆつそ》することを得しめた。

裁定、決定と別稱するも其の方法を異にするには非ずして、只論爭ある場合に其の何れが正當なるかを裁判する義なるが故に之れを裁定と稱し、論爭なき時は單に不明不確の個所を定めるのみであるから之れは決定と稱したまでのことである。この裁定及び決定事項は其の理由を文書に作製して關係市町村に交附すべきものである。この文書は後日の證據たる爲めのみならず、他日不服ある場合は之れに依つて行政訴訟を起さなければならぬ場合があるから裁定及決定の理由は明文に現はし置かねばならぬのである。特に府縣知事を差《さ》し措《お》いて參事會をして爲さしむる所以のものは府縣參事會の議決は多數會議の結果に出づるものなれば從つて專斷に陷るの弊が少ないからである。斯くの如く裁定及び決定は府縣參事會の議決に成るものであるから時に依つて府縣知事の意見と一致せぬ事もある。この場合には府縣知事も亦その裁定又は決定に就き行政裁判所に訴訟提起の權がある。

詳釋　市制第六條

本條は市內に在る區の性能及び其の廢置分合並びに境界變更の手續方法に關する規定である。市は町村とは總ての點に於て其の趣を異にしてゐる。わけて文化の發達の程度が高いのであるから從つて其の行政事務も複雜《ふくざつ》なるを免《まぬか》れない。故に之を細分して區といふ自治團體を設けて之れを法人組織と爲し以て其の事務を所理せしむる必要がある。本條は市の區を法人と爲し其の財產及び營造物（學校病院、博物館、圖書館、公園、道路、港灣等）に關する事務、その他法令規定に依る區に屬する萬般の事務を所理する有資格者たらしめたのである。こゝに注意すべきは如何なる區でも法人たるの資格を有するわけではない。法人たるの區は勅令を以て指定を受けたものに限る。そこで如何なる區が法人たるや否やは一に勅令の指定に依るものである。

法人たるの區は自治團體であるから町村と同樣、區の機關（區長、區會議員、區吏等）を設定して其の區域內の行政事務を行ふべきものである。但し町村の如く萬般の公共事務を行ふものではなく、財產及び營造物に關する事務、その他法令に依り附屬せられたる事務に限るのである。故に區は自治團體なるも市町村の如き普通自治團體とは聊《いさゝ》か其の趣を異にするわけである。區は普通自治團體ではないけれども土地を區域とする自治團體卽ち地方自治團體である。從つて市町村の如く區の廢置分合又は境界變更、その他土地境界に關する論爭等の生ずることがある。これ等の事件は性質上市町村と其の手續きを異にすべきものでないから市制の第四條及び第五條の規定を準用することゝなつてゐる但し區の廢置分合又は域界變更の必要に應じては其の結果に於て市の行政及び區域等に關係と及ほす事であるから、其の事件に關係ある市會の意見を徵すべきものとされてゐる。

詳釋　市制第七條及町村制第五條

本條は市町村の名稱變更に關する規定である。市町村の名稱は歷史的もあり、地理的もあり、又は特別事情により其の土地居住者の名義に基ける等の名稱もあり、或は其の地の山河風俗に依れる名稱等何れも其の市町村に取りては其れ相當の重大なる關係を有することなれば輕卒には變更されないのである。故に市に於ては內務大臣、町村にあつては府縣知事の許可を受けなければならない。又町村に於て町村役場の位置の決定及び變更に於ても亦府縣知事の許可を受くべきことになつてゐる。而して其の申請手續としては市町村長の名義に於て爲すことに規定されてあるけれども市町村長は必然に市町村長の議決の結果に於てすべきものとなつてゐる。

村を町に又は町を村と改める爲めに名稱變更に依る手續きでよいのであるが、市を町となし町を市と爲すことは名稱の變更ではなくして其の市又は町なる自治團體の消滅といふことゝなる。それが更に市又は町なるものゝ存在となるから此の場合には廢置が分合の手續を取ることになつてゐる。

第二節　權利義務

詳釋　市制第八條及町村制第六條

本條は市町村住民の權利義務の規定である。市町村住民とは其の市町村內に住所を有する者をいふので、男女老幼を問はず又本籍地或は寄留地の如何を問はず其の市町村内に居住を營む者は市町村住民である。住居とは吾人の生活に必要なる根據地をいふのである。住民と稱するは自然人に限定されるもので、諸會社、諸株式等の法人は決して住民なるものではない。或る特種の場合に於ては法人も市町村の事務に參與し以て市町村の經費を分擔することがないでもない。市町村住民は其の居住市町村に對して一定の權利を有すると同時に義務を負擔すべき責務がある。

市町村の財産とは、田畑、山林、原野の如き市町村の所有に係《かゝわ》る不動産及び動産の意にて何れも市町村民の借用物件である。

營造物とは市町村が公衆の用に供する爲めの設備にして其の主たるものは、學校、病院、道路、橋梁、水道、瓦斯、博物館等とす。これ等の營造物は現在事實上は何人の使用あるも防げないけれども法律上に於ては市町村民以外の一般人に置いては使用の權利を有しないわけである。故に市町村民は故なく他人の使用を發見する時は使用禁止を命ずることが出來るのである。市町村民と雖も一定の規則を無視し無制限に使用することが出來ぬ定めである。市町村が萬一或る特定者に對し民法上の明文に依り其の使用の權利を附與した場合には市町村は其の者に對して使用の權を妨げることがならぬ定めである。況《いわ》んや他人への貸與等は絕對的に出來ないわけである。

市町村の負擔分任　市町村民に於て市町村資とを分擔するは當然の責務とす。但し市町村民たらざるも、土地及び家屋を有するとか、營業を有する等は市町村税納入の義務ある。引き續き三ケ月以上同市町村域內に止宿する者は法規に依り納稅の義務を生ずるものとせられてゐる。然し、公共財產、使用の權利は附與されてゐない。

詳　釋　市制第九條及町村制第七條

本文は市町村公民たるの要件規定である。市町村民は權利義務を有する外に公民たるの資格及び身分を有するものである。公民たる者は特に市町村又は國家に對して重要なる關係位置に立つことが出來るものである。現時に於て公民權を有せざるは眞に立憲國民として意氣の揚《あが》らぬものである。

公民權資格要件

1　帝國臣民たる男子にして年齡二十五年以上の者

2　二年以上其の市町村の住民たる者

3　本條但書に該當せざること

右三件なれば外國人は帝國臣民にあらざるにより公民權を有しない。但し歸化せば日本人たる故に公民たることが得るわけである。又如何なる智能者財力者及び納税者と雖も女子は公民たるを得ない市町村の公民は選擧權及被選擧權の有資格である。舊制の如く雇人《やとひにん》、親懸《おやがゝり》の子弟等所定の資格あるも單に生活環境上よりして納税はき爲め公民無資格者とみなされるのである。普選の今日斯る不合理の制あるまじきに依り本則を見るに至つた。

併し左記各號の一に該當するものは公民權無資格者なれば從つて選擧權及び被選擧權をも有しないわけである。

1 禁治産者及準禁治産者、白痴《はくち》、癲癇《てんかん》、聾者《ろうしや》、啞者《あしや》、盲者《もうしや》、浪費《ろうひ》者にして裁判所から心神失格者の宣告を受けたるものは公民權を有しない從つて選擧權及び被選擧權を有しない。

2 破産者にして復權を得ざる者、破産者にして破産宣告を受けて後、復權し得ざる者は公民權を有しない。

3 貧困に因り生活上公私の救助又は扶助を受くる者、養育院、養老院、慈善宿所の如き救助の目的に依り設備ある宿所の救助を受くる者又は乞食の如きは純然《じゆんぜん》たる公民缺格者である。

4 一定の住居を有せざる者、浮浪者、乞食、旅稼《かせ》ぎ藝人《げいにん》等の意である。これ等は矢張公民缺格者である。

5　六年の懲役又は禁錮以上の刑に處せられたる者、此《かく》の如《ごと》き者は大罪人にして前科者なれば公民權附與に對する無資格者である。

6　本條第六號に該當せざる者、六年以下の懲役者にても、皇室に關する罪、外患に關する罪、其の他本號揭載の十四種の內の罪を犯《をか》したる者には、其の刑の執行濟み後、執行猶豫期間無事滿了後、大赦特赦等に依り無執行者、刑期の二倍の期間中は公民權を與へられぬ。

7　本條第七號に該當する者、六年未滿の禁錮處刑者、右十四種以外の犯罪者にして六年未滿の處刑者にして其の執行中又は刑の執行猶豫中は公民缺格者である。

本則は市町村公民に關する規定である。公民は其の土地の市町村會議員を選擧し、又は市町村會議員及び吏員に選出せらるべき權利がある。故に一旦市町村の名譽職に選出せられたる場合は就任の義務がある。併し實際上左の理由ある時は名譽職の當選を辭することか出來るやうに法律で規定してある。

1　疾病に罹り公務に堪へざる者、

2　業務の爲め常に市町村內に居ることを得ざるもの、

3　年齡六十年以上のもの、

4　官公職の爲め市町村の公務を執ること得ざる者、

5　四年以上名譽職市町村吏員、名譽職市參事會員、市町村議員、區會議員の職に任じ爾後同一の期間を經過せざる者、

6　其の他市町村會の議決に依り正當の理由ありと認むる者、

右の何れの個條にも觸《ふ》れない者にして濫《みだ》りに市町村の名譽職の當選を辭し、又は職を辭し、若しくは就任するも職務執行なき時は市町村は之れに對して一年以上四年以下の公民權停止の制裁を加ふることが出來る。若し此の處分に不服の時は府縣參事會の裁決を仰ぐことを得、尙ほ裁決にも不服の時は行政裁判所へ出訴し其の判決を受くることか出來る。此の場合に於ては市町村長に於ても、裁決及判決を仰ぐことが出來る。又府縣知事は行政裁判所へ出訴し其の判決を仰ぐことが出來る。

詳釋　市制第十一條及町村制第九條

本文は市町村の公務に參與し得ざる者の規定である。

1　陸海軍人にして現役中の者（未だ入營せざる者及歸休下士官）歸休兵を除く。

2　陸海軍人にして戰時勤務の爲め召集中の者。

3　兵籍に編入せられたる學生々徒（勅令を以て定むる者を除く）

4　志願に依り國民軍に編入せられたる者。

蓋し之れ等の者は現に國家の重要任務に服役中であるからである。依つては市町村の公務に參與し得ざる定めにして從つて市町村會議員の選舉及び被選舉の參與權がないわけである。又現職中の者は當然失職といふことになる。

第三節　市町村條例及規則

詳釋　市制第十二條及町村制第十二條

本文は市町村自治權の性能を明示したのである。統治權も自治權も共に民を治むる權力なるも、統治權は國家固有の唯一大權にして他にはない。自治權は市町村固有の權力ではなく國家から委任されて始めて其の權力の存在が認められるものである。故に兩權力の區別は其の權力が固有でありや否やといふ點に在る。吾人は統治權なる支配を受けると同時に自治權なる市町村の支配をも受けなければならぬのである。自治權に依つて自治行政上必要なる條令細則を設定することが出來る。法學上にては「自主權」と稱され、自治團體の立法權なれば市町村民は國家の法律及び勅令と同樣に遵守すべきものとなつてゐる。

條令とは普通市町村民の權利義務の規定にして此の條令を設《もう》くる爲めには市町村會の議決を經て內務大臣の許可を受けなければならぬことである。規則は市町村所有の營造物（學校・公園・病院）の使用及び料金の設定等にして矢張市町村會の議決を經て後、內務大臣及び大藏大臣の許可を受くることである。

抑々市町村條令及規則は自治權によつて定むべきものなれば、苟《いやしく》も國家の法律命令に牴觸《ていしよく》するを許さない。若し萬一國家法に牴觸せば當然無效となるべき性質のものである。勿論法令に牴觸するところの條令及び規則なりせば內務大臣に於て絕對に許可せぬのである。

市町村條令及規則は村民は勿論、村內に財產又は營業所を有する者の爲めには必然的の心得なれば一定の公告式に依つて一般市町村民に徹底《てつてい》せしむべきものである。其の公告の樣式は多種多類にして一定し難く、土地の環境上最適のものであればよい。新聞紙でよし、廻章でよし、揭示板でもよろしい。兎に角その方法樣式の如何は問ふところに非ざるも、大方の市町村には古來一定の慣例《かんれい》もあることなれば市町村條例にて一定の公告樣式を規定し置くことが必要である。

第四節　市町村會の組織と選擧

詳釋　市制第十三條及町村制第十一條

本則は市町村會議員の定數に關する規定である。市町村會議員は被選擧權有資格者中より選擧權有資者が選出することである。其の定數は人口の多少に依つて決定される。

人口五萬未滿の市三十人
人口五萬以上十五萬未滿の市三十六人
人口十五萬以上二十萬未滿の市四十人
人口二十萬以上三十萬未滿の市四十四人
人口三十萬以上の市四十八人

人口三十萬以上の市は人口十萬を加ふ毎に議員四人增加、人口五十萬以上の市に於ては人口二十萬を加ふ毎に議員四人增加のこと。

本條に依れる人口と議員定數左の如し。

人口四十萬以上五十萬未滿の市五十二人
人口五十萬以上七十萬未滿の市五十六人
人口七十萬以上九十萬未滿の市六十人
人口九十萬以上百十萬未滿の市六十四人
人口百十萬以上百三十萬未滿の市六十八人

これ以上は人口二十萬增加の度每に四人の增加となる。右の如き算出法にては我が東京市の人口二百七十萬とすれば議員總數九十六人の多數となる。

町村に於ては

人口五千未滿の町村十二人
人口五千以上一萬未滿の町村十八人
人口一萬以上二萬未滿の町村二十四人
人口二萬以上の町村三十人

市制に於ては人口の增加と共に議員數も從つて增加するも、町村制にては人口二萬以上は何萬の增加あるも議員定數は三十人である。人口三萬四萬を有する町村は大方市となつて市制の適用を受けることなれば實際に於ては市制の如き增加率の規定が無くて濟むのである。人口に依り議員定數は決定するも、公民の多少、土地の盛衰、其の他特種の情況に依り其の議員定は市町村の條令を以て增減することが出來る定めである。

人口は其の性質上、生死移轉及び其の他の關係上からして變化極まりないものである。若し議員定數がこの人口變化のある每に變動を來すとすれば實際上、世の不便この上もないのであるから、議員定數は人口に多少の變化を見ても總選擧より次の總選擧までは增減なき規りである。但し土地の環境上人口に急戟の變化を來す場合もないでもない。この際には內務大臣又は府縣知事の許可を經て議員定數を變更することが出來る。市町村の人口の數的決定は內務大臣の權能なれば、內務大臣に於て調査の結果定むべきものとなつてゐる。

詳　釋　　市制第十四條及町村制第十二條

本則は選擧權有資者の規定である。市町村公民は總て選擧權有資者である。公民中例外として選擧權無資者がある。陸海軍現役軍人、戰時又は事變の故を以て應召中の軍人、兵籍編入の學生々徒、志願に依れる國民軍編入者等である。此の種の軍人に對して選擧權を附與せざる理由は他に非らず、若し假りに政務に參與の權を與ふるものとせば軍隊指揮結合上支障を生ぜぬとも限らない。故に軍人には餘念なく一意專心以て圓滿なる軍事能率を發揮せしめんが爲め、選擧權及び被選擧權は與へられてゐない。豫備後備の軍人及び兵籍無編入の學生々徒にして公民權有資格者は當然選擧權の所有者である。

詳　釋　市制第十五條削除町村制第十三條削除

削除の理由

改正後の選擧法は普通選擧制度採用の結果、舊選擧方法の如き等級制度の必要なきに依り削除となつたのである。

詳　釋　市制第十六條

本則は市の選擧法規である。人口及び區域とも町村に比し廣大なれば其の區域を幾つかに區分して各區より議員を選出するやうになつてゐる。町村に於ては選擧區の設定必要を認めない。唯、投票分會なるものを設けて其の投票するだけの區を設けることもあるに過ぎない。

市に於ても選擧區を設くるものと極《きま》つてはゐない。併し勅令に依れる法人組織の區は其の區が卽ち選擧區となつてゐるもので、東京市、大阪市、京都市のやうなものである。その他の市に於ては必要に應じて設くるの外は自由の所置をとることが出來る。市が市條令に依つて選擧區の數、區域又は各選擧區より選出すべき議員數をも定めなければならぬ。法人組織の區に於ては單に市條令に依つて選出議員數だけを決定すればよろしい。

選擧權は一人一票に限る。而して選擧者は其の居所々屬を以て選擧區とするもので、A區に居所を有するものはA區を以て其の選擧區と爲し、B區に居所を營むものはB區を以て選擧區を定めるのである。

市長助役及び有給市參與等は規定の如何を問はず、在職中其の市の公民たるものである。又收入係も之れに準ず若し市內に居所を營まぬ者にあつては、本人の申出に依つて其の選擧區を定めることが出來る。若し申出のなき場合は市長の職權に依つて其の選擧區を定める。被選擧人は各區を通じて被選擧有資格者中に於て選出することが出來る。

本條は市町村の環境上、特別の事情ある場合に於て投票分會を設定することの出來る規定である。投票分會は例の選擧區とは意義の異なるものにして單に其の區の投票を集めるだけのことである。選擧區とは其の選擧區內に於て投票の多數得點者を以て議員と定める。投票分會に於ては單に投票を集めるだけのことで、その投票區內の投票數だけでは議員選出の決定が出來ない。その選擧區全體の投票總數を集めて始めて議員が定めるのである。この投票分會設定の特別の事情とは例へば、投票地區が餘りに遠隔《えんかく》すぎたとか、又は其の地區だけが競爭激烈《げきれつ》にして市町村區役所での投票が選擧執行に不都合なりと認むる等止むなき場合に於て、區劃限定の上其の場に投票分會を設けて投票を集めることが出來るといふの規定である。

詳釋　市制第十八條及町村制第十五條

本則は被選擧權を附與されてゐない特定者を明示したのである。

1　在職中の檢事、警察官吏、收稅官吏等は其の職掌上《しよくしようじよう》、市町村會議員たることが出來ない。（判事も矢張り他の法規に依つて不能のことである併し市町村制には見えてゐない。されど職業上不能たるを至當とす。）その故は是れ等諸官吏は選擧干涉の位置に在るからである。若し檢判事にして萬一市町村民に對し選擧の要求となす場合に於て市町村民が果して否定《ひてい》し得るや否やは疑問《ぎもん》である。依つては選擧の公平を失する虞れの生じないでもない。由來これ等の職は眞に公明正大なるべきものなれば聊かも情實あるを許さぬのである。若し市町村會議員及び其の他の事に參與するとせば人情として時に或は不正に流るることなしとも限らぬものなれば全然參與の權なきを安全策としたのである。

2　選擧事務相當の官吏及市町村の有給吏員は當人の關係區內の市町村會議員となることは出來ない。その故は彼等は其の區域內の選擧事務の監督上重要責務を帶びてゐるからである。若し之れ等の官吏にして議員たることありとせば、時に其の地位を利用して私利を考へないのでもない。

市町村の有給吏員、教員、其の他の者に於て選擧事務に無關係のものならば、市町村會議員となれないではないが、而し二職を兼ねることは許さぬ故に何れか一方を辭せねばならぬ定めである。憶《おも》ふにこれ等の者も有形無形共に其の地位を濫用し、勝手の言辭を弄《ろう》して私慾《しよく》を圖るに至つては公平を失するからである。

舊制にては更に神官、神職、僧侶《そうりよう》、宗教師、町村請負《うけおい》師、無限責任社役員等も選擧權無資格者の列にあつたが、併し普選實施の現今斯くの如き偏屈《へんくつ》な制限の不當なるを感じて削除となつたわけである。

詳釋　市制第十九條及町村制第十六條

本則は市町村會議員の地位、任期の規定である。市町村會議員は名譽職と稱される。名譽職の本義は無給料の職務とす、無給料の職とは執務に對して金錢給與を受けぬ義にして徹頭徹尾《てつとうてつび》、金錢及び其の諸品を受けぬといふ譯《わけ》ではない。從つて市町村會議員にして其の職務執行上必要缺くべからざる旅費の如き又其の他の諸實費を受けたからとて一向其の名譽職に妨げを來たさない。

市町村會議員の滿期は四ヶ年にして總選擧日より起算して定めるのである。

わが國は大小とも議員の任期は四年にして總選擧日から總選擧日までを以て原則す。されど急戟《げき》なる人口の增減又は辭職死亡及び其の他の事由に依り議員定數に變動を來す場合に於て實數減少の時は議員解任の必要に迫《せま》られる。斯《か》ゝる必要に直面して市町村長の所置如何を見るに事重大なれば決して其の獨斷は許されぬから、勢ひ市町村長が抽籤法をとつて決定するの外はない。只缺員の明瞭《めいれう》な時には特別に解任者を見出す事由なければ當然その缺員者を以て解任者とすべきものとす。若し解任數が缺員數よりも多數なる時は其の差額に當る解任數だけを市町村長に於て抽籤の結果定むることである。

缺員數が解任數よりも多數なる場合には其の解任順序《じゆんぢよ》として最初に於ける缺員者からすべき定めであ

る。萬一に缺員者が同年月日なりとせば市長村長に於て抽籤施行の結果之を定むるを以て公平の見地とす。議員定數の增加に依り、新議員の增員を見る時、其の新議員の任期は總選擧に依れる古き議員の任期と同樣の定めである。

詳釋　市制第二十條及町村制第十七條

本則は補闕選擧の規定にして市町村會議員の任期中、死亡或は其の他の事故の爲め退職し缺員を來した場合には三月以內に補闕選擧を施行すべき定めである。其の缺員議員にして、當選の時に同點票の爲め年長者に當て、若しくは同年齡の故を以て選擧長の抽籤施行の結果に依つて決定せられたる者なれば、其の市町村長が直ちに選擧會を開いて、當選者とならざる他の者の中より補闕議員を決定すべきである。斯の如き場合には再選擧となるのである。選擧區のある市に於ては補闕議員の選擧も亦前任者の選擧區に於て行ふべきもので、其の補闕議員の任期は先の議員の殘任期間だけの定めである

詳釋　市制第二十一條及町村制第十八條

本則は選擧人名簿調製の件である。前以て選擧權有資格者を調査して其の人名を記載したる書類た

稱して選擧人名簿といふ。これ實際に選擧施行の時に何人が何市町村の選擧人たるか否は豫め知つて置く必要があるからである。此の選擧人名簿は市町村長に於て毎年九月十五日現在に依つて選擧權有資格者を調査して能力者だけを記載して選擧人と定め置くのである。選擧人名簿記載要項は選擧有資權者の氏名、住所、生年月日等である。何等かの都合上選擧區設定の際は其の選擧區毎に選擧人名簿を調製し置くべきものとす。勅令に依れる區に於ては市長は各區長に命じて選擧人名簿を調製せしむる規定である。

選擧人名簿が完成すれば市町村長は十一月五日から十一月十九日まで十五日間、第六條の區を有する市役所にては區役所に於て、町村役場とか其の地指定の場所に於て一般縦覽《じゆうらん》に供さねばならぬものなれば、市町村長は縦覽開始の三日前までに縦覽の場所を告示することになつてゐる。關係者は此の人名簿に不服ある時は市町村長に對し異議を申立るの權を有してゐる。此の申立は縦覽期間以内なるを要す。若し勅令にこの區に於ては區長の手を經て市長へ申立のことである。異議の申立てを受けたる市長村長は縦覽期日終了後三日間に市町村會の決定に附すべき性質のものである。其の送附を受けたる市町村會は受附の日から十日以内に於て其の異議の正否を決定すべきものである。市町村會の決定に對して不服ある者は更に府縣參事會に訴願の權がある。府縣參事會の裁決にも亦不服の折りには行政裁判所の判決を仰ぐ最後の手段まで許されてゐる。

市町村長も其の職權上。市町村會の決定に對し不服の時は府縣參事會に訴願の權能を有す。又府縣參事會の裁決に對して不服の節は行政裁判所の判決を仰ぐことを得る定めである。府縣知事に於ても府縣參事會の裁決に付き不服の時は行政裁判所へ訴訟を提起することが出來る。斯の如く選擧權有無の爭議に付き數段の不服申立を許す理由は他なし、選擧權は公民者たる爲めの重大なる權利なれば、これが有無如何は公民として自治行政に參與し得ると得ざるとの分れ目である。依つては選擧の神聖に多大の影響を及ぼすものであるからである。

選擧人名簿は十二月二十五日を以て確定すべきもので、翌年の十二月二十四日までは其の儘に保管し置くべきものとす。併し異議の申立に對する市町村會の決定、府縣參事會の裁決、行政裁判所の判決等ありて選擧人名簿の訂正《ていせい》を要するときは、名簿の確定如何に關せず市町村長は卽席に之れが修正を行はなければならぬのである。勅令の區に於ては區長に於て修正し置くを要す。市町村長若しくは區長に於て選擧人名簿の修正を行つた折は直ちに其の要點を一般市町村民に對し告示しなければならぬのである。

投票分會を設定の時は其の分會每に市町村長は其の分會の區劃《くくわく》に附屬する選擧人名簿の抄本《しようほん》を調製

し置かねばならぬわけである。

選擧人名簿は不服に依り市町村會の決定、府縣參事會の裁決行政裁判所の判決等に依り無效名簿となつた時或は天災事變及び其の他必要と認めた時は市町村長が選擧人名簿の再調製を要するのである。此の場合に於ける名簿の調製、縱覽、異議申立など市町村會の決定に關する期日は府縣知事の意志に依らねばならぬことである。

市町村の廢置分合或は境界變更等より生ずる選擧人名簿に關する事柄は命令を以て定むることになつてゐる。

詳釋　市制第二十二條及町村制第十九條

本則は選擧の期日、會場、議員數、投票順序等の規定である。市町村長は選擧期日前七日目までに右の要項を一般に告示すべきことになつてゐる。若し選擧區ある場名は各區に於ける選出議員數をも告示すること。又投票分會の設定の折は其の區劃も示さねばならぬ。總選擧に於ける期日は各選擧區投票分會とも同日時に施行のこと。

市町村は一定の公告方法に依つて一般的に告知することに勉《つと》めなければならぬ。

天災地變などの爲めに投票不能の際。又再度投票の必要に當つては、市町村長は未投票の選擧會又は投票分會にのみ期日を改めて投票を施行するものにて、此の場合には選擧期日前五日前までに告知するを要す。

（市制第二十三條及町村制第二十條）

本則は選擧事務上必要の役員に關する規定である。市町村長は選擧に關する萬般の事務を總轄《さうくわつ》するもので當然選擧長たるべきである。勅令に依れる區、東京、大阪、京都の如きは區長が其の區の選擧長たるべきもので、選擧の一切を統治《とうぢ》することに定められてゐる。

投票分會を設定した時は市町村長が部下吏員をして其の分會長たらしめて選擧の一切を統理せしむるのである。

市町村長は選擧の公平を保維《ほい》する爲めに、選擧人名簿に登錄濟《とうろくず》みの中より二名乃至《ないし》四人の選擧立會人を任命すべき定めとなつてゐる。投票分會ある時は分會毎に二名乃至四名の立會人を要するのである。

これ等立會人の選任は市町村長の權內なれば法律上には何等の異存なきも、事公平を保維すべきの用なれば、若し黨爭烈しき際には各黨均分に選出することも一種の方法と思ふ。

（市制第二十四條及町村制第二十一條）

本條は選擧場の取締り規定である。選擧の神聖を保維の爲め役員の外濫りに選擧場へは出入が禁じられてゐる。選擧人、選擧會場執務者、監察官、警察官吏等の外は出入を禁じたわけである。若し選擧人にて不正行爲又は秩《ち》序《ぢよ》を亂すやうのことある時は選擧會長又は投票分會長之を制止することが出來る。萬一命に從はぬ際には職權を以て會場外へ退出せしむることあるべし。退出後に於て妨害なしと認めた時は選擧會長又は投票分會長に於て入場せしめて投票せしむることが出來る。

（市制第二十五條及町村制第二十二條）

本則は投票に關する要件を記す。選擧はすべて投票に依る。此の投票には記名投票、無記名投票、單記投票、連名投票等の種別がある。市町村會議員の選擧は無記名投票で、單名投票となつてゐる。これが理由としては賄賂《わいろ》、脅迫《きよはく》などの弊害《へいがい》を少なくせんが爲めである。併し選擧は神聖《しんせい》なれば公明正大に記名投票を行ふことは理想なるも、人文未だこの程度まで進步し居らざるを以て已《や》むを得ず無記名投票を採用するのである。故に文化の進歩、道念の向上された暁《あかつき》に於て不正行爲の無きに至つては記名投票は理想のものと思はれる。單記投票とは用紙一枚に候補者一名を記すこと。連名投票は議員數だけの候補者を明書することである。

本制は一人一票の制をとる。選擧人は所定時限内に選擧會場へ出頭して、選擧人名簿（分會投票の場合は選擧人名簿抄本《しようほん》）と照合の上。用紙を受けて無記名投票を爲すものとす。本制は自筆投票のみに限る。無筆《むひつ》者は斷じて選擧の權なき定めである。但し盲《もう》人の點字は文字と見做《な》すに依り投票可能である。

投票用紙は市町村長に於て一定の式に從つて作製するものとす。

選擧區が定められてある場合に、選擧名簿が調製されて後に選擧人移轉の爲め所屬に異動を生じた時には名簿の變更が餘りに事務煩雜《はんざつ》を來すものであるから、投票の際は前所屬の選擧區にて投票を行ふべき定めとした。

投票分會の節は、投票終了後に於て分會長は少くとも一人以上の立會人と共に其の投票函《ばこ》の儘本會に持參すれば事足《た》るのである。

自選擧投票は現代法學界の問題とせられてゐるもので定說は見出し難いが、併し法律論としても實際論としても自己に於て其の議員として最も適任なりと自信のある投票するは毫《がう》も選擧違反とはならぬのみならず、却て選擧の精神に合一するものである。

（市制第二十五條ノ二及町村制第二十二條ノ二）

本則は投票欠格者の規定である。確定選擧人名簿に登錄なき者は、事實に於て有資格なるも投票することが出來ぬ定めである。併し選擧有資格者にて確定裁判書又は確定判決書持參にて選擧當日に選擧會場に到る者は投票が出來ることになつてゐる。

確定選擧名簿に登錄されたる者と雖も、何等かの事由に依り選擧權無資格者なる時は當然投票が不能となるのである。又選擧人名簿調製當時は有資格者なるも選擧當日までに選擧權を失格せる時は矢張り投票不能となることである。

（市制第二十五條ノ三及町村制二十二條ノ三）

本則は投票人の投票を拒絶することで、投票用紙交付の折、（1）本人たる旨を宣言せざる者、（2）選擧人投票に登錄せられざる者、（3）選擧權失權者、投票の投函を拒絶を要する場合、（1）規定外の用紙持參の折、（2）代書せしめたる場合、發見の折は選擧立會人又は投票立會人の協議の上決定を見るべき事である。若し可否同數の時は選擧區長及投票分會長が決定を下すのである。

投票分會にて投票拒絶《きよぜつ》の決定に不服を抱《いだ》く選擧人ある時は、投票分會長は假投票を爲さしむることが出來る。その方法は其の投票を封筒に入れて密封し表面には自己記名の後に投函せしむることである。此の假投票は後日開票の節、受理か否かが決定されるのである。

（市制第二十六條及町村制二十三條）

本則は當選辭退の場合の選擧、又は當選無效の選擧、增員選擧、補闕選擧を同時に施行すべき場合の規定である。增員選擧は急速の人口增加に依れる場合に行ふもの、補闕《ほけつ》選擧は何等かの事情に依り議員に缺員《けついん》を生じたる場合に行ふものである。されど通常《つうじよう》は一二の缺員議員あるも其の議決機關に支障なき限りは定期改選を待つべきものとなつてゐる。若し增員議員の必要の時に缺員議員ある折は兩者を同時に施行して其の手數と費用の幾分かを省かうとしたのである。

（市制二十七條及町村制二十四條）

本則は開票期日の豫告規定である。開票は市町村長に於て、投票の日又は其の翌日であるが、尚ほ確實に告知の必要ある時は前以て明瞭に告知すべきこと。投票分會に於ても投票函の集合の都合に依り選擧日を同日か又は翌日《よくじつ》となるのである。

（市制第二十七條ノ二、三、四、及町村制第二十四條ノ二、三、四、）

右は市區町村長に於て投票の日又は翌日に（投票分會を設定の時は其の投票函の集合の都合に依り其の日か翌日）選擧立會人《たちあいにん》の立會の上で開票して、其の投票總數と投票人總數とを精算《せいさん》すべきものである。投票總數と投票人總數とは一致すべきは本則なるも時としては符合せぬ場合がある。これ不正投票があつたからである。

以上の數量精算が結了せば選擧區長は假《かり》投票の有無點檢《けん》に係《かか》る。若し有りとせば先づ封密のまま受理すべきや否を立會人に於て詮議決定しなければならぬ。若し立會人にて拒否同數の折りは市區町村長の意見に依つて受理如何を決定することである。若し受理と決定せば開封の上總數に算入すること、若し不受理と決定の時は封緘《ふうかん》の儘で無效投票と共に保存《ほぞん》すべき性質のものである。以上の手續が終了せば市區町村長は立會人と共に選擧の內容を點檢して候補者の得點數を採點するものである。

天災地變の爲め開票期日に支障を生じた場合は市町村長は其の期日を告知し若し會場變更の際は併せてこれも一般に告知すべきことである。選擧人は開票の參觀を要求することが出來る。故に市區町村長は故なくこれを拒《こば》むことが出來ない。

開票は通常、選擧會場に置いて行ふことになつてゐるけれども、選擧運動の亂脈を來すやうな場合に於ては、開票分會を設くることが出來る、但し此の場合には知事の許可を要するのである。

（市制第二十八條及町村制二十五條）

投票は一定の用紙に無效とならぬやうに明確に行ふべきものである。左に無效の場合を擧げて見る

1 成規投票用紙《ようし》を使用《しよう》せざるもの。

2 現在の市町村會議員の氏名を記せるもの。

3 一投票中に二人以上の被選擧人の氏名記入のもの。

4 被選擧人の何人《なにびと》なるかを確認《かくにん》し難《がた》きもの。

5 被選擧權なき者の氏名記入のもの。

6 被選擧人の外に種々の雜事を記載せるもの（但し何君、殿、樣、閣下の如き敬稱、住所、身分

爵位等は此の限りでない。）

7　被選擧人の氏名を自書せぬもの。

（市制第二十九條及町村制第二十六條）

投票の效力《こうりよく》の有無採定は選擧立會人に於て之れが決定《けってい》するものなるが、實際に當り可否《かひ》同數にて意見不定の節は選擧長たる市區町村長に於て決定す。

（市制第三十條及町村制第二十七條）

議員の當選を決定するには二つの方法がある。（1）比較的《ひかくてき》多數法にて有效投票中の最多《さいた》數《すう》得點を以て當選者となすこと。（2）有效投票の過半數得點者たることである。通常市町村會議員の選擧は有效投票の最多數得點者を以て當選と者決定す。又最多數得點にても之れに一定數量の制限を附して當選決定となす制限法がある。有效投票數は4824にて議員定數12なる時《とき》は左《さ》の計算となる。

$$\frac{(\text{有效投票數})\ 4824 \div 12\ (\text{議員定數})}{6} = 67\ (\text{當選者の得票制限})$$

右の算式に依り最多數得點者と雖も六十七票以上を得るにあらざれば當選者たるを得ないといふ制限である。

市町村會議員の選擧は有效得點數の比較的多數法にて決定す。若《も》し同數の折《をり》は年長者《ねんちようしや》とす。同年の時は抽籤に依つて選擧長之れを決定す。

（市制三十條ノ二及町村制第二十七條ノ二）

制規《せいき》の得點數にて當選するも、當選受諾《じゆうだく》までの期日中に被選擧權の失格《しつかく》となりたる場合は當選失權となるのである。承諾後は既に議員有權者なれば此の場合は議員法に依つて被選擧權失格者となるわけである。

（市制第三十一條及町村制第二十八條）

本則は選擧錄及び投票錄調製の規定である。右は選擧に關する事項一切を精密明瞭《せいみつめいれう》に記載したる重要書類となつてゐる。選擧長及び投票分會長は選擧終了後に於て、其の事實と相違なからしむる爲め朗讀することになつてゐる。

選擧區ある時は選擧長は選擧錄（勅令指定の區は抄本）と當選者の住所氏名とを明記して市長へ報告のこと、分會投票の場合に於ては其の分會長は投票錄と投票函とを選擧長へ送致すべき定めである

選擧錄及投票錄は萬一後日故障《こしよう》の生じたる場合の參考《さんこう》書類となるものなれば其の議員の任期間は必ず保存しなくてはならぬ。任期滿了後は保存の必要はないが參考までに置くものとす。

（市制第三十二條及町村制第二十九條）

當選者が決定せば市區町村長は直に當選者に對して告知しなければならぬ。同時に當選者の氏名を一般に告示《こくし》すること。更に選擧錄及投票錄の寫を添付《てんぷ》して府縣知事に報告を要す。若し當選者なき時は市町村長に於て、選擧錄及投票錄を添へて府縣知事に報告すると同時に一般に告示しなければならぬ。

告知を受けたる當選者は五日以内《いない》に意思《いし》決定すべきもので、其の儘なれば應諾《おうだく》と見做される。

一人にて數選擧區の當選者たる時は其の當選に於て五日以内に何れか一區を決定の申立をなさなくてはならぬ。最終告知後五日以内に申立なき時は市町村長に於て抽籤の結果にて之を定む。

當選者が官吏《くわんり》なる時は市町村會議員たることが出來ぬわけである。若し官吏當選の時は所屬《しよぞく》長官の

許可を得てから應諾すべきものである。官吏にして當選告知の日から二十日以内に應諾の通知なき時は其の當選を辭したるものと看做される。又官吏にして數區の當選者たる時に於て或る一區の應諾を二十日以内に申立《まをした》てなき時は辭退《じたい》と看做《みな》される。

市町村に對し請負、又は市町村費事業家等にして當選の折は其の業務を罷めたる後にあらざれば當選應諾が不可能である。同じく會社、無限責任社員。支配人等は其の身分を除去せる後にあらざれば當選に應《おう》ずることが出來ぬわけである。若し之《こ》れ等《ら》の者の當選に際しては五日以内に其の職の辭退の旨を市町村長に對し申立を爲すべきもので、此の申立ての儀なき時は當選辭退と看做される。

有限責任社員、重役ならざる株主の如きは利害關係に於て餘りに重からざれば之れ等の者は當選に應諾《おうたく》あるも差支《さしつかえ》ない。

（市制第三十三條及町村制三十條）

本則は市町村會議員補闕選擧及除外例の規定である。

1　當選者が其の當選を辭退《じたい》せし時《とき》、

2　市會議員が數區の當選者たる際、一區に應ずるも他は應ずること不能の場合、

3　當選者が期日後に於て被選擧權を失格の際、

4　當選者が死亡の時、

5　當選者が選擧違反《いはん》にて無效《むこう》となりたる時、

右の場合には市町村長は三月以內に其の補闕選擧を行はねばならない。

當選者にして期日以內に辭退の時は、市町村長に於て選擧施行なしに選擧會を開き、當選點得票者中より年長《ねんちよう》又は抽籤《くじ》等《など》に依りて順《じゆん》を追ふて定むることが出來《でき》る。市町村長は選擧會の場所及び期日の豫告あること。

再選擧を施行の時、若し悶着を引き起したる際は其の亂脈の鎭まりたる翌日から起算のこと。

議員任期《にんき》滿了《まんれう》前《ぜん》六ケ月前に缺員を生じたる場合にて市町村會機關《きくわん》に支障を生ぜる範圍《はんゐ》內にては補闕選擧は行はぬこと。

（市制第三十四條及町村制第三十一條）

當選者が確定せば市町村長は其の當選者の住所氏名を一般に告知し併せて府縣知事に報告すべきこと。

選擧の結果に於て當選者なき時、又は定數に滿たぬ時も市町村長は其の旨をして一般告知と同時に府縣知事に報告を要す。

通　釋　（市制第三十五條及町村制第三十二條）

本條は選擧投票において無效《むこう》となる場合《ばあひ》の規定である。投票の無效となる場合は法律《ほうりつ》の定むる規定に違反したる爲め當選者に故障を生ずる虞れある場合に限る。少々規定違反があつても、その結果に故障を生ずる心配なき場合は無效とはならない。故障を生ずる場合と雖も、一部分にて事濟む時は其の部分のみの無效にして、全部《ぜんぶ》には影響《えききう》を故ぼさない。

例へば、當選者が無資格であつた場合にはその當選を取消して其の次の者を當選とすればよいのである。無效の選擧人名簿を使用する如き選擧手續に大違反を來せば、其の部分だけの取消といふ譯には行かぬので勢ひ《いきほ》全部の取消《とりけし》といふ大混雜《だいこんざつ》を來《きた》すのである。要するに其の事柄《こゝがら》が一部分で終る場合と、全體に影響を故ぼす場合とを考究して所理すればよいのである。即ち選擧の手數と亂費を省き、事務の煩累を避んが爲めに外ならない。而して其の選擧が全然無效と決定せば更に再選擧といふことになる。但《たゞ》し當選に故障を來す心配がない者といふ確定的《かくていてき》の區別《くべつ》が出來れば、其の者に限つて當選權を失ふことがないわけである。

（市制第三十六條及町村制第三十三條）

本則は選擧及び當選に關し不明の時は異議の申立を爲すことを得。左に其の三を擧げて見よう。

1 選擧權及被選擧權の有無《うむ》。

2 投票の有效か無效か、

3 選擧手續の違法、

選擧に關係したことは選擧當日から七日以內《いない》に、當選に就《つ》いては一般告知《こくち》後七日以內に市町村長に異議を申立てること。この異議の申立に際しては市町村長は七日以內に市町村會に附し十四日以內に決定を見なければならぬ定めである。

市町村會の決定に對《たい》し、市町村長又は選擧人の不服《ふふく》の時《とき》は府縣參事會に訴願の權がある。府縣知事も亦選擧及當選に關して不服の時は報告の日限より二十日以內に府縣參事會の決定に附すことを得。府縣知事に於て、府縣參事會の決定及裁定に不服の時は裁定日より三十日以內に於て行政訴訟の權がある。

補闕選擧、更新選擧、不定選擧はこれに關係ある異議及び訴願等の繫留中は施行することが不可能である。

市町村會議員にして自己《じこ》に對して他より異議《いぎ》の申立てありと雖《いへど》も其の異議が公認《こうにん》されて始めて其の職權を失格するのである。

（市制第三十七條及町村制第三十四條）

選擧が無效と確定せば三月以內に再選擧のこと。當選無效の時は再選擧の要なく市町村長に於て選擧會を開《ひら》き當選者を決定せばよいのである。

選擧の結果、當選無效等に依り當選者なき時、議員定數に達せざる時は其の不足數だけに就き、何れも三月以內に選擧を施行しなければならぬ。

（市制第三十八條及町村制第三十八條）

本則は議員失職規定で、市町村制の條項に該當する事情の生じたる時は其の議員は失職となる。實際上某議員に對して被選擧權の有無《うむ》決定は市町村會の權《けん》である。

法律上の失職左の如し。

1　禁治産者又は準禁治産者。

2　破産者《はさんしや》となりたる時《とき》。

3　禁錮以上の有刑者。

4　選擧に關する犯罪に依り罰金刑のもの。

市町村長は議員に被選擧權を有せぬ者、又は市町村の請負人《うけおいにん》なりと認《みと》むる時は市町村會の決定に附すべきこと。其の決定は文書を以て本人へ通知すること。この決定に對して不服の時は本人又は市町村長は府縣參事會及び行政訴訟をなす權能を有す。

市町村會議員にして不服起訴《きそう》の時は、裁決《さいけつ》又は行政裁判の判決までは議員出席《しゆつせき》の權があるものとす。

（市制第三十九條及町村制第三十六條）

選擧人名簿の件不服の時は異議の決定、裁定を一般に告知すべきものである。一般人民にして告知に關して不服の節《せつ》は更《さら》に訴願又は行政訴訟提起の該《がい》がある。府縣參事會の決定及び裁定は府縣知事に於て、市町村會の決定は市町村長に於て告示を爲すこと。

（市制第三十九條ノ二）

本則は市會議員選擧に關する規定にして、特に勅令指定の市は他の通例の市とは其の事情を異にせるを以《もつ》て本條の特例《とくれい》を設定《せつてい》したわけである。

通例の市と特異の點は府縣制規定の準用といふことにして、これに依つて市會議員の選擧が施行されるのである。

（市制第三十九條ノ三及町村制第三十六條ノ二）

本則は市町村會議員選擧に關し衆議院議員選擧法準用規定である。

1　勅令《ちよくれい》市區會議員選擧に就《つ》き、

衆議院議員選擧法第十章選擧運動規定、第十一章選擧運動費用規定、第百四十條二項演說會場として學校寺院使用許可、第百四十二京選擧犯罪の件等の規定準用である。候補者一人に付き定むべき選擧事務所數。委員數、運動額は特《とく》に勅令に依《よ》る。

2　通例の市及町村會議員選擧に就き、

衆議院議員選擧法第九十一條選擧事務所位置、第九十二條休憩所設定禁止、第九十八條戸別訪問面接電話禁止、第九十九京二項選擧事務關係官公吏員の選擧運動禁止、第百條內務大臣の選擧運動方法制限規定、第百四十二條選擧犯罪規定等、諸件の準用を要す。

（市制第四十條及町村制第三十七條）

本則は議員選擧罰則規定にして、市町村會議員選擧の違犯に對し衆議院議員罰則準用のことが定められてある。蓋《けだ》し議員選擧は公明正大《こうめいせいだい》を要することなれば、大小廣狹の差別《さべつ》を設くるの必要なき爲である。

第五節　市町村會の職務權限

第二款

（市制第四十一條及町村制三十九條）

本則は市町村會の職權の規定である。市町村會は市町村の意志の機關である。卽ち意思作用である市町村は意思《いし》作用《さくよう》を有せぬ故に吾等《われら》自然人が其の意思機關となつて意思の生成及發動を代表《だいひよう》しなければならぬ。市町村の意思生成の機關は市町村會、意思の實行機關は市町村長である。學說上前者は意思機關、議決機關、代議機關といひ、後者は執行機關、行政機關といふ。市町村會は市町村に關する萬般の事件《じけん》、法律命令內の權限の議決《ぎけつ》機關たるものである。

市町村が一方に於て法律上獨立せる人格の所有者たる自治團體、地方に於ては國家行政機關であるとは此の義である。市町村會は市町村の機關にして意思議決の權限と一定の職務とを有するものである。

（市制第四十二條及町村制第四十條）

本則は市町村會の議決主要事項の規定である。

市町村議決事項概目

1 市町村條令及規則の設定改廢、

これは市町村民の權利義務及び利害《りがい》關係上直接《ちよくせつ》問題なれば愼重《しんちやう》なる市町村會の議決に附すべきものである。

2 市町村費支辨事業、

市町村民の當然負擔すべき事項なれば市町村會の議決を要するのである。

3 歳入出豫算決定、

一會計年度の收入《しうにふ》及び支出《ししゆつ》の見積《みつもり》である。

4 決算報告認定、

市町村長及び收入役は市町村會の議決豫算に依り一會計年度の終りに於て收入支出の決算報告の認定《にんてい》を得て始めて其の責任《せきにん》を果し得たことになる。

5 法令に定むるものを除く外、使用料、加入金、手數料、町村税、夫役現品の賦課徴集に關する事、

△使用料は市町村所有の營造物《えいざうぶつ》の使用に對する價《あたい》のこと。

△手數料は謄本作製、印鑑證明等の吏員勞力に對する個人の支拂ふべき料金。

△加入金とは個人が市町村經營の事業に加入の爲め必要とする金員。

△市町村税とは法律規定の範圍内にて市町村の費用《ひよう》を支辨《しべん》する爲め一般市町村民に課する税金

△夫役現品とは市町村の公共事業の爲め一般居住民をして力役又は現品提供のこと。

6 不動産の管理及取締の件。

市町村は法人と民法上の權能を有する爲め、不動産の所有が出來る。從つて管理、所分、取得等の件は市町村會の議決を要す。

7 基本財産及積立金融の設置、管理、所分に關する件。

市町村會は右《みぎ》の事項に關しては市町村會の議決を要《えう》す。

8 歳入出豫算を以て定むるものを除くの外新に義務の負擔を爲し及び權利の拋棄を爲す事。

臨時急用の爲め公債又は借入等新なる市町村の義務負擔は市町村會の議決を要す。市町村が博覽會開設《はくらんくわいかいせつ》の事なるも、失覺《しつかく》及び出品等の支障上より其の權利の拋棄《はうき》が却つて得策《とくさく》なる場合がある。

9 財産及營造物の管理法。

學校、病院、公園、圖書館《としよようかん》、港灣等の公衆用建物は市町村所有に罹《かか》るものなれば、其の管理と利不利及び保維の如何に關することなどは市町村會の議決に依るものである。

10 市町村吏員の身元保證。

金品取扱《とりあつか》ひの收入後其の他會計吏員に於ては保證《ほしよう》金納入《のうにふ》が必要である。此の保證金額及徴收に係ることは市町村會の議決事項とす。

11　市町村に係る訴願訴訟及和解、

市町村は法人なれば、訴願、行政訴訟、民事訴訟又は和解等の行爲に出づること出來る。此の場合には市町村會の議決を經《へ》て後にすべきものである。

（市制條四十三條）

市會は其の權限内の些細なる一部を市參事會に委任することが出來る。されど市條例及規則の新設改廢、事業經營、豫算の如き市に關して重大《ぢうだい》なる諸項は參事會に附宅《ふたく》することが出來ぬものである。これ市の代議機關設置の精神に反することであるからである。

（市制第四十四條及町村制第四十一條）

市町村の吏員としては其の地方の情況周知といふ點からして政府の任免になる官吏よりも自治の本旨に適合することは論《ろん》なき事實《じじつ》である。故は市町村會は其の權限内に於て、市町村長、助役《ぢよやく》、委員を選擧に依つて定むる場合がある。

（市制第四十五條及町村制第四十二條）

市町村會は吏員の事務監督が出來る。其の方法として市町村の事務書類、計算書などの檢査をし、併せて市町村の報告請求《せいきう》や收入役の出納書類の取調などを行ふことが出來る。但《たゞ》し市町村會議員は一個人の資格としては特別の理由以外は査閱及び檢査等の職權執行が出來ぬわけである。

（市制第四十六條及町村制第四十三條）

市町村會は市町村民の幸福及び發展と目すべき事業若しくは事件に關しては市町村長及び內務大臣又は府縣知事に對し意見書を提出《ていしゆつ》し得る權を有す。此《こ》の場合に於て意見採取《さいしゆう》か否かは市町村長及監督官廳の權限に屬する自由意思なれば若し不聽取の折りとて之れに對して表面上の不服は出來ぬ定めである。

（市制第四十七條及町村制四十四條）

行政廳より何等かの件に關して市町村會に諮問のありたる時は市町村會は必然之に對して意見答申すべき性質《せいしつ》のものである。此の場合に於て市町村會不成立、不招集又は其の他の事故《せこ》のため意見不提出の時は當該行政官廳卽ち內務大臣、府縣知事に於て直ちに處分することが出來るのである。

（市制第四十八條第四十九條及町村制第四十五條）

本則は市町村會の議長及副議長の選定規定である。議長は會議の總理、議場の秩序保持の職權を有す。副議長は議長補佐及び議長事故の際《さいこ》之れに代《かわ》つて職務執行の役である。通例《つうれい》、市會に於ては議員中より議長及副議長を選出するの定めである。町村會にあつては町村長が議長となる。市會に於て議長副議長共に故障の時は議員中より假議長を選出しなければならない。町村會に於ては町村長の故障の際は助役又は代理者《だいりしや》が議長職を代理すること、若しその代理者も事故《じこ》の折は議員中より假《かり》議長を選出す。假議長選擧に就いては年長議員に於て其の選擧の假議長の職務代理者とし、同年齡の時は抽籤に依り假議長を定めて假議長選擧を行ふものとす。

市會の議長及副議長は議員中より選出される理由《りゆう》を案ずるに、帝國議會が間接的《かんせつてき》に政府を監督する如く市會に於ても市吏員の行政執務に關し監督し居るわけである。此の意味に於て議會の要職たる議長及副議長は議員中より選任するを以て最適當となすわけである。

併し町村に於ては人口又は事務の煩簡《はんかん》の上よりして必ずしも代議機關と執行機關とを區別しなければ

ばならぬといふ理由もなく、町村長に於ては特に其の地方の情況《じやうきやう》は詳知《しやうち》し、わけて其の事務に通曉《つうげう》せるを以て議長及び代理者には適任者と思惟されるからである。特別の事情ある町村に於ては町村會の選擧に依る議長及代理者を議員中より選定し置くことも差支ないのである。

（市制第五十條及町村制第四十六條）

市町村長は執行機關として市町村會の議決事項の執行と同時に市町村の行政事務にして議決に附すべき議案提出《ていしゆつ》の義務がある。自身又は委任《ゐにん》、囑宅《しよくたく》等を列席せしめて議事に參與せしめ原案の説明又は質問への答辯を爲すことが出來る。此の行政機關は代議及び執行の兩機關の中間に位して意思疎通の中媒役たるものとす。恰も帝國議會に於ける國務大臣又は政府委員の如きものである。故にこれ等の者が發言《はつげん》を求めた際は議長に於て直ちに許《ゆる》さねばならぬわけである。然し之れが爲めに議員の演説中止及び議決加入等は不可能である。

（市制第五十一條及町村制第四十七條）

1　議員定數の三分一以上の請求ありたる場合。

議員は市町村の代議機關なれば一議員の請求《せいきう》にても議會召集あるべき性質《せいしつ》のものなるも、之れにては餘りに手數の煩雜を來す虞あるものなれば議員定數の三分の一以上の請求ありたる時は市町村長の職務として必然議會召集の事あるべき定めである。

2　市町村長が必要ありと認めた場合。

市町村長は行政機關として議決事項を執行し、外部《ぐわいぶ》接衝《せつしよう》の要路に立つ者なれば、事務執行上會議に附すべき重要事件と認めたる際は何時にても市町村會を召集し得る權限を附與されてゐるわけである。召集の期日及び事件は開會前三日目までに告知すべきである。然し緊急事件に關する召集は例外である。又開會中にても緊急要件なる時は直ちに會議に附することが出來る。

（市制第五十二條及町村制第四十八條）

議會は議員に定數あるに依り全議員の出席を得て開會するは正當の義なれども、人事に於ては病氣其の他の事故あるは免《まぬか》れざる事なれば、議會の開會は議員定數の半數以上の出席あるに於て開會し得る定めである。

例外として（1）議員除斥《ちよせき》の故を以て議席に列席《れつせき》する者が半數に滿《み》たざる時、（2）同一事件に關し再召集に至るも尙ほ半數に滿たざる時。（3）召集《しようしゆう》には應ずるも出席議員が定數を闕《か》きたる爲め出席催告するも尙ほ半數に滿たざる時、以上は已《や》むを得ざる場合なれば出席議員定數の半數に滿たざるも議會を開き議決し得る定めである。

（市制第五十三條及町村制第四十九條）

本則は市町村會の議決に關する規定である。市町村會は市町村民の議決機關なれば議決には議員定數の半數以上の出席あるに於て議事決定すべきを至當《したう》とするも、時として可否同數の場合なしとせず此の場合は議長の意見に依つて可否を決定するものとす。

議長が議員中より選出の場合、議員としての議決權を減する理由はないから玆に明記したわけである。町村會の議長は町村長に於て之れに當《あた》るに依つて當然《たうぜん》議決權がないのである。而し本條の明文《めいぶん》に依り可否裁決權を有すること故に矢張り同一の權力あるものとす。但し議決權と裁決權とは觀念の相違がある。

(市制第五十四條及町村制第五十條)

本則は議決の公平維持の爲め議長及び議員の議決權の制限規定である。

自己一身上、父母、祖父母《そふぼ》、妻、子孫《しそん》、兄弟姉妹《きようだいしまい》等の身上《みのへ》に事故を生じたる時に於ては人情の然らしむるところ何事に依らず公平の立場を失しやすい。況んや嚴正を要する議決に於ては頗る難事である。故に此くの如き場合に於ては議長及び議員は其の議事に參與することを得ない定めとした。但し市町村會の同意《どうい》あるに於ては出席の上發言《はつげん》し得るも、其の議決には參加が出來ないのである。

(市制第五十五條及町村制第五十一條)

本則は市町村會に於て市長、市參與、町村長、各委員等の選擧に關する規定である。

1 當選者は無記名《むきめい》投票の結果有效投票の過半數の收得《しゆとく》とす。

2 過半數の收得者なき時は最多數二名に就き決選投票を行ふこと。

決選投票とは選ばれた二名中、同點の時は、年長者、同年齡の時は議長の抽籤の結果とす。決選投票の當選者には、多數得點者たること。同點の時は年長者、同年齡《ねんれい》の時は議長の抽籤《くじ》に依つて之を定める。

市町村會の選擧の決定に關しては不服の申立ては許さない。

市町村會は指名推選及び連名投票を用ゆることもある。

（市制第五十六條及町村制第五十二條）

本則は秘密會議の規定である。市町村會は自治の精神上、議事公開にて傍聽を許すべきが本旨なれども、市町村の直接安寧《あんてい》とか、人格名譽《めいよ》に關する議決事項に於ては傍聽《ばうちやう》禁止のこともある。市會に於ては市長の傍聽禁止の要求及び議長又は議員二名以上の發議が可決となりしときは傍聽禁止となる。町村會に於ては議長及び議員二人以上の發議が可決せる時は秘密會となすことが出來る。但し市會の議長單獨《たんどく》意見にては傍聽禁止が出來ない規定で、先《ま》づ發議の上、可決《かけつ》を要するのである。

（市制第五十七條及町村制第五十三條）

本則は議長の職務及職權に關する規定にして、市町村會の日程《にちてい》、順序、議場の秩序《ちつじよ》維持《いち》、議會の開閉宣言、併せて行政裁判所への出訴、官廳《くわんちやう》への意見上陳《ちん》等は議長の職權に屬する事項である。

議員定數の過半數に達したる議員より開閉の請求ある時は議長は自己の意志に反するも、職務として議長は議會の開閉を執《と》り行はねばならぬ規定である。

（市制第五十八條及町村制五十四條）

議員は自治體の重職に任ずる故に公平の見地を要《えう》とす。されば何人たりとも之れに拘束《こうそく》がましき行動に出づることが出來ない。又議員は選擧人の意思の左右を受くべきものでもない。されど議場に於ては情的方面の人身攻擊《こうげき》に類する言動《げんどう》あるべからずである。

（市制第五十九條及町村制第五十五條）

議場に於ける議長の職權に關する規定である。議長は職權上議場の秩序維持に當らねばならぬ。若し議場の治安を亂す如き議員ありとせば議長は之れに對し發言取り消しの權がある。尙ほ從はぬ時は當日の議會終了まで發言禁止若しくは場外退出の權まである。必要と見れば警察官吏の處分を求むることも可である。又愈々《いよく》議場整理《せいり》困難と見る時は議長に於て當日の議會を中止、又は閉會《へいくわい》も出來る。

（市制第六十條及町村制第五十六條）

議會は秘密會議の外は規定に依り傍聽を許す定めなるも、若し傍聽人にして議事又は議員に對し放言。拍手《はくしゆ》などにて公然と否可の表象ありて喧騷《けんそう》を來す如き場合は議長に於て制止權あり。尙ほ其の命に服せぬ時は場外放逐《はうちく》の權能がある。又多數傍聽人にて騷動《そうどう》を極むる時は議長は傍聽人に對し退場を命ずる事が出來る。必要に應じては警察官吏の處分を受けしむるも差支がない。

（市制第六十一條及町村制第五十七條）

市町村會は庶務《しよむ》整理及び會議錄調製の爲め若干名《じやつかんめい》の書記を要す。議長の任免に依り且つ議長の監督下に於て庶務を處理すべき規定である。故に給料、退隱《いん》料、退職給與金及び懲戒《ちようかい》處分等何れも議長の權內に在る。

（市制第六十二條及町村制第五十八條）

會議錄は議長の命に依り書記の調製記入あるべきもので、其の記載事項は會議の顚末《てんまつ》、出席議員の氏名等正確に記錄し置《お》くべきものである。此の會議錄は嚴正確實《げんせいかくじつ》を要するものなれば、議長及び市町村會の議決に依る二人以上の議員の署名がなければならぬ。市會に於ては議決及選擧と共に會議錄を

添附して市長に報告することになつてゐる。町村會に於て議長が町村長なれば此の要ないわけである

（市制第六十三條及町村制五十九條）

市町村會は其の會議及び傍聽人に關する細則を各市町村の情況に適合する如く規定することが差し許されてゐる。勿論法律に違反するの條目は無效となる。若し此の會議規則に違反する議員に對しては議決の結果五日以内の出席停止を命ずることが出來る。

第六節　市參事會の組織及選擧

（市制第六十四條）

本則は市參事會の組織規定にして、市長、助役、名譽職參事會員若干名より組成される。若し市參與なるものを置く時は之れも亦、自己の相當議事に關しては市參事會員の資格にて會議に出席し議決に加入するの權を有す。

（市制第六十五條）

本則は名譽職參事會員の定數、選擧、任期の規定である。名譽職參事會員の定數は六人とす。但し法人組織の區を有する市に於ては十二人まで增加することが出來る。

名譽職參事會員は市會が其の議員中より適任者を選擧するもので其の方法は市會議員選出と同樣である。不服申立は許されない。其の任期は一年と定めてある。

參事會員は市の常設《じやうせつ》議決機關の一部なれば後任確定までは在任確定たるべき定めである。

名譽職參事會は極めて小數者なれば。闕員ありたる時は直ちに補闕選擧の上補充《ほじゆう》し置くことが肝要《かんえう》である。

（市制第六十六條）

市參事會の議長は市長に於いて議長の任に當るべき定めである。市長が支障を生じたる場合は助役中の一人をして代理せしむることである。

第七節　市參事會の職務權限

第二款

（市制第六十七條）

本則は市參事會の職務權限に關する規定である。

1　市會の權限中、その一部を委任されたる時、市會を代表して議決すること。

2　法令上、市參事會の權限內に於ける任務の議決を要す。

（市制第六十八條）

市參事會は市長の招集《しようしゆ》に依る。市參事會は市長の諮問《しもん》機關なれば其の招集は市長の任意《にんい》である。市長に於ては參事會招集の必要を認めぬ時と雖も參事會員の過半數の請求ありたる時は必然之を招集しなければならぬ。

（市制第六十九條）

市會は表面的の會議なれば之れを公開して一般に傍聽を許すことを以て本體とするのであるけれども、市參事會は所謂《いわゆる》相談事の如き內面的會議であるから其の傍聽は許されない。

（市制第七十條）

市參事會は通常、全會員の半數以上の出席にあらざれば開くことが出來ない。但し左の如き例外がある。

1　會議事項が會員自身か其の親族の上に係る爲め除席に依り半數に滿たぬ時、

2　再度の招集あるも尙ほ半數に滿たぬ時。

3　召集には應じ出席するも列席せず、議長列席を促すも尙ほ半數に滿たぬ時。

右の場合に於ては出席會員半數に滿たなくとも其の儘、開會が出來る。

其の會議事項が自己、父母、祖父母、妻、子孫、兄弟姉妹等の一身上に關する事件には參事員が參與することが出來ぬ。但し市參事會の同志を得た時は會議は列席し發言の權はあるけれども議決加入が出來ない。

若し萬一議長及び代理者共に除斥の時は最年長者の名譽參事會員が議長の職務代理すべき定めである。

（市制第七十一條）

本則は市會規定を市參事會に適用すべき規定である。

市制第四十六條（公益に關する件に就き監督官廳へ意見提出）第四十七條（行政廳の諮問《しもん》に答申《たうしん》すべき件）第五十條（市長の委任及び囑託を受けたる者は會議に列席し説明を爲すの件）第五十一條第二項及第五項（市長は會議開閉の權を有す。招集及び會議の件は少なくとも三日前に告知の件）第五十三條（議事は出席議員の過半數を得て決す）第五十五條（會議に於て選擧執行の件）第五十七條（議長の職權）第五十八條（議員の義務）第五十九條（議長が議員に對する時の職權）第六十一條（書記の任免）第六十二條（會議錄の調製）等の諸則は市參事會にも適用されるものとす。

第八節　市町村吏員の組織選擧及任免

第四章

第一款

（市制第七十二京及町村制六十條）

本則は市町村長、助役、市參與等の定數規定である。市町村共に各一名の長を置き自治團體を代表せしめ且つ助役を置き補佐《ほさ》の任となす。助役の定數には制限《せいげん》なく必ずしも一人に限《かぎ》つたものではない。勅令指定を受くる區を有する市に於ては土地の事情に鑑《かんが》み數人の助役を必要とするのであるが、此の場合には內務大臣之れを決定す。其の他の市町村に於ても增加が出來るが、之れには市町村會の議決を經て更に內務大臣の許可を要す。

市に於て特別事業（水道、瓦斯、電燈、電車）經營に際しては特種の經驗《けいけん》知《ち》識《しき》技《ぎ》能《のう》を必要とするのであるから特種の市參與たる吏員を設置することになる。市會は選擧に依り之れを選定し更に內務大臣の認可を受けて任用するのである。

（市制第七十三條、第七十四條、第七十五條、第七十六條及び町村制第六十一條、第六十二條、第六十三條、第六十四條）

本則は市町村長、助役、市參與の選任、待遇、資格及び退任等の規定である。

左表の如し

職員	選任	任期	待遇	資格	退任要件
市長	市會に於て選擧す	四年	有給	在職中公民	三十日前申出
市參與	市長推薦して市會之を定む	任期無し	名譽職	公民	隨意
			有給職	在職中公民	
市助役	市長推薦して市會之を定む	四年	有給	在職中公民	三十日前申出
町村長	町村に於て選擧す	四年	名譽職	公民	隨意
			有給職	在職中公民	三十日前申出
町村助役	町村長推薦して町村會定む	四年	名譽職	公民	隨意
			有給職	在職中公民	三十日前申出

(市制第七十七條、第七十八條及町村制第六十五條、第六十六條)

本則は市町村長、助役、市參與の兼職及び兼業禁止の規定である。

1　在職中の檢事、警察官吏、收稅官吏。

2　市町村の有給吏員、教員。

3　市町村に對しての請負者。市町村費の事業に關する請負者、同一業支配人及び同一法人の無限責任社員、取締役、監査役、清算人及支配人。

右の兼職は兎《と》もすれば職務の公正を失するの虞《おそれ》あるに依り之れを禁じたわけである。

有給吏は一定の給料な受けるものなれば府縣知事の許可なくしては他の報酬業務に就くことが出來ない。名譽職は此の限りでない。然し市町村に對して請負を爲すことが出來ぬ。

（市制第七十九條及町村制第六十七條）

本則は收入役及び副《ふく》收入役設置《せつち》の件である。

收入役は會計事務を掌《と》るもので市町村にては一人を以て原則とするも、區域《くいき》廣く、事務複雜《ふくざつ》なる町村に於ては副收入役を置くことが出來る。小町村にては町村長又は助役に於て兼掌《けんしよう》することが出來る

但し此の場合には府縣知事の許可を要す。

收入役は有給吏員として任期は四年、市町村長の推薦に依り市町村會の決定に成る。

其の他兼職業禁止の規定は收入役及び副收入役にも準用の定めである。

收入役及び副收入役は市町村長、市參與、市町村助役と父子兄弟の緣故《えんこ》者は其の職に任ずるを得ない。又收入役と副收入役の間柄《あいだがら》も父子兄弟の緣故者は就任が出來ない。これは緣故を利用して私曲《しきよく》の行動あるを未然《みぜん》に防《ふせ》ぐためのことである。

（市制第八十條及第八十一條）

本則は勅令に依れる區の區長及收入役の規定である。

區は區長、區收入役及び區副收入役を置くことになつてゐる。區長は市の有給吏員にして市長の任免に依る。區收入役及び副收入役は有給吏員中より區長の申請《しんせい》に依り市長の任ずるものである。

區收入役及び副收入役は有給にして公職にあるものなれば矢張り兼職は許されない。

區收入役及び區副收入役就任後に於て、市長、市助役、市收入役、市副收入役、區長の間柄に父子兄弟の緣故の成立された時は區收入役又は區副收入役は當然失職となる。此の關係は區收入役と區副收入役の間柄に於ても適用される。又區收入役と區副收入役との間に此の關係が成立せば副收入役の失職となる。

（市制第八十二條及町村制六十八條）

市町村は事務處理上單なる便宜の爲めに勅令に依らざる區を設け區長及代理者を置く事が出來る。此の區長及び代理者は市町村の公民中選擧權の有資格者にして市町村長の適任推薦者中より市町村會之れを決定す。名譽職の區長及び代理者たるを以て原則とす。時としては內務大臣に於て有給區長たるべき市を指定することがある。

此の場合の市に於ては第六條の區に準用のことである。其の他の必要事項は勅令規定に依るべきものとす。

此の區は單《たん》に便宜上《べんぎじよう》市町村の事務分掌《ぶんしよう》といふに過ぎずして、勅令指定の區と異り議決機關たる區會を有しない。

（市制第八十三條及町村制第六十九條）

本則は市町村委員に關する規定である。

委員は市町村長の監督下に於て市町村の營造物の管理、事務の調査又は處辨等の職務に當るものにして常設と臨時との別あるも共に名譽職である。議員、名譽職參事會員及び選擧權所有の公民中より市町村長が推薦する時市町村會が之《こ》れが決定す。其の委員長には市町村長、委員受諾《じゆたく》の市參與又は助役が當るものである。時としては常設《じやうせつ》委員は有給者であることもある。又公民に非《あらざ》るも特別技能所有者を擧げなければならぬ場合もある。

（市制第八十四條及町村制第七十條）

本則は市町村吏員の失職規定である。市の名譽職市參與、町村長及び助役、法人ならざる區長及代理者、又は常任委員、就職の爲め公民たる者等の中にて在職中選擧權を失し公民無資格者たるに至つては當然の失職者である。禁錮以上の刑《けい》に該當《がいたう》の爲め豫審《よしん》又は公判に附せられし者は有罪未定と雖も名譽の下落《げらく》に依り好《よろ》しからざるに付き監督官廳は其の職務停止《ていし》の命を發することが出來る。停止中の給料は不拂のことである。

（市制第八十五條、第八十六條及町村制第七十一條）

市町村は市町村長、市參與、助役、收入役、區長、區收入役、臨時又は常設の委員等の諸吏員の任免は前述の通りなるも、尚ほ必要に應じては此れ以外の有給吏員を置くことが出來る。これ等の任免は市長の權限である。區に於ては區長の申請に依り市長の任免とす。然し其の定數は市町村會の議決を以て定む。

第九節　市町村吏員の職務權限

第二款

（府制第八十七條、第八十八條及縣村制第七十二條）

本則は市町村長の職務權限に關する規定の概目《がいもく》を擧《あ》げたまでゝある。市町村長は執行機關にして市町村の行政事務は、これ等首長に依つて外部に行はるゝのである。左に市町村長の執務の概目を擧げよう。

1　議案を調製し會議へ提出すべきこと。市町村會の議決事項の實行。

2　市町村所有の營造物の管理、代理者を置きたる町は事務監督。

3　收入役の會計事務監督の事。

4　市町村所屬の各種書類保管の事。

5　法令の命ずるところ、市町村會の議決に從ひ、市町村有營造物使用料、後場執行の各種手數料營造物使用權加入金、市町村稅、夫稅現品賦課徵集の事。

6　其の他法令に依り市町村長の職權事項を取り扱ふ事。

（市制第八十九條及町村制第七十三條）

市町村長は行政機關の首長なれば、部下吏員の指揮《しき》監督の權を有するわけである。市町村長は部下吏員にして自已の指揮命令に從はぬ者ある時は懲戒處分を行ふことが出來る。

市町村長の吏員に對する懲戒方法としては譴責《いんせき》と過怠金《くわいたい》（市吏員は十圓以下、町村吏員は五圓以下）の二法がある。併し同一吏員にして再三再四譴責及び過怠金に處せらるゝ時は市町村長に於て辭職勸告と言ふことになる。

（市制第九十條及町村制第七十四條）

市町村長は執行機關ではあるけれども、市町村會に肓從すべき理由はない。法律の權限內にて其の職責を盡すに在る。

市町村會、市參事會が其の權限超過《てふくわ》、違法、會議規則違反等の議決を爲し又は選擧を行《おこな》ふことがあれば、市町村長の意見に依り或は監督官廳の指揮を受けて再議又は再選擧を行はしむることが出來る
市町村會又、市參事會の議決又は選擧が違法なるに依り再議再選の件市町村長より命令するも其の效なく改めざる時は市町村長が府縣參事會に其《そ》の裁決を請《こ》ふことが出來る。
市町村長より府縣參事會に對して裁決申請前なれば府縣知事に於て其の違法の議決及び選擧の消去が出來る。
市町村會、市參事の議決が公益《こうえき》を害《がい》し、又は市町村の收支不適當と認《みと》める時は市町村長は自己《じこ》の意見又は府縣知事の指命に依り理由を提示して再議に附し、其の執行の要あるものは停止することが出來る。

（市制第九十一條、第九十二條、第九十二條の二及町村制第七十五條、第七十六條）

本則は市町村會、市參事會の不成立《ふせいりつ》の破目《はめ》に遭遇《そうぐう》したる時の市町村長の權職規定である。此の時は市參事會の議決を要す。此の議決には市長、助役、市參與は議決加入は許されてゐない。市參事會も不成立の際は府縣參事會の議決を請ふのである。

市會、市參事會は開會されても、議決及び決定されぬ時は矢張不成立の場合と同樣である。

市町村會又は市參事會の議決、決定を要する件にて至急を要する場合に、開會招集の暇たして信ずる時は、市町村長に於て獨斷《どくだん》の處置《しよち》に出ることが出來る。此の獨斷專行の時は市町村長に於て次回の參事會又は市町村會に於て報告すべき定めである。

（市制第九十三條及町村制第七十七條）

市町村長及び吏員が國《くに》、府《ふ》、縣《けん》又は其の他の公共團體《こうきようだんたい》の事務をも取り扱《あつか》ふことが出來る。國稅、府縣稅の徵收、徵兵事務、水除組合、產業組合の如き事務の意である。これ等は元來其の性質上市町村國有の事務ではないけれども。法令を以て委ねられたる時は自已の職責內の事務となるのである。

これ等《ら》の事務費用《じむひよう》は特別の法令なき限り市町村の負擔《ふたん》なれば豫算計上を必要とす。

（市制第九十四條及町村制第七十一條）

市町村長は行政機關の首長なるも餘りに重荷と見る時は其の事務の一部を助役、區長（勅令に依る市）に分掌《ぶんしよう》せしむることが出來る。又事務の一部を臨時《りんじ》代理せしむることが出來る。分掌の時は直接責任が分常者にある。臨時代理は本人は素よりのこと、市町村長に於ても直接責代者たるものとす。

（市制第九十五條）

大都市に於ては電氣、瓦斯、水道の如き特種技倆《ぎれう》の必要な事業が多々《たゝ》ある。此の特種知識を入用とする事業擔任の爲め市參與を置くことがあるが、此の事務に關する責任者は市長である。

（市制第九十六條及町村制第七十九條）

助役の職權規定である。助役は通常市町村長の内的補助で所謂相談相手といふ意味のものである。市町村長故障《こしよう》ありたる時は助役が代理《だいり》すべきものにして助役數人なる時は市町村長の定めた順位《じゆんい》を追ふてすべきことである。助役が市町村長を代理する時は絶對責任を有するものである。

（市制第九十七條及町村制第八十條）

本則は收入役の職務權限《けんげん》である。收入役は市町村の出納《しゆつのう》事務を掌《つかさど》る以て原則とするけれども特別の法令なき限りは委託に依れる國府縣及び其の他公共團體の會計事務も扱ふものとす。

劃收入役は通例收入役の補助分掌なるも、若し收入役に事故のありたる場合には代理すべきものである。若し劃收入役を置かぬ時、收入役の故障に除しては代理すべき吏員決定することが出來る。

（市制第九十八條、第九十九條）

本則は勅令《ちよくれい》に依《よ》れる區の區長は收入役の職權規定《しよくけんきてい》である。

第六條の區は區とは課へ實は小さな市の如きものであるから大都市に於ては區長以下の吏員を置き市長の指揮監督下に於て市及び區の事務を掌らしむるのである。區長及び區吏は市、區の事務以外に市長の命を承《う》け、法令規定に從つて國府縣其の他の公共事務をも採《と》らねばならぬものである。これ等の執務用費の負擔は市のものとす。

區には助役なき爲め區長の故障に降しては區吏中上席より順位に代理することの定めであある。但し區收入役だけは上席吏員《りいん》たるも區長の代理は許《ゆる》されない。

區の收入事務を劃收入役に分掌せしむる時は區長が市長の許可を受けねばならぬ。區に劃收入役を置かざる時は市長は區收入役の故隙に當つて代理すべき區吏を定めねばならぬ。

（市制第百條及町村制第八十一條）

本則は勅令指定なき區長及び代理者の職權規定にして、何れも名譽職で單に市町村長の事務補助の機關に過《す》ぎぬ。區長の故障に際《さい》してはこれを代理するものである。

（第制第百一條、第百二條、第百三條及町村制第八十二條、第八十三條）

本則は委員の職權を規定である。常設、臨時の名譽職委員は市町村長の指揮監督下に於て市町村の財産又は營造物の管理《くわんり》、委託《いたく》事務の調査又は處辨等の責務《せきむ》を有す。時としては區吏員に於て區長事務の一部を臨時代理することがある。

第十節　給料及給與

第五款

（市制第百四條及町村制第八十四條）

本則は名譽職の實費《じつぴ》又は報酬《はうしう》給與に關す規定である。原則《げんそく》としては名譽職は公民の義務《ぎむ》として無給與にて市町村の爲めに働くべきものなれど、如何に名譽職とは謂へ、自費自辨にて公共の爲めに多大の時間と勞力とを費消しなければならぬ理由はない。故に名譽職が其の職務の爲めの入費（軍馬賃、辨當料《べんたうれう》）は受けても差支《さしつかへ》ない定めである。通例《つうれい》議員を除《のぞ》くの外の名譽職、名譽職參與、名譽職町村長名譽助役、名譽區長及代理者、委員等には勤務相當の報酬を給與するの定めである。

費用辨償額、報酬額等の支給方法は市町村會の議決を要するものである。

（市制第百五條、第百六條及町村制第八十五條、第八十六條）

本則は有給吏員の給料、退隱料《たいいんれう》、旅費《りよひ》其の給與金に係《かゝは》る規定である。これ等《ら》は市町村會の議決を以て定むるものである。

官吏の恩給制の如く市町村の有給吏員には多年勤續者又は功勞者に對しては一定の退隱料、退職給與金又は遺族《いぞく》扶助《ふじよ》料支給の設《まう》けがある。

（市制第百七條及町村制第八十七條）

本則は給與に就き異議申立規定である。

名吏職の費用辨償、有給吏員の給料、旅費、退隱料、退職給與金、死亡給與金、遺族扶助料は市町村長が支給の義務を有す。又反對と受領の權利があるわけである。故に給與に異議あるに於ては本人又は遺族は市町村長に對して異議の申立《まをしたて》が出來る。市町村長は此《こ》の申立ての日より七日以内に市參事會又は町村會の注意に附すべきである。

此の異議の處否は市參事會又は町村會の決定になるものである。たゞ其の決定に不服なる時は其の關係者及び市町村長の何《いづ》れからも府縣參事會に訴願《たうがん》するの權《けん》を有《ゆう》す。尚《な》ほ府縣參事會にも不服なれば關係者、市町村長び府縣知事よりも行政裁判所訴設提起して判決を求むことが出來る。

(府制第百八條及町村制第八十八)

本則に擧《あ》げたる諸給與金は其の市町村の爲めに働《はたら》いた者に支給するものなれば其の市町村に於て負擔すべきや當然である。

第十一節　財產營造物と市町村税

第六章

第一款

（市制第百九條及町村制第八十九條）

本則は基本財産に關する件である。市町村の財産には學校、役所、敷地、病院等の如く日日使用に終るものと、山林《さんりん》、原野《げんや》、港灣のやうに收益的財産との二種がある。此の收益財産は永久《えいきう》に市町村の基本財産となるものなれば永く維持するを以て至當とす。

基本財産よりの收益は毎年の會計に於て市町村の經費と爲すも、基本財産は永久に維持されるから此れに依《よ》つて市町村民の負擔《ふたん》を輕減《けいげん》するの利益がある。

豐富な基本財産から多額の收益を得る時は、市町村税の賦課なしに其の經費の支辨が出來るのである。故に基本財産は永久に保持し且つ多分の收益あるやう改善に力めなければならぬ。

市町村は水道、道路、公園等經營の爲《た》めに基本財産又は金穀《きんこく》理立の法を採《と》ることがある。

（市制第百十條、第百十一條及町村制第九十條、第九十一條）

本則は市町村有財産及び營造物を市町村民の使用に關する件である。市町村民中の或る者は從來の慣習上特別に使用の權を許されてゐるものがある。例せば公園内の茶店、墓地内休憩所の如きものである。憶ふに舊慣舊例は市町村に於て特別の事情と理由とに依つて成り來つたものなれば市町村長と雖も獨斷《どくだん》にて之れが變更は出來《でき》ないのである。若し此の變更又は廢止《はいし》といふことは從來《じゆらい》の使用權利者に於ては重大の利害關係であるからして市町村會の議決を經且つ愼重の審議を要するものとす。新に使用願出に際しても市町村會の議決後に於てすべきものである。

市町村は市町村民の使用財産の使用方法及《およ》び其の他に就《つ》き營造物規則を設《もう》けることが出來る。使用者は此の規則に服從を要す。

（市制第百十二條、第百十三條及町村制第九十二條、第九十三條）

本則は市町村所有の營造物使用者から其の使用料、加入金《かはふきん》、手數料徴收《ちようしゆう》の件《けん》である。

1 使用料、市町村が市町村民に營造物使用の權許可せるに依り其れより受くる報酬、

2 加入金、財産營造の特別使用の列に加入せんとする時に其の者より一時に納入金、

3 手數料、帳簿《ちようぼ》一覽、謄本《とうほん》下附の請求者より徴收の收入である。

使用料、加入金、手數料徴收の方法は市町村條例に依つて規定す。これ等の收益は市町村の收入と

なりて經費に支辨される。

（市制第百十四條及町村制第九十四條）

本則は市町村財産賣却及び貸與、土木請負、物件勞力の供給の件である。右の事項は情實行爲を避けんが爲め凡《すべ》て競爭入札《にふさつ》に附すべき定めである。例外として臨時急施設の場合、多《た》額《がく》の入札經費の爲め前後の得失相償はぬ場合は敢て競爭入札の要を認めないのである。此の場合は市町村會の同意を得て指名請負といふことになる。

（市制第百十五條及町村制第九十五條）

一私人又は團體が孤兒院、施療病院、圖書館等を經營して、市町村の公益を謀るに於ては、市町村は市町村會の議決を經て金品寄《き》附《ふ》を爲して其の事業の成功《せいこう》を遂《と》げしむることが却て有利なことである。

（市制第百十六條及町村制第九十六條）

本則は市町村の經費と財源との規定である。市町村の事務には固有事務と委託事務との二種類がある。學說上市町村の固有事務を「必要事務」、委託事務を「隨意事務」と稱することもある。公園、公會堂等の設置の件は市町村の經濟情態に鑑みて之れを爲さざるも敢へて科むべき性質のものではない。

市町村經費の財源《ざいけん》は其の基本財產より生ずる收入、使用料、手數料、過料、過怠金《くわいたい》其の他法令上市町村の收入を以て經費に當てなほ不足の場合に於て町村稅又は夫役現品の賦課徵集を爲すべきものである。

（市制第百十七條及町村制第九十七條）

本則は市町村稅の稅日規定である。

國府縣稅の附加稅、特別稅との二種である。

附加稅　國府縣を根據として、其の稅額の幾分《いくぶん》を市町村稅として附加徵收《ちようしゆう》するのである。例《たと》へば國稅として地租は地價金の百分の三として、附加稅は更に地稅の七分の一を課す如きものである。

特別稅　私設の電車、電燈、瓦斯の如き市町村內にて特別利益を得る事業に對する課稅である。市町村の稅目は附加稅を以て其の原則とし、なほ財源不足の場合は特別稅附加を以てすべきものとす。

府縣は國税に對して附加税を課することが出來る。然し其の附加された府縣税に對しては市町村は附加税を課することが出來ない。

（市制第百十八條及町村制第九十八條）

本則は三ケ月以上同一市町村内の居住者は市町村税納入の義務あると明示したる規定である。

市町村は三ケ月以上滯在《たいざい》する地市町村民に對しては納税の義務を負擔《ふたん》せしむることが出來る。其の滯在は其の地に一身を定宿するの義、又一戸を構成すると否とは問ふべき範圍ではない。三ケ月の期間は三十日を以て一ケ月と計算のこと。納税義務は滯在の最初に遡るもので若し月割にて徴税を要するものとせば滯在を初めたる翌月《よくげつ》より起算、日割《ひわり》を以てする時は滯在の翌日より起算し徴收し得《え》るものである。

（市制第百十九條及町村制第九十九條）

市町村内に住所を有せず又は三月以下の滯在と雖も、土地家屋、營業の關係者に對して納税の義務を負《お》はしむる規定である。

市町村内に土地家屋又は使用占有權等の所有者に對しては納税の負擔を命ずることが出來る。

醫業、金錢貸借業、鑛山採掘業、漁業、行商、營利不營利の目的如何不拘、經續と否とを問はず右の凡てに課税することが出來る。

銀行、會社、法人等へも課税負擔《くわぜいふたん》を命ずることが出來る。

（市制第百二十條及町村制第百條）

本則は課税重複防止規定である。前則に、市町村内に住所を有せず、滯在もせず、其の土地内に土地家屋、營業所所有者に對しては納税負擔を命ずる定めである。本則は市町村民の他《た》の市町村内にて物件營業又は收入あるも之れに對しては課税の不可能なるを明示したわけである。これ負擔の二重を避くる爲めの規定である。

（市制第百二十一條及町村制第百一條）

本則は市町村税を課すことの出來ない收入物件の規定である。

1 所得税法《しよとくぜいはふ》十八條左《さ》の如《ごと》し。

1 從軍中の軍人俸給及手當。

2 扶助料及び傷病の恩給又は退隱料。
3 旅費、學費、法定扶養料。
4 郵便貯金。
5 營利に關せざる一時の所得。
6 外國、所得稅法不施行の僻陬の地に於ける資產、營業、職業。
7 日本の國籍を有せざる者にして本法施行地外に於ける資產、營業、職業。

2 神社、佛閣《ぶつかく》、祠宇《しう》、佛堂、教會所、說教所《せつきようじよう》の用に供する建物、境內《けいない》地、但し使用料收入者、住宅にての教會所、說教所と爲す者等には課說のこと。
3 國府縣市町村其の他の公共團體用家屋物件、營造物。
4 國家事業（郵便、電信、鐵道、專賣《せんばい》事業）國有の土地家屋《かおく》物件。
5 法律勅令規定のもの。

I 地租條例第四條、水道京令第五條酒造稅法第三十五條、鑛業法第八十八條、砂鑛法第三十三條、森林法第十二條相續法第二十六條郵便法現七條。

蓋《けだ》し公益上の保度法である。若《も》し强《ひ》ひて課稅するに於ては公益を害《がい》す虞《おそ》れあるからである。

（市制第百二十一條ノ二及町村制第百一條ノ二）

本則は免税規定である。公益上に於ける免税は前述の通りである。なほ其の他、退き引きならぬ眞の貧困者に對し理由明白《めいろく》の時には課税《かぜい》せざることがある。但し市町村長の獨斷はならぬ。法令の示《しめ》す所に依るのである。

（市制第百二十二條及町村制第百二條）

1　數人共用の用水池の費用を其の數人の使用者に賦課のこと。

2　檢黴《けんばい》病院維持費用を貸座敷《かしざしき》業の負擔たること。若し右の營造物よりの收益ありたる時は其の收入を以て課税に當て尚ほ不足額を其の利益者に分擔せしむる定めである。

（市制第百二十三條及町村制第百三條）

課税は國民の權利上最大の關係を及ぼすものなれば、其の賦課徴收の如きは市町村の任意の所置あるを許さない。必《かなら》ずや市町村制及び法律又は勅令の示《しめ》す所に從《したが》はねばならぬ。

(市制第百二十四條及町村制第百四條)

電氣會社、電燈會社、瓦斯會社の如き市內の道路を使用して特別の利益を納むる者に對しては特別の負擔を課することが出來る。

(市制第百二十五條及町村制第百五條)

本則は現品及び夫役の賦課規定である。主《しゆ》として町村に適用を見《み》るのである。町村に於《お》ける道路、橋梁、堤防、學校、病院等の工事に當り必然に人夫及び現品入用である。此の際、人夫又は材料が其の町村內にありとせば無理に金員賦課の要がないから當町內から人夫現品を賦課することの出來る定めである。

公平維持の爲め、夫役は一人一日いくらの賃金《ちんぎん》、現品は時價に見積《みつも》り、納稅者が負擔すべき直接市町村稅額を標準として算出すべきこと。「某は、人夫何人、現品何程納附、若し之を出さざる時は金員何程を納付のこと」の如く賦課するを可とす。此れ以外の賦課は府縣知事の許可を要す。專門技師の技術、畫字の揮《き》毫《がう》等は夫役とすることが不《ふ》可《か》能《のう》である。

普通夫役の勞働は代人にても可である。臨時急迫の事情の爲に夫役の入用は例外として稅率に依らずに人夫使用が出來る。若し此の夫役に應じなかつた場合は金額換算にて期限付きで納附を命ずることが出來る。

（市制第百二十六條及町村制第百七條）

本則は非常災害《きいがい》に於ける應急《おうきう》手段の規定である。火災《くわきい》、洪水《かふすい》其の他の非常事變の場合に之を防止の目的に於て市町村は他人の承諾有無の論なく其の土地、竹木等は一時的使用が出來る。市町村長、監督官廳、警察官吏は其の住居者の何人たるを問はず危險防止の勞役に從はしむることが出來る。

他人の物件使用の折《おり》は兩者協定《きようてい》の上市町村が補償《ほしよう》すべきものである。若し權利者に於て補償に不服の時は鑑定人の意見に徵し府縣知事の裁決を受くべきものである。本人に於て此の裁決に不服の折は内務大臣に訴願することが出來る。

（市制第百二十七條及町村制第百七條）

本則は必要に應じ家宅臨檢、帳簿檢査を爲す規定である。

市町村稅は土地建物《たてもの》、營業收入に課するものなれば納稅者の不審行爲《ふしんこうゐ》ある時に於て、家宅臨檢、帳簿検査等を爲すことがある。但し臨檢には左の條件を必要とす。

1　普通の家宅は日出より日沒までの間（夜間は不可能）

2　營業所は其の營業時間中のこと。

3　臨檢吏員は身分證明の證票携帶のこと。

（市制第百二十八條及町村制第百八條）

本則は納稅の延期《えんき》及減免規定である。市町村長は納稅者の實情を調査し、若し期日《きじつ》に於て納稅し難き理由ある者に對しては一時納稅期間の延期が出來る。會計年度を越ゆる延期の時は豫算に變化を來す事故に市參事會、町村會の議決を經なければならぬ。納附不能の事情ある者には市町村稅の減額又は全部免除することが出來る。

（市制第百二十九條及町村制第百九條）

本則は手數料、使用料、特別稅は市町村條例に依ることの明文である。

國府縣稅は法律規定上の事項なれば特記の要がない。使用料、手數料、特別稅は市町村に於て任意に賦課徴收のものなれば之れに關する事項は市町村條例を以て規定されてゐる。若し不正行爲者には金額の三倍相當の金額（金額五圓以下は五圓）以下の過料に處することが出來る。

過料《くわれう》の處分を受《う》けたる者が不服の時は府縣參事會の裁決を受くることが出來《でき》る。其の裁決にも不服なる時には本人、府縣知事、市町村長等が行政裁判所に出訴することが出來る。

（市制第百三十條及町村制第百十條）

本則は市町村税に關して市町村民の異議の申立規定である。

市町村民は市町村に於ける經費負擔《ふたん》の義務はあるけれども、其の負擔なる課税徴收に違法、錯誤《さくご》ありと認むる時は、市町村税、夫役、現品に就き徴收令書言交付を受けたる日より三ケ月以内、使用料手數料、加入金の徴入の命令日より三ケ月以内に市町村長に異議の申立が出來る。

右の異議《いぎ》の申立に對しては市町村長は七日以内《いない》に市參事會、町村會議に付《ふ》さなければならない。其の決定に不服なる時は本人、町村長から縣參事會に訴願が出來る。若し其の裁決に不服の時は、本人、市町村長、府縣知事等よりも行政裁判所の判決を仰ぐことが出來る。

（市制第百三十一條及町村制第百十一條）

本則は市町村の公法上の收入に關する督促又は滯納處分規定である。市町村稅、使用料、手數料、過料、過怠金、夫役現品の賦課等の期限滯納又は不履行《りこう》者に對しては市町村長は豫《あらかじ》め期限を指定し督促すべきものである。

滯納者が督促命令を受けても尙ほ期限內に完納なき時は最後の手段として、其の財産を公賣に附し其の金額より徵收《ちょうしゅう》することが出來る。此の徵收權として國府縣の徵收の次位《ちい》にあり他一般の徵收よりは先取徵收權がある。

若し公賣額が徵收より不足の時は追徵すべく、又多額の折は還付のこと。

右の徵收又は滯納處分に不服の時は縣參事會に訴願《そがん》し、其の裁決にも不服の時は行政裁判所《ぎょうせいさいばんじょ》へ出訴が出來る。府縣參事會の裁決に對しては府縣知事、市町村長も行政裁判所へ訴出が出來る。而して其の事件の確定までは財産の公賣處分を延期するものである。

（市制第百三十二條及町村制第百十二條）

本則は市町村債又は一時借入の要件規定である、市町村は天災事變及び其の他の事由に依り市町村債を起すことが出來る。濫りに起すべきには非ざれども。公債募集は收入を得る爲めには頗る容易の事であるから、市町村の經濟情態と住民の負擔とを考究の上募集することが出來る。左に公債募集の制限要項《えうこう》を擧《あ》げて見る。

1 天災事變の爲め、

2 永久的利益の事業費の爲め。

3 舊債償還の爲め、

以上の場合に於て、起債《きさい》方法。利率《りりつ》。償還《しようかん》方法も併《あは》せて市町村會の議決に附し完全《くわんぜん》を期して後に起債すべきものである。

市町村の一時借入は其の年度內にあつては市町村長の任意なるも其の程度外なれば市町村會の議決を要す。

第十二節　歳入出豫算と決算

第二款

（市制第百三十三條及町村制第百十三條）

本則は市町村の歳入出豫算の調製規定である。市町村の會計年度は政府の會計年度に依るものであるから、四月一日に始《はじ》まり翌年三月三十一日に終《おは》る。市町村長は其の年度の豫算《よさん》を調製して三月一日までに市町村會に提出して議決を經なければならぬ。

市町村長は豫算表に事務報告書及財産表を添附して提出すべき定めである。

市町村會は修正《しゆうせい》議決權は有するけれども、發案權は持《も》たない。此の發案權市町村長の專屬《せんぞく》權である。

（市制第百三十四條、第百三十五條、第百三十六條及町村制第百十四條、第百十五條、第百十六條）

本則は豫算の追加、更正、繼續等の規定である。

1 豫算追加《ついか》及更正《こうせい》、臨時の出來事などにて、豫算外の經營の入用に當り豫備《よび》費《ひ》ありたる時は之れにて充たす置くべけれども、此の豫備なき時は止むを得ないから既定豫算の追加又は更正をして市町村會の議決を求むることが出來る。

2 繼續費、電氣鐵道、市區改正等の大事業は數年に亘《わた》ることがある。斯《かか》る費用は其の總額を各年度割に定め、之れを繼續費として市町村會の議決を始ることが出來る。

3　豫備費、何等かの都合上臨時の支出を要する場合に一々議決を經るものとせば其の煩を免れない。故に豫算超過の支出などに充つるものとす。此の豫備費支途は嘗て市町村會に於ける否決豫算には使用を禁《きん》ぜせられてゐる。

（市制第百三十七條及町村制第百十七條）

本則は豫算報告及告示の規定である。市町村長は豫算の議決を經た時は直ちに府縣知事に報告し、又市町村民一般へも其の要旨《えうし》を告示《こくし》すべきものである。

（市制第百三十八條及町村制第百十八條）

本則は市町村に於ける特別會計設置の規定である。水道、醫院、築港、市區改正の事業は特別經營に屬するものであるから、從《したが》つて其の會計も亦一般會計を離《はな》れた特別會計となすことが頗る便利《べんり》である。經費の如きも特別會計として豫算計上し市町村會の議決を經なければならぬ。

（市制第百三十九條及町村制第百十九條）

本則は收入役の職務を規定したのである。

收入役は市町村の會計事務に當るべきものである。市町村長は豫算議決の上は其の謄本を收入役に交付しなければならない。收入役は市町村長の命に依つて支拂《しはらひ》を爲すことになつてゐる。然《しか》し市町村長及び監督官廳に對し絕對的服從ではない。縱令其の命を受けても豫算調査の上豫算の無かつた場合には豫備費支出となる。費目流用其の他財務規定（內務大臣規定）に依つて之れを支出し得ざる時には斷然其の命を拒絕《きよぜつ》して支拂を爲《な》さざるものである。

（市制第百四十條及町村制第百二十條）

本則は支拂金の時効規定である。市町村が支拂ふべき金錢に對し請求者が一定の期限までに請求なき時は權利の抛棄《はうき》と見做《みな》して其の後は請求權がないものとしたのである。其の時効《じかう》は政府の會計法に依つて年度經過後五ケ月以內に請求なき時は其の請求權は時効に依つて無効となる。

時効とは時の經過に依り權利義務の消滅する効力である。

（市制第百四十一條の町村制第百二十一條）

本則は市町村費の出納檢査の規定である。兎角《とかく》、金といふものは足疾《あしはや》なものであるから、市町村長は毎月の定日に於て出納檢査を爲し、更に其の年度内に少くも二回以上の臨時檢査を行なければならない。臨時檢査は市に於ては名譽職參事會の互選に依る參事會員二人以上、町村に於ては町村會に於て選擧したる議員の二人以上の立會《たちあい》を必要とするものである。

（市制第百四十二條及町村制第百二十二條）

本則は市町村の會計事務終了と決算に關する規定である。市町村の會計年度は政府と同様に三月三十一日までの規定なるも、未收入《みしゆうにふ》及び未拂殘金《ざんきん》の殘務の爲め一切《さい》の會計事務は翌年の五月三十一日を以て全く閉鎖の規定である。

收入役は閉鎖後一ケ月以内に決算報告を書作り證書を添付して市町村長へ提出しなければならぬ。市町村長は之を審査《しんさ》し且つ意見を付《ふ》して次の通常豫算會議までに市町村會に提出し其の認定《にんてい》を經《へ》なければならぬ。而して認定後に於て上級監督官廳への報告と同時に一般市町村民に其の要旨を告示しなければならぬ。玆に於て市町村長及收入役の其の年度に於ける會計事の職責は果されたわけである。

（市制第百四十三條及町村制第百二十三條）

本則は豫算表形式、費目に關する規定である。財務上の必要規定を市町村の任意とする時は其の樣式又は會計事務が區々となり煩雜《はんざつ》を來《きた》す、從つて豫算監督上不便且《か》つ支障を生ずる虞《おそ》れがあるから內務大臣に於て全國統一制を規定せられたわけである。

第十三節　市町村一部の事務

（市制第百四十四條及町村制第百二十四條）

本則は市町村の一部に共同財產を有し、又は營造物設立の場合の管理處分の規定である。此の財產及び營造物は廣義の性質上、管理《くわんり》處分の如何《いかん》といふことは市町村全體に大影響を及ぼすものなれば、法律勅令などの特別の規定なき限りは市町村の規定に依つて營理及び處分すべき定めとなつてゐる。從つて其の管理處分に關しては市町村會の議決を經て市町村長が執行の任に當たる。又其の訴訟に關しては市町村長が其の當事者となるのである。之《こ》れ等《ら》の財產及び營造物に要《えう》する經營は一部《ぶ》の者の負擔とすべきである。市町村長は此の會計事務に對しては特別會計として明瞭を缺かぬやうに整理して置かねばならぬ。

（市制第百四十五條及町村制第百二十五條）

本則は市町村一部の財産營造物に關する市町村條例及區會設定の規定である。府縣知事が必要と認めた時には市町村會の意《い》見聽取《けんちようしゆ》の結果、一部の者をして區會及び區總會を設立《せつりつ》せしめて其の財産及び營造物の管理處分を議決せしむることがある。

此の區分は單に其の一部分の財産に關する議決機關たるのみで、其の一切の執行は市町村の任である。

（市制第百四十六條及町村制第百二十六條）

本則は區會議員と市町村條例との規定である。此の區會議員は市町村條例に依つて設けられたる議員であるから、其の定數、任期《にんき》、選擧權、被選擧權の諸項も亦《また》市町村條例の定《さだ》むるところである。但し選擧人名簿、選擧、當選の效力、異議の決定、被選擧權の有無等は市町村會の決定に成る。尚ほ小村に於ては選擧なしに區總會を以て區會に代へることもあるが、これ等の事柄は市町村條例の規定に依る、區會の開閉、會則は市町村條例に依らなくても可いので、一般市町村會規定準用のことである。

（市制第百四十七條、第百四十八條及町村制第百二十七條、第百二十八條）

本則は市町村一部の所有財産營造物に關《くわん》する監督官廳《かんとくくわんてう》の處分に就《つ》き、其の市町村の一部が內務大臣に訴願が出來る。又これ等の物件に關する必要規定は市町村制の外勅令の規定に依るべきものである

（市制第百四十九條及町村制第百二十九條）

本則は市町村組合の要件及法律上の性能を規定したものである。

1　市町村組合の種類　市と市、市と町村、町村と町村との三種類の組合がある。市町村組合には市町村事務の一部を共同處理する爲めの組合と、全部を處理すべき組合との二つがある。全部は小町村に限るのである。

2　市町村組合設立　市町村協議の上府縣知事の許可《きよか》を得《え》て設立すべきものである。公益上組合の必要を認めても各町村意見區々たる時は市町村の意見を徵して府縣參事會の議決を經て決定しなければならぬ。

3　**市町村組合の法律上の性質**　市町村組合は法人組織とす。故に法律上獨立の人格を有するもので、自然人の如く私法上の權利義務を有するわけである。

（市制第百五十條及町村制第百三十條）

本則は市町村組合の數、事務の變更規定である。組合の設立に際して府縣知事の許可を受けたる上は、其の組合員たる市町村の數の增減《ぞうけん》、又は事務變更《へんこう》に關しては必然《ひつぜん》府縣知事の許可を受くる定めである。

府縣知事にして市町村組合が公益上重大なりと認めた時は府縣參事會の議決を經て後に其の組合市町村の數又は事務の變更が出來るのである。

（市制第百五十一條及町村制第百三十一條）

本則は市町村組合の規約設定《きやくせつてい》、變更手續の規定である。性質上組合は數多《あまた》の市町村の聯合の組織なれば必然に其の規約を定めて相互に遵守すべきものである。其の設立は府縣知事の許可を受けなければならぬ。又組合規約の變更を要する場合も亦府縣知事の許可を必要とす。

公益上必要と認める時は府縣知事は強制的に其の關係市町村の意見を聽く、府縣參事會の議決を經て變更することが出來るのである。

（市制第百五十二條及町村制第百五十二條）

本則は市町村組合の組合規約の內容《ないやう》規定である。

1　組合の名稱。
2　組合組織の市町村。
3　組合共同事務。
4　組合役場の位置。
5　組合會の組織及組合會議員の選擧。
6　組合吏員の組織及選任。
7　組合費用の支辨方法。

其の他の事項は市町村に關する規定を準用すべきである。

（市制第百五十三條及町村制第百三十三條）

本則は市町村組合の解除の規定である。其の組合の目的が達せられたるか、又は組合の必要を認めなくなつたときは當然《たうぜん》組合の解除《かいぢよ》といふことになる。解除は府縣知事の許可を受《う》けなければならぬ。全部組合の時は其の組合會の議決に依り府縣知事の許可を受くるものである。公益上必要と認むる時は府縣知事は關係町村會及び組合會の意見を徴し、府縣參事會の議決後に於て解除することを得。

（市制第百五十四條及町村制第百三十四條）

本則は市町村組合の財産處分の規定である。組合解除に依る財産處分は關係市町の協議又は關係町村と組合との協議の上決定《けつてい》す。全部組合に於ては組合會の議決に依《よ》るものである。府縣知事の強制の場合には其の財産處分も關係町村會、組合會の意見を徴し府縣參事會の議決を經て府縣知事が之れを決定するものである。

（市制第百五十五條及町村制第百三十五條）

本則は市町村組合に關する異議、訴願、訴訟の規定である。

市町村組合の設立、解除、財産處理及び其の他《た》の重要事項は府縣知事の許可《きよか》を受けねばならぬ定《さだ》めである。若し知事の許可にして不當の場合には市町村又は市町村組合は内務大臣に訴願することが出來る。

市町村組合費の分賦《ぶんぷ》に關して異法《いはう》異反《いはん》の時又は計算上錯誤《さくご》ありたる場合には市町村は其の分賦の告知當日より三ケ月以内に組合管理者に對し異議の申立が出來る。異議の申立に接したる時は管理者は七日以内に之れを其の組合會の決定に付さねばならぬ。其の決定に不服なる時は關係市町村又は管理者の何《い》れよりも府縣參事會に訴願し、なほ其の裁決に不服《ふふく》ある時は行政裁判所に出訴《しゆつそ》が出來る。此の府縣參事會の議決に對しては府縣知事よりも行政裁判所に訴訟提起が出來る。

（市制第百五十六條及町村制第百三十六條）

本則は市町村組合に對して市町村の規定を準用する定めである。市町村組合は組合規約に依つて處理されるけれども、其《そ》の他《た》の事項に關しては市町村制を準用《じゆんやう》すべきものである。但し法律《はうりつ》勅令の規定は此の限りでない。

第十四節　市町村監督

（市制第百五十七條及町村制第百三十七條）

本則は市町村の監督者の規定である。市町村は第一次に府縣知事、第二次には內務大臣の監督下に在るものである。舊制《きうせい》に於ては町村は郡長《ぐんちやう》の監督下にあつたが郡制廢止《はいし》は結果は今日の如く第一次監督を直接府縣知事に置くやうになつた。

東京市、大阪市の如き大都市に於ては其の情況上、都制の發案屢々あるも未だ立法を見ないわけである。然《しか》し早晩《そうばん》此の都制の生ることと疑問《ぎもん》ではない。

（市制第百五十八條、第百五十九條及町村制第百三十八、條第百三十九條）

本則は監督官廳の處分に就き不服申上の規定である。

法理の釋義《しやぎ》などに於て市町村と監督官廳と其の見解《けんかい》の異《こと》なる場合は內務大臣に訴願して其の裁決《さいけつ》を仰ぐことが出來る。併し本法中行政裁判所へ出訴し得る時は內務大臣に訴願が出來ないことになつてゐる。

訴願は主に官廳が公益の認定を誤《あやま》つた場合に上級官廳の判斷を請《こ》ふこと。

訴訟は主に官廳が法規の適用を誤りたる場合に於て行政裁判所の判斷を請《と》ふこと。

（市制第百六十條及町村制第百四十條）

本則は訴願訴訟の提起期限及び手續の規定である。

異議《いぎ》の申立は期限經過《けいくわ》後と雖《いへど》も、本人の旅行及び其の他の複雜《ふくざつ》なる事情ありて宥恕《ゆろ》すべき理由ありと認めた時は受理するも差支ないものである。

（市制第百六十條ノ二及町村制第百四十條ノ二）

本則は異議の決定期間及び訴願の裁決期間の定めである。

異議の決定は期間の定めあるものは別《べつ》として、其の期間の定限なきものは決定當日《たうじつ》から三日以內に之れが決定を爲さねばならぬ。

府縣參事會が訴願を受理した時は矢張り三日以內に其の裁決を與ふべきものである。

（市制第百六十一條、第百六十二條及町村制第百四十一條、第百四十二條）

本則は監督官廳の職權に關する規定である。左記四項に違反の處分ある時は上級官廳が下級官廳に對して處分停止《ていし》又は取消《とりけし》の命を發《はつ》することが出來る。又相當の處分に出《い》づることも出來る。

1　法令違反なきや否や。

2　公益防止なるや否や。

3　事務の錯亂澁滯なきや否や。

4　市町村財産を濫費曠廢することなきや否や。

內務大臣は必要と認める時に市町村會に解散を命ずることが出來る。之れは監督權中最大重要の職權にして、之れに依つて市町村の議決機關が破壞《はくわい》されるものである。其の解散《かいさん》に要す明文規定はないけれども、市町村會が必更の豫算議決なき時、市町村吏員に反抗し不當不穩の議決を敢て爲したる時などである。

此の場合は必《かなら》ず三日以內に議員の改選《かいせん》を要《えう》するのである。

（市制第百六十三條及町村制第百四十三條）

本則は監督官廳の職權に依り市町村に對し强制豫算及び强制執行とが爲し得ることの規定である。

强制豫算　法令上の負擔又は監督官廳の命令豫算《よさん》の計上なき時等は監督官廳が職權を以て其の費用を豫算に加入せしむることが出來る。此の場合は相當の理由を示さなければならぬのである。

市町村長及び吏員に於て故なく事務の執行なき時は府縣知事又は其の委任に依る官吏及び吏員が代つて執務《しつむ》すべきものである。此の時の負擔は市町村《してうそん》とす。

若し此の場合市町村長及び吏員にして不服の時は行政訴訟を起して其の曲直を爭ふことが出來る。

（市制第百六十四條及町村制第百四十四條）

本則は監督官廳の職權に依り市町村吏員の臨時代理、官吏派遣《はけん》に關する規定である。

市町村長、助役、收入役、副收入役の如き、市町村の重要執行機關が何等かの故障の爲め執務不可能の場合には、監督官廳が臨時代理者又は官吏を派遣して、其の職務管掌が出來るのである。これ等の旅費及び給料は府縣知事の定めに依り市町村の義務負擔とす。

（市制第百六十五條及町村制第百四十五條）

本則は市町村條例の設定改廢は內務大臣の許可を要す。市町村條例は市町村民の義務權利に係はる規定なれば、法律同樣に服從しなければならぬ義務がある。故に市町村條例の制定改廢には必ず內務大臣の許可を要するものである。

（市制第百六十六條及町村制第百四十六條）

本則は內務大藏兩大臣の許可を要する事項の規定である。

1　市町村債《さい》に關して其の起債《きさい》方法、定率《ていりつ》、償還《しようかん》方法、變更の諸項。

2　特別稅の新設、增設、變更等。

3　間接《かんせつ》國稅の附加《ふか》稅の賦課。

4　使用料の新設、增額、變更等。

內務大藏の兩大臣の許可を要するものなれば、其の一方の許可なき時は其の事が成り立たぬわけである。

間接國稅に附加稅を賦課するは眞に例外の義なれば之れ又許可を必要とするのである。

（市制第百六十七條及町村制第百四十七條）

本則は府縣知事の許可を要する事項の規定である。本規定は市町村の財務事項にして其の施政の良否如何は直接市町村民の經濟又は利害に影響を及ぼすものなれば、愼重且つ嚴正なるべく、更に府縣知事の許可を受くべきものとせられてゐる。

（市制第百六十八條、第百六十九條及町村制第百四十八條、第百四十九條）

本則は許可申請《しんせい》に關し監督官廳の更正《こうせい》、許可權を下級《かきう》監督官廳の委任《いにん》規定である。

許可申請に關し、兩者の煩《わずらひ》を避くる爲め許可申請の趣意《しゆい》に反せざる範圍內にて、監督官廳が之れを更正することが出來る。

輕微《けいび》は兩者の手數排除《はいぢよ》の目的で、其の許可中或る事項は勅令を以て內務大藏の兩許可權を府縣知事に委任し得ること。

輕易の事項は勅令規定に依つて許可を要せぬものもある。

（市制第百七十條及町村制第百五十條）

本則は市町村吏員に對する懲戒處分の規定である。

市町村吏員に對し懲戒權を有するものは、府縣知事とす。市町村長も譴責、過怠金の二權は有するけれども、解職權をば有せぬ定めである。

懲戒處分の種類左の如し。（1）譴責、（2）過怠金（二十五圓以下）。（3）停職、（4）解職等の四種である。市町村長、助役、收入役、市參與等の比較的重職者への解職は懲戒審査會の議決を經て後に於て執行すべきものである。尙ほ市町に對しては勅裁を仰がなければならぬのである。

停職は解職前に其の者に對して職務停止を命ずるものにして其の停職期間中は執務が出來ないと同時に報酬及び給料をも受けることが出來ないわけである。其の期間經過後は復職することもあるが、大抵は本人自ら退職といふことになる。若し本人反省の色なき時は府縣知事は懲戒審査會の議決を經て辭職命令を與ふものである。

懲戒審査會組織　懲戒審査會《しんさくわい》は內務大臣の命に依る府縣高等官三人と府縣名譽《よ》參事會の互選に依れる三人とより成立して會長には府縣知事を以てす。

解職處分の不服申立　懲戒處分中、譴責《しせき》、過怠金、停職の三處分に對しては不服申立は許《ゆる》されない。解職は事重大なれば不服ある時は內務大臣に訴願して裁決を請ふことが許されてゐる。但し市町の處分は勅裁なれば不服申立ては許されない。

（市制第百七十一條及町村制第百五十一條）

本則は市町村吏員の服務紀律、賠償責任、身元保證金、事務引繼等は命令に依ることの規定である。市町村吏員の服務に關しては市町村制の外、別に職務規程を定めて其の規律を圖《はか》る。又收入役に就いては賠償責任、身元保證金に關する規定がある。又退職、轉職の場合には後任者への引繼をしなければならぬ。若し此の引繼ぎを拒みたる者に對しては制裁の意味にて二十五圓以下の過料を命ずることが出來る。

第十五節　雜　則

第十章　雜　則

雜則《ざつそく》とは本則の不備《ふび》に對する補則《ほうそく》ともいふべきものである。而して其の規定は勅令又は省令《しようれい》を以て定めらるべき性質のものであるとの事を規定してある。凡そ法律制度は、大部分、法律を以て規定しその特種的細部の細則《さいそく》は勅令に譲《ゆづ》り置き、更に其の實行細則の如きは省令及び府縣令に譲り置くものである。

詳　釋　　市制第百七十二條及町村制第百五十三條

本條は數個《すうこ》の府縣に渉《わた》る事件の管理者に關する規定である。府縣知事又は府縣參事會の職權に屬する件にて、而かも數個の府縣に渉る如きものある場合には、その事件の管理が何れの府縣知事若しくは府縣參事會が爲すべきや否《いな》やといふことが不明であるから、本條は、府縣知事又は府縣參事會の職權內の事件にして、數個の府縣に渉ることは、內務大臣に於て其の關係府縣知事の具狀を參酌《さんしやく》し熟考の結果、其の事件を管理すべき府縣知事を指定することになつてゐる。

詳　釋　　市制第百七十三條

本條は市制のみの規定にして、市制第六條の市、即ち勅令に依つて成る法人組織の區に於ける有給吏員だけの規定である。前述の如く、區には三個の別がある。(一)市町村の事務を處理する單なる便宜上設置の區、(市制第八十二條、町村制第六十八條の區)、(二)市町村の一部に附隨《ふずい》する財產營造物に關して、市町村制條例を以て區會を設置《せつち》する區、（市制第百四十五條、町村制第百二十五條の區）、（三）勅令の指定を受くる區、（市制第六條）の區との三者である。第一の區には、區長及び其の代理者を設置する場合と然らざる場合との二樣式がある。その區長及び代理者設置の場合には、區役所はあるけれども、區會なるものがなく。又區長及び代理者の外には法律上區吏員と稱する者がゐない。第二の區には、區長及び其の代理者といはれる者もなく、勿論區役所なるものなく、單なる區會なる議決機關の存するのみである。第三の區は、法律上法人たる人格者たるもので、區長及び其の代理者も其の財產營造物に關して、區會（市制百四十五條）もある。この第六條の市の區に於ては、第八十條（區長の任免）、第八十一條（區收入役、區副收入役の職務權限）、第百三條（區有給吏員の職務）第百四十五條（區會の設定）、第百四十六條（區會議員選擧）などの規定あるも、この外に更に、區の有給吏員（區の有給吏員卽ち市の有給吏員なり）の組織任用分限及び其の區に關する必要事項は勅令に依り定められることである。

詳釋　市制第百七十四條及町村制第百五十四條

本條は市町村會議員數を決定する爲め、必要條件となる各市町村の人口は、內務大臣の指定によつて規定づけられるのである。市制第十三條、町村制第十一條を以て、各地の市町村會議員定數は、その人口に正比例《ひれい》すべきことを明記してある。由來《ゆらい》人口といふものは、朝《あさ》に生《うま》れ夕《ゆふ》に死《し》し、昨は來り明に去るといつたやうに、變轉增加の極まりないものであるから、全國的に同時に眞の正確な人口調査といふことはなか〳〵に難事業である。從つて其の統計《とうけい》の如きも、戶籍《こせき》役場の調査と警察署の調査とが應々一致點を失すことがあるから、本條は其の缺所を避《さ》けんが爲め、現在數の如何に拘《かかわ》らず內務大臣の定むるところに依るべきのと斷定されてある。

詳釋　市制第百七十五條及町村制第百五十五條

本條は直接稅及び間接稅の種目は內務大藏の兩大臣に於て之れが決定を見るものなることを明記してある。法學上、直接稅間接稅の差異《さい》は市制第百十七條、町村制第九十七條に於て既說の如くなるも遺憾《いかん》ながら全地具體《ぐたい》的說明なき爲め不明瞭《めいれう》なるを免《まぬか》れなかつた。本條は內務大藏の兩大臣に於て其の種目を明記したまでのことである。

詳釋　市制第百七十六條及町村制第百五十六條

本條は市町村制又は市町村組合の設置廢止及び分離《ぶんり》併合《へいがう》又は境界《きやうかい》變更等に關しては、本制に明文あるものの外、勅令に依つて定むべきことを規定してある。なほ其の他、事務執行上必要と認むる事項は勅令を以て定むることゝせられてゐる。

詳釋　第百七十七條及町村制第百五十七條

本條は市町村制を施行《しつかう》せざる特種地域に關する規定である。本邦領土《ほんぽうれうど》内《ない》と雖も、文化未だ開けず、その土地の情況《じやうきやう》が著《いちじる》しく本土と異《こと》なる於ては、當然自治制を施行するに不適當と認《みと》ねばならぬからである。又これが施行に依つて其の運用の宜《よろ》しきを得ない爲め、却《かへつ》てその土地の進歩發展《はつてん》を阻害《そがい》するの虞れある場合もないでもない。故に北海道・臺灣《たいわん》・樺太《からふと》・小笠原島《をがさはらじま》・伊豆《いづ》七島・沖繩《おきなは》縣その他勅令に依り指定する島嶼《たうしよ》には市町村制施行が不可能である。これ等の土地には勅令を以て市町村制に代《かは》るべき制度が設けられてゐる。朝鮮・臺灣・樺太などの新領地には勅令の發布にあらざれば内地の法律は施行せられないのである。依つて市町村制も特別に勅令發布によれる規定の施行でなければならぬ。

詳釋　第百七十七條ノ二

本條は待遇官吏に對し、本法中官吏に關する規定を適用することの規定である。而して本法官吏に關する規定は（イ）公民權停止事項（市制第十條第二項四號、町村制第八條第二項四號）、（ロ）被選擧權資格規定（市制第十八條第二項及三項、町村制第十五條第二項及三項）、（ハ）當選の告知承諾に關する規定（市制第三十二條第四項及五項、町村制第二十九條第四項及五項）等のことである。これ等の規定は官吏《くわんり》と待遇《たいぐう》官吏とにより、その適用に差異《さい》の生ずる理由がないわけである。

陪審法

第一節　陪審法の意義

陪審法《ばいしんはう》とは裁判官《さいばんくわん》にあらざる常人《じやうにん》（陪審員）をして裁判事務に參與《さんよ》せしむる制度で六章百十四ケ條から成つてゐる。

從來我が國に於ては、裁判は刑事《けいじ》、民事《みんじ》とも總《す》べて專任の裁判官が之れを掌《つかさど》つて常人即ち專門《せんもん》の裁判官にあらざる素人《しろうと》は何等の參與が許されなかつた。然るに憲法《けんはう》發布の後既《すで》に三十餘年を經過した。

其の間國民は立法にも行政にも、參與することを許され既に多くの試練《しれん》を積《つ》み、其の制度の運用に多大の功績を顯《あらは》し來つた。故に今日に於ては裁判手續にも一定の範圍内に於て國民を參與せしむる事は民意を尊重《そんちよう》する所以であり、且つ又立憲《けん》政治の本旨に適《かな》ふといふ理由の許に此の陪審《ばいしん》制度を採用《さいやう》することとなつた。

裁判は事實を確定して之れに法律を適用するものであるから事實の眞相を見極め且つ合理的に嚴正公平なる裁判を下して裁判關係者を悅服《えつぷく》せしめ、延いては國民の信頼を得なければならない。然るに專任裁判官にのみ此の權を委《ゆだ》ね置く時は餘りに專門《せんもん》的に流れ理智に囚はれる傾《かたむき》がある。從つて事實の認定に往々非常識を來す虞れがないでもない。故に素人を國民中より選出し、裁判に參加せしめ其の判斷を加味《かみ》する事としたならば聊《いさ》か人間味のある裁判が行はれることであらう。

從來と雖も裁判の公正に對して疑義の餘地はないけれども尙ほ一步を進めて司法に國民の參與を得て事實上に於て國民生活と法規運用の調節を圖り以て裁判に關する國民の信頼を深からしめやうとしたのである。

第二節　陪審法の起原

陪審制度は第十二世紀の頃《ころ》に英國《えいこく》に始《はじ》まり。次に大革命《かくめい》後直ちに佛國《ふつこく》に採用《さいやう》された。斯《か》くして歐州各國並に米國《べいこく》等に於て模倣《もはう》されることになつた。其の種類は多種多様にして各國とも其の制度にはなか〳〵の相違はあつたけれども。本職以外の普通人をして裁判に參與せしむるといふ大體の主義方針に於ては大部分の立憲國に共通點を見え出し得たのである。

この制度の起つた理由は、人民が政府の專制《せんせい》裁判の專斷に對し、不服反抗《はんかう》の結果として、各人が自己の同階級者に依れる裁判の權利を有するものといふ强固《きやうこ》なる主張の下に其の胚胎《はいたい》を見たのである。從つて陪審法の趣旨《しゆし》は專門家の智識《ちしき》及び經驗に加味するに圓滿《えんまん》なる常識を以てし、官憲の專恣《せんし》を除去し、國民をして裁判なるものを信頼せしめ其の判決に心服せしめんとしたる初志に外ならない。

學說に依れば陪審法は。昔時ギリシヤ國に於ける人民裁判なるものに胚胎を見たものと謂はれてゐる。中世に於て裁判が專《もつは》ら本職の手に落ちて民衆裁判が影《かげ》を沒《ぼつ》してしまつた。其の結果君主專制國家に於ては兎角《とかく》壓制《あつせい》裁判が行はれて公正を失したる結果、民權保證の反聲を釀《かも》し遂《つい》に此の制度の勃興《はつこう》を見るに至つた。

第三節　陪審法の種類

陪審法には幾多の種類がある。而し何れも本職にあらざる素人が裁判に參與する義に外ならない。併し同じく素人が裁判に參與するものに參審なる制度が設定されてあるが、然し之れは其の本質に於て全然陪審法と趣を異にするものなれば注意すべきものである。

陪審は裁判手續に陪審員と稱する素人を加入し其の評議の決定せる事實に基いて本職の裁判官が法律を適用するといふことである。

參審は本職の裁判官と素人とが一體となつて共に評議し以て其の裁判を執行するといふ制度であつた現に此の參審制度は只獨逸一國にのみ採用されてゐる。

本來陪審は刑事民事の兩法に採用さるべきものなるも、我が國に於ては民事は採用ならない。

刑事陪審には大陪審小陪審の二種類がある。大陪審は起訴陪審とも謂つて刑事々件を公判に附すべきや否やを陪審で評決するものをいふ。

小陪審は所謂《いはゆる》公判陪審のことにて公判の審理《しんり》に立會ひの上、陪審が犯罪《はんざい》に關して評議決定するの義である。勿論小陪審も各國必ずしも同一でない。我が國の小陪審は被告人は如何なる行動に出でたるやといふ事實問題に就いてのみ評議決定を爲すことで、裁判官が此の事實に基いて法律適用といふ主義を採るといふ點は肝要《かんえう》である。

第四節　我が國の陪審法

日本に於て陪審なる名稱の法制上に現はれたのは明治六年の事にして、後に參座の改稱された。これは罪責の有無を決定するの權にして陪審同樣のものであつた。然し此の參座は或る特種の事件のみに限られて一般的のものではなかつた。後形法治罪法草案に陪審規定が見えたが反對論多數のため削除となつた。明治二十三年刑事訴訟と改正せられた時も採用《さいよう》とならなかつた、然《しか》るに爾來《じらい》在野法曹《はうさう》間に陪審法設定の論《ろん》漸時《ざんじ》隆盛《ゆうせい》となり、幾多《いくた》の論議を經て原內閣《げんないかく》の重要政綱《かう》たるの旨《ね》を承《う》け、高橋內閣の時これを議會に提出せしが其の議決を見ずして會期を終るといふに遭遇《たうぐう》した。加藤（友三郎）內閣の折、（大正十二年三月第四十六議會）再度同一案を提出して議會の協賛を經、同年四月十八日公布なり、昭和三年度より之れが實施の運びになつてゐた。併し我が國にては目に刑事の陪審のみにて民事の陪審は認められない。然かも刑事陪審にても、小陪審なる公判陪審のみの採用といふことである。

諸外國では陪審の評決が裁判所を拘束するの權能を有し、一度陪審が評議決定せば、たとひ裁判官は其の評決を不當と考へても止むを得ず之れに基いて裁判をやりなほさねばならぬ定めである。然るに我が國に於ては裁判所が陪審の答申を不當と認めた場合には訴訟の如何を問はず更に他の陪審の評議を要求することが出來る。故に我が國にては陪審の評議は裁判所を拘束するの權力をば有しないわけである。反對《はんたい》に裁判所は陪審の答申した事實の判斷と裁判所の意志《いし》とが一致點《ち》を見出すまで陪審を繰《くり》返すことが出來るのである。此の點は正に我が國の陪審制度の一大特色とすべきところである。

第五節　陪審法の資格

陪審は裁判手續に參與する一の組織にして、數人より構成《こうせい》される合議體の組織する構成員を稱して陪審員といふ。此の陪審員たるには一定の法律上の資格を必要條件とするのである。今左に本法の定むる資格要件を記す。

1　資格要件

一。帝國臣民たる男子にして三十歳以上たる事。
二。引續き二年以上同一市町村内に住居する事。
三、引續き二年以上直接國税三圓以上を納むる事。
四。讀み書きを爲し得ること。

2　缺格要件

一。禁治產者準禁治產者
二。破產者にして復權を得ざる者。
三。聾者啞者盲者、
四、懲役六年以上の禁錮舊刑法の重罪の刑又は重禁錮に處せられたる者。
右の者は法律上缺格者として陪審員たるを得ない。

3　特別の理由に依り陪審員たるを得ざる者

一、國務大臣
二。在職の判事檢事陸軍法務官海軍法務官。
三、在職の行政裁判所長官同評定官、

四、在職の廳府縣長官。
五、在職の宮內官。
六、現役の陸軍々人海軍々人。
七、在職の警察官吏。
八、在職監獄官吏。
九、在職の裁判所書記長裁判所書記。
十、在職の收稅官吏稅關官吏專賣官吏、
十一、郵便電信電話鐵道及軌道の現業に從事する者船員。
十二、市町村長、
十三、辯護士辯理士、
十四、公證人執達吏代書人。
十五、在職の小學校教員、
十六、神官神職僧侶諸宗教師。
十七、醫師齒科醫師藥劑師、

十八、學生々徒
右は其の官職又は身分上陪審の任務と相容《あひい》れざる點あるに依り之れをして陪審員たらしむるは不適當と認められたからである。
4　陪審員にして職務の執行より除斥せらるべき者
一、陪審員被告者たるとき。
二、陪審員私訴當事者なるとき。
三、陪審員被告人被害者又は私訴當事者の屬する家の戸主又は家族なるとき。
四、陪審員被告人被害者若くは私訴當事者の血族なるとき又は親族たりしとき、
五、陪審員被告人被害者又は私訴當事者の法定代理人後見監督人又は保佐人なるとき。
六、陪審員被告人被害者又は私訴當事者の同居人又は雇人なるとき。
七、陪審員事件に付告訴を爲したるとき、
八、陪審員事件に付證人又は鑑定人と爲りたるとき。
九、陪審員事件に付被告人の代理人辯護人補佐人又は私訴當事者の代理人となりたるとき。
十、陪審員事件に付判事檢事司法警察官又は陪審員として職務を行ひたるとき

5 陪審員の職務を辭するを得る者、

一、六十歳以上の者、

二、在職の官吏公吏教員、

三、貴族院議員衆議院議員及法令を以て組織したる議會の議員但し會期中に限る、

第六節　陪審法の可否

1 陪審法の採用可說

一、裁判は人民の信賴を得ることが肝要である此の點に於て專任の裁判官のみが下す判決よりも陪審員の下した判決の方がより以上に人民の信賴を得ること。

二、專任裁判官は極端《きよくたん》に流れて兎もすれば形式的論理に囚《とら》はれて事實の眞相を失することがある。倂し陪審員は常識及び世相通なるを以て能く實情を極め眞相に接近し得ること、

三、陪審裁判に於ては多數の素人を司法の作用に參與せしめ、且つ之に對して關係者に責任を負はしむるものにして、之れに依つて裁判官の神聖《しんせい》なる地位に對する非難を避《さ》けることが出來る。

2　陪審法採用否説

一、陪審員は專任裁判官に比《ひ》し理智《りち》に乏《とぼ》しく、感情に支配され易《やす》き爲め、事實の眞相に適合せぬ判斷を下すことある點に於て頗《すこぶ》る危險《きけん》である。

二、陪審員は裁判結了後は直ちに民間に復歸せらるる爲め、裁判官として責任感が薄《うす》く、從つて世評に傾き易く、不正の評決を爲すに至る。

三、陪審は其の評決に付き何等の理由を附せざるに反し、判事は理由を附す。間違ひたる結了に對して正當なる理由を附與することは殆ど不可能なるも理由を附せずして結論のみを爲すは自由である。

四、專任裁判官は智能及び精神的活動能力に於て陪審員よりも優秀《ゆうしゆう》なるを通例とす。從つて陪審員の中には評決に直面して何等の自信を有せず雷同《らいどう》に陷《おちい》る者がないでもない。特に日夜勞役に從事する者の如きは數日に亘《わた》る細密《さいみつ》なる審議に於て、煩雜《はんざつ》なる證據を記憶《きおく》して之れが解剖綜合《かいぼうそうごう》等の判斷を處決するが如き精神能力の保持は頗るの困難事なれば單に機械的に評決の道具たるに過ぎない者がないでもない。

第七節　憲法と陪審法

陪審法と違憲說

1 歐米諸國に於て陪審法採用國の憲法には、何れも陪審規定がある。然るに我が帝國憲法には陪審制度に關する規定がないから、我が憲法は全然陪審制度を認容《にんやう》せぬ根本《こんぽん》思想の上に成立せるものである。

2 帝國裁判の本旨は事實を認定して法律を適用することである。日本臣民は法律の定めたる裁判官によりて事實の認定と法律の適用を受くべき權利を附與されてゐる。陪審法の如き陪審員に事實の認定をせしめるもの、換言《かんけん》すれば裁判官にあらざる者をして裁判手續に參與せしむるものであるからして陪審法は憲法違反である。

陪審法と非違憲說

1 憲法の條文に規定されて居ないことを準據として法文なきものは總て違憲なりといふ議論が成

立するとせば、地方自治の如きは憲法條文に規定なきを以て地方自治の權利も認められず地方自治の參與は違憲なりといはねばならぬ。また委任命令の如き、責任支出の如き憲法の何所を探索《たんさく》するも明文が見當らない。されど憲法に明文なきを以て陪審法の採用は決して違憲とはならない。

2 事實の認定は裁判にあらず。裁判は只法律の適用に過ぎない。認定された事實に對し法律を適用するのが裁判なれば、我が陪審法の如く陪審員が犯罪事實の有無を評議し、何等法律の適用に關係せざる場合は決して憲法違反となるものではない。我が陪審法は陪審員は事實の有無を評議して其の結果を裁判官に答申し評議の結果が裁判官の意見と一致《ち》したときは其の答申を採擇《さいたく》して判決を言渡す。若し一致せぬ場合は之を採擇せずして改めて他の陪審にかけるのであるら。陪審の評議は何等裁判を拘束するものではない。

第八節　陪審事件

陪審事件は地方裁判所に於て豫審より公判に付せられた事件又は檢事より直ちに公判を請求した事

件中比較的重罪なる事件である。

而して陪審事件は之れを法定陪審事件及び請求陪審事件の二種類に區分してゐる。

1　法定陪審事件。

法定陪審事件とは陪審に付すべき事件として法律に規定せる事件をいふもので、これは被告人の請求の有無を問はず裁判所は職權上陪審の評議を要するのである。陪審法の法定陪審事件には(イ)死刑に該《あた》る事件、(ロ)無期懲役又は禁錮《きんこ》に依る事件の二項にして、刑法及び特別法の規定がこれに當る。左に其の該當犯を列記して見よう。

△刑法犯、

一、放火罪、

二、溢水罪、

三、往來妨害罪、

四、飯料水に關する罪。

五、通貨僞造罪、

六、文書僞造罪、

七、姦淫罪、
八、瀆職罪、
九、殺人罪、
十、傷害罪、
十一、墮胎罪、
十二、遺棄罪、
十三、逮捕罪及監禁罪、
十四、强盜罪、
十五、毀棄罪、
△特別法犯罪
一、爆發物取締罰則、
二、俘虜處罰に關する罪、
三、航空法罪、
四、決鬪罪、

五、船員法罪。

右は當然陪審に付すべき性質のものである。

1　請求陪審事件。

請求陪審とは裁判所の職權に依ることなしに裁告人の請求ある場合に限つて陪審を必要とするのである。諸外國の陪審は單に法定陪審のみなるに反して、我が國は此の請求陪審をも認めて一層民權の尊重を圖つたのである。（イ）長期三年を超《こ》ゆる懲役又は禁錮に該る罪に關する事件、（ロ）地方裁判所の管轄《くわんかつ》に屬するものなる事。

右二要件を具備する犯罪事件に就いては裁告人の請求によつて陪審に付す事が出來る。而して此の請求を爲すには第一回公判期日前たるべきものなれば、被告人は公判期日に出頭の召喚狀《しようくわん》を受領の節は召喚日より十日間を經過せし時は請求權の失落を來すものである。

自治體本質の詳釋

第一款　自治の概念

國家の行政は大體《だいたい》二個《こ》の形式を以て行はる、官治組織を以て行はるゝもの及び、自治組織《じちそしき》を以て行はるゝもの是れなり。而して官治組織を以て行はるゝものは、國家自己の機關に依りて自ら行政を行ひ、自治組織を以て行はるゝものは、一定の國家事務を國家內に於ける公共團體《こうきようだんたい》の事務と爲し、其の團體自身の事務として行はしむる行政なり。

抑《そ》も自治と云へる言葉は、二個の異なりたる意義に用ひらるゝ場合あり、第一の意義に於ては自治とは、專任の官吏にあらざる被治者たる人民が行政に參與することを指し、第二の意義に於ては自治とは、公共團體が自ら行政を行ふことを謂《い》ふなり。而して此二個の意義は何れも自治の觀念《くわんねん》に背馳《はいち》するものにあらず、却《かへつ》て相關聯《あいくわんれん》して始めて完全なる自治の眞意義を解するを得るなり。

自治に關する沿革《えんかく》を繹《たづ》ぬるに、何れの國に於ても自治の觀念を認むべき萌芽《ほうが》なきものはあらず、我國の如きも唐制《とうせい》の繼承《けいしょう》以來、幕府の盛時に至るまで、五人組の制度の行はれたるが如き、又一種の自治的制度の存在せしものと云ふを得べし、然れども我國の現行制度に於ける自治團體の觀念は、斯の如き我國固有のものにあらずして、全然歐洲の制度を襲踏《しゅうとう》したるものなり、蓋《けだ》し歐洲に於ける自治の觀念は、又二個の徑路《けいろ》に分岐《ぶんき》するを見る。卽ち一は英國に於て發達したる觀念、他は歐洲大陸殊に佛國及び獨逸に於て發達したる觀念是れなり。

英國に於ける自治の觀念は、人民が自ら進みて統治《とうち》の作用に參與することを指すものにして、前記第一の意義に於ける自治を意味するなり。卽ち同國の地方區劃《くくわく》たる州の行政は政府の官吏にあらざる名譽《よ》職をして司《つかさど》らしむるにあり。而も州は國家の行政區劃たるに止《とゞ》まり、之に團體たる性質を認めず從て其の行政は、團體の行政と云ふ能はず、依然として國家の事務たり、唯其の局に當る者が名譽職なりと云ふに過ぎざるなり。

佛國及び獨逸に於ける自治制度も、其の始めは英國の制度を模範《もはん》としたるものなれども、其の國情の異なれる結果として、英國に於けるとは自ら方向を異にして發達を遂げたり、卽ち是等の國家に於ては英國に於けるが如く、單に名譽職をして國家事務を擔任《たんにん》せしむるに止まらず、其の地方の區劃は一個の獨立團體と認め、獨立の人格を附與して自治權の主體たることを認めたり。

斯《かく》の如《ごと》く英國に於けると、歐大陸に於けるとは、自治の觀念に自ら異なりたる方面を生じ從て其の意義に於ても、二個に區別して觀察せざるべからざることゝなりたるなり。而して我國に於ける自治制度は、歐大陸特に獨逸の制度に則りたるものなるを以て、其の意義を定むるに付ても亦主として獨逸の學說を參酌《さんしやく》して決定せざるべからず、即ち自治とは何ぞや、との問題を一言にして定義せば、

自治とは公共團體が、其の自己の權利として行ふ所の行政なり。

と云ふことを得べし、以下此定義に基きて說明せむに、

第一　自治は公共團體の行ふ行政なり。

公共團體の何者たるやに付ては、後に述ぶる所あるべきも、一言以て之を云へば、公共團體とは國家內に於て、公《おほやけ》の行政を行ふことを其の成立の目的とする團體なりと云ふことを得、而して總て公の行政なるものは、元來國家に屬するものなるを以て、從て之を行ふに付ても、國家自ら其の自己の事務となし、自己の機關を以て行ふことは原則たり。然れども國家は時として、或る一定の範圍に於ける公の行政を行ふことを國家內の團體に特許するを利益とすることあり、此場合に於て特許を受けたる團體は、元來國家に屬する行政を、自己の事務として處理するの機能を取得す、之れ即ち公共團體

にして此公共團體の行ふ行政を指して自治とは稱するなり。

第一　自治とは公共團體が其の自己の權利として行ふ行政なり。

公共團體の行ふ行政は其の自己の權利として行ふなり。國家に對し或る義務の履行《りこう》として行ふにあらず、換言すれば權利として行政を行ふことは、自治の觀念に缺くべからざる要素なり。抑も團體が公の行政を行ふ場合に二種あり。即ち或は單に國家より其の義務を負はしめらるゝに過ぎざることあり、或は國家より之を行ふの權利を附與せらるゝことあり、而して單に團體の義務として行政を行ふべき場合は、之れ團體自己の爲めになすものにあらずして、專《もつぱ》ら國家の利益の爲めに行ふなり、從て其の事務は團體の事務にあらずして國家の事務たり。團體自己の活動にあらずして、國家機關としての活動なり。之に反して、行政を行ふことが、團體自身の權利として認めらるゝ場合に於ては、其の行政は最早國家の行政にあらず、又國家機關として活動するにあらずして、團體自己の利益の爲めに自己の行政を行ふなり。此團體は即ち公共團體にして、此權利は即ち自治權と稱するなり、要言すれば自治權の主體たる公共團體の行政にして始めて眞正なる自治の觀念をなすものなり。

眞正なる意義に於ける自治の觀念は右に述ぶるが如し、故に之を行ふの機關が名譽職たると專任官吏たるとを問はず、又國家の任命せる官吏なると否《いな》とを問はず、苟《いやしく》も公共團體の權利として行政を行ふものなる以上は之を自治行政なりと云ふに支障なし、勿論自治制度の本旨とする所は、被治者たる人民をして行政を行ふの機關たらしむるにあることは自治制度の起りたる起源にして、今日に於ても決して此本旨を認めざるにあらざるも、之れ唯政治上の意義より見たる制度其ものゝ趣旨にして、法律上の意義を決定すべき根據となすべきにあらず。法律上に於ては唯其團體の事務なりや否やの點を標準《ひようじゆん》となさゞるべからず、而して既《すで》に法律上の意義に於て自治を定義して、公共團體の權利として行ふ行政なりとなす以上は、其制度の上に於る政治上の意義は、最早自治の觀念の要素として論ずるの限にあらず。從て其事務に當るものが名譽職たると專任職たるとを問はず、又自治體の自ら選任する吏員たると國家の任命に係る官吏たるとを問はざるなり。唯爰《こゝ》に注意すべきは、國家は往々《おう〳〵》にして國家の官吏をして、同時に公共團體の機關たらしむることあり、又之と反對に自治團體の吏員をして、國家機關として一定の事務を處理せしむることあり、例へは府縣知事郡長等が官吏たると同時に、公共團體の機關たるが如き、又は市町村長等が、公共團體の事務以外に於て一定の國務を處理するが如き是れなり。（市町村長が國家機關として國務を處理する顯著《けんちよ》なる實例は戸籍《こせき》吏を兼ぬることなり。此等の場合に於ても自治行政なりや否やを區別する標準は、常に其の事務が公共團體の事務なりや否やに依るべく、之を行ふ機關の如何は問ふ所にあらざるなり。

第二款　公共團體の性質

公共團體は國家の下に於て公の行政を行ふことを、其の成立の目的とする公法人なり。

抑も法人とは自然の人類にあらずして人格を有するものなり。所謂人格とは法人に依りて權利の主體たる能力を認めらるゝ者を云ふ。故に人格は常に法に依りて始めて生ずるものにして、其の權利主體たる方面に於ては自然人と法人と敢て異なる所なし。自然人は自然に人格たり法人は法人に依りて人格たるものと誤解《ごかい》すべからず、自然人も亦法に依りて始めて人格たることを得るは法人と同一なり然れども自然人と法人とは、其の目的の異なる點を以て明に區別し得ることを忘るべからず、蓋し吾人生活關係には二個の方面あり、卽ち自身一己利益目的とする場合と、數人共通の利益を目的とする場合是れなり自身一己の利益を目的とする場合には、自然人に對して人格を認むるに依りて法の保護を完《まつた》うすることを得べしと雖も、形體を有せざる多數人類の共通的の利益を目的とする場合には、尙此他に保護の方法なかるべからず、此方法は卽ち共通の利益を目的とする人類の集合體を、恰《あたか》も自然の人類に於けると同じく之に人格を附與して、權利義務の主體たる能力を認むるにあり。法人は斯の如き多數人類に共通なる利益の歸屬すべき權利主體たるものなり。以上之を要言すれば自然人の目的とする所は、個人的の利益にあり。法人の目的とする所は多數人類に共通なる利益にあり。法人と自然人との區別は唯此點に於て之を見るなり。

本節に於て述べむとする公共團體なるものは、法律上の人格を有するが故に一の法人たること勿論なり。而して法人に公法人と私法人との別あり、公法人は公の事務を目的とする團體にして、私法人は私の事務を目的とする團體なり。所謂公共團體は國家の下に於て公の行政を行ふことを目的とする團體なるが故に、公法人に屬すべきことも自《おのづ》ら明なり、唯公の行政と私の事務とは如何なる標準に依りて區別すべきかは學說區々にして一定せず。

惟《おも》ふに公の行政と私の事務とは事務の性質に依りては區別することを得ず、蓋《けだ》し公の行政は一般公益に關する事務たることは論を俟《ま》たずと雖も。總ての公益事業は皆公の行政なりと云ふ能はず例へば教育事業は公の行政の一部たるに相違なしと雖も、一私人が私立學校を經營して教育を施《ほどこ》すは私の事務に屬すべし。斯の如く同一の事務にして國家が之を行ふときは公の行政たり、一私人が之をへば私の事業たるもの少なからざるを以て、單に公共團體は公の行政を目的とする團體なりと云ふのみにては之を私の團體と區別すべき標準は未だ明かならず。

公共團體の特質に付ては從來種々の說明あり、卽ち公共團體は公法の規定に依りて人格を有するものにして、私の團體は私法の規定に依りて成立するものなりとし、或は團體の機關が官吏若は公吏なるときは公共團體にして、否らざるものは私團體なりとし、或は公共團體は國家に對し政務遂行の義務を負ふ所の團體を指すとなすが如き是れなり。就中《なかんづく》最後の國家に對する義務の存在を以て公共團體の特質と爲す說は、從來最も廣く行はれたるものなるを以て一應其の要旨を述ぶるの必要あり、卽ち此說明に依れば私の團體の目的とする所は私の事業なるを以て、其の事業の成ると成らざるとは直接に國家の利益と關係する所なく、從て國家は私の團體に對しては其の目的たる事業を遂行するの義務を負はしむることとなし、之に反して公共團體の目的とする事業は公の行政たり、其の成ると成らざるとは直接に國家の利益に關係す、從て公共團體に對しては國家は其の目的とする事業の遂行に關して之を團體の自由に放任することなく、其の事業を遂行すべき義務を負はしめざるべからず。國家に對して自己の目的とする事業を遂行すべき義務を負へることは、公共團體が私の團體と區別せらるゝ特徵なりとなすに在り。

然れども國家に對する義務の存在を以て唯一の理由となすは、尙ほ未だ盡さざる所あり、何となれば私の團體と雖も其の目的とする事業を遂行すべき義務を負ふものは其の實例乏しからざるを以てなり。例之國家は私設鐵道會社に對し、一定の鐵道を施設し且之を運轉するの義務を負はしめ旅客の運送を拒絕《きよぜつ》するを得ざるの義務を負はしむるが如し、而して鐵道會社が鐵道を施設運轉し旅客を運送するは會社設立の目的たる事業にして、而も其の事業を行はざるべからざるの義務を負はしめらるゝなし、然れども之が爲めに鐵道會社が公共團體となるものにあらざることは何人も異論なき所なり、蓋し公の行政とは必ずしも公益事業と其の範圍を同うするものにあらず、私の事業と雖も其の影響する所廣く公益に關するものは決して尠《すくな》しとせず、而して直接に公益に關する事業に付ては、國家は之を私の團體の自由に放任せずして、必ず之を遂行すべき義務を負はしむることは、必要上正に然るべきことにして、毫《がう》も怪《あやし》むに足《た》らざるなり。夫れ斯の如く國家に對して事業遂行の義務を有するものは、公の行政を目的とせる公共團體のみに止まらずとせば、之を以ては未だ他の團體との區別の標準となすこと能はず。尙此他に於て其の特質たるべきものを認め、以て標準たるべき區別點を發見せざるべからず。

公共團體の特質を認めて、他の私團體との區別を爲さむとせる最も進步したる、又最も信ずべき學說に於ては、之を其の義務の方面に求めずして權利の方面に求めんとするなり。卽ち其の要旨に曰く、公共團體が公の行政を目的とせる團體なることに付ては國家と其の性質を同うす、而して國家が他の團體と區別せらるべき特色は、其の統治權の主體たることにあり。公共團體が私の團體と區別せらるゝ標準も亦一々其の統治權の存在する點に求めざるべからず。抑も公共團體は、國家の下に於て統治權を有する團體なり、蓋し近世の國家に於ける統治權は總て之を國家に統一すと雖も、國家は其の權力の下に於て國家內の團體にも統治權を許せるものあり。公共團體とは卽ち國家より一定の範圍に於て、統治權を與へられたる團體なり。而して公共團體が私の團體と其の法律上の地位を異にし、其の法律關係を異にする所以《ゆえん》は、私團體の有すること能はざる行爲能力を有するが爲めなり。所謂《いはゆる》私團體の有する能はざる行爲能力とは、其の統治權を有すること是れなり。要するに公共團體の特色は其の統治的團體なる點に存し、私團體との區別の標準は之を措《おい》て他に求《もと》むべからずと。

公共團體が統治的團體なる結果としては、第一に其の團體を組織する團體員の加入、及び脫退《だつたい》が團體員の自由ならざる點に於て現はる、卽ち私の團體に於ては團體員は自己の任意に團體に加入し、又は脫退するの自由ありて、敢《あへ》て其の意に反して外部より之を强制せらるゝことなし。之に反して公共團體に在りては、其の團體員の加入、脫退は全く强制的にして、團體員の自由意思にては之を左右すること能はず。例へば一市町村內に居住するものは其の自己の欲すると否とに拘はらず、當然其の市町村の團體員たらざるべからざるが如き是れなり。而して此團體員の意思に拘はらず、加入脫退を强制し得ることは、公共團體の最も顯著《けんちょ》なる特色なりとす。

第二には、多くの場合に於て團體の經費を强制的に徵收し得るの權利することに於て現はる。蓋し私の團體に在りては、其の團體の經費の不納者に對しては、自己の力を以て其の徵收を强制するの力なく、民事訴訟に依りて救濟《きうさい》を求むるの外途《ほかみち》なしと雖も、公共團體に在りては、多くの場合に於て自ら之を强制徵收するの權利を有す。而して强制徵收の權利は、統治權團體にあらざれば有すること能はざる所なるを以て、此權利を有することは、以て公共團體たることを認むるの標準となすに足るなり。

以上之を要するに、或る團體が公の行政を目的とするものなりや否やは、其の統治的權力を有するや否やに依りて區別すべく、而して其の統治的權力を有するや否やは、團體員の意思に拘はらず、加入又は脫退を强制し、或は經費を强制徵收するの權を有するや否やに依りて知ることを得へし。而して斯の如き權力の活動を見るものは卽ち公共團體なりとす、又公共團體は一に之を自治體と云ふ。蓋し公共團體の有する權力は素《もと》より國家より附與せられたるものなるも、其の附與せられたる範圍內に於ては、恰《あたか》も自己の固有《こゆう》の權利に於けると等《ひと》しく、自ら行政の主體たるものなるを以てなり。

公共團體は之を二種別に大別することを得、地方團體及び公共組合是れなり。

地方團體は國家と其の形體を同うし、一定の土地を基礎《きそ》としたる人民の團體なり、國家が領土及び人民を以て成ると同一の狀態《じようたい》に在るものなり、即ち地方團體が其の地域《いき》に對する關係は、全く國家の領土に對する關係と同じく、其の地域内に於ては、國家より與へられたる統治權を發動するの權を有し、又地域内の居住者滯在者《たいざいしや》は、恰も國家の權力に服從するが如く、地方團體の權力に服從せざるべからず。

公共組合は專《もつぱ》ら人類の組合を以て其の成立要素《えうそ》とする團體なり。蓋し公共組合と雖も、其の構成に一定の地域を限ることは勿論なりと雖も、其の地域に對する關係は地方團體が、其の地域に對する關係とは全く趣きを異にす、即ち地方團體が其の地域にする關係に於ては、地域内に於ける人民は、單に其の地域内に在るの事實に依りて、當然地方團體の權力に服從すべきものなるも、公共組合の其の地域に對する關係に於ては、斯の如く其の地域内に居住する總ての人民に、當然服從の關係を生ずるものにあらず。元來公共組合なるものは、一定の組合員を以て組織するものにして、其の組合員たるべきものは如何なる地域に在る者たることを要するやを定むる必要あり、此場合に於て始めて其の地域の關係を生ずるものにして、言はば組合員たるべきもの〻資格を定むる一の條件に過ぎず、此條件を充《み》たすに由て、始めて組合員たることを得べき效力《こうりよく》あるに止まり、地方團體の如く直に命令服從の効力あるものにあらざるなり。

又地方團體と公共組合とは、其の目的とする事務の範圍に付て大に異なる所あり。卽ち地方團體は一般の公の行政を目的とするに反し、公共組合は唯特種の事務を限りて其の目的と爲すものなり。故に地方團體は、一般の行政に關し、國家の行政組織の重要なる地位に在るも、公共組合は唯特別なる一局部に偏在《へんざい》するに過ぎず、去れば本編行政組織の題下に於ては、地方團體に付てのみ説明を與へ、公共組合に付ては、後編各種の行政を論ずるに當りて説明することとなせり。

第三款　地方團體の事務

地方團體の事務は之を種々に區別することを得、先づ第一に知るべきものは、固有事務と委任事務との區別なり。

固有事務とは、地方團體を自已の存立の目的とする事務を謂ふ、換言すれば、地方團體の成立ちたる本來の目的に關する事務を謂ふなり、而して地方團體の構成は、總て國家の定むる法律に依て規定せられ、其の存立の目的たるべき事務の範圍も、亦此法規に由て定まる所なり、例へば市町村の固有事務は、市町村制に依て定まり、其の他の公共團體の固有事務は、又各其の公共團體の構成を規定したる法律を以て定めたるが如き是れなり。

固有事務の內容は、地方團體を構成したる法規の定むる所に依りて各異なれりと雖も、之を概言すれば、元來地方團體の存立する基礎《きそ》は、其の團體員の公共の利益を達することを以て目的となすにあるが故に、此目的を達するが爲めにするの事務は、皆固事務なりと云ふことを得べし、故に通常地方團體の公共事務と稱するものは、皆固有事務の範圍に屬するものと見て差支なし、例へば地方團體の經營する土木事業の如き、或は衞生事務の如き、或は勸業《くわんげふ》事務の如き、或は救貧《きうひん》事業の如き、直接住民の利益に關する事務は皆是れなり。

委任事務とは、自己存立の目的たる事務以外に於て、國定又は他の公共團體の利益の爲め、國家又は他の公共團體より委任せられたる事務を云ふ。卽ち本來國家又は他の公共團體の事務にして、地方團體固有の事務にあらざるも、唯行政の便宜の爲めに、特に地方團體に委任したるものに外ならず、而して委任事務の範圍は、之を委任する法律又は命令に依て定まるものにして、且是等の法律又は命令に依り、適法《てきはふ》に委任せられたる事務は、地方團體自己の費用を以て執行《しつかう》するの義務を負ふものとす例へば國稅の徵收、軍事徵發及び徵兵に關する事務の如きは、事一國全體の利害に關するものにして、一地方一團體の事務にあらず、從て國家自ら自已の機關を以て處理すべきものなるも、其の或る部分は、地方團體をして之に當らしむることの却て便宜なるものあるを以て、之を地方團體の義務として行はしむるが如き是れなり、要するに委任事務は團體當然の事務にあらずして、特種の法令の規定に依りて執行の義務を附加せられたるものなれば、嚴正《げんせい》なる意義に於ては、之を地方團體の事務と稱する能はずと雖も、唯地方團體が之を行ふ點よりして、固有事務に對立せしむるを常とす、而して固有事務と委任事務とは、地方團體の權限を確定するに付て、互《たがひ》に反對の方向に解釋《かいしやく》せらるゝものなり、卽ち固有事務なりや否やを決するに當りては、法令に反對の規定なき限りは之を地方團體の事務の範圍に屬するものと解すべく、又委任事務なりや否やを決するに當りては先づ委任の法規ありや否やを定め、委任の法規なき以上は、地方團體の事務に屬せざるものと解せざるべからず、略言《りやくげん》すれば一は常に廣義に解し、他は常に狹義《けふぎ》に解せざるべからざるなり。

委任事務に付て特に注意せざるべからざるは、地方團體の吏員に委任せられたる事務と、委任事務とを混同《こんどう》すべからざること是れなり。蓋し國家は時としては、地方團體其のものに事務を委任せずして、團體の吏員に一定の事務を委任することあり、此場合に於ては吏員其のものが直接に國家の機關となりて國家事務を行ふものにして、團體其のものが行ふ事務にあらざるなり、例へば市制第七十四條に規定せる、司法警察補助官たるも事務其の他のものは、地方團體に委任したるにあらず、其の吏員たる市長に委任せるものなるが如き是れなり。

最初に述べたる固有事務は更に之を細別して、必要事務と隨意事務とに區別することを得、必要事務とは法規を以て地方團體をして、必ず其の事務を行ふべき義務を負はしむるものを謂ふ、例へは傳染病豫防《せんびようよほう》法に依り、傳染病院《でんせんびよういん》の設立を市町村の義務として命じたるが如き是れなり。隨意《ずいい》事務とは、地方團體か自己の意思を以て之を行ふと否とを決定する自由を有するものを謂ふ、例へば市町村に於て水道を設備《せつび》し、瓦斯《がす》事業を起すが如き是れなり、隨意事務に在りては、其の事業を爲すと爲さざるとは全く地方團體の自由に決し、得る所にして法律上必ず之を爲さゞるべからざる義務を負ふものにあらず。地方團體は自ら欲するときは之を爲すことを得べく、又欲せざるときは之を爲さゞることを得るなり。必要事務にありては事全く之に反し、地方團體は必ず之を爲すべき義務を負ふものにして爲すと爲さゞるとの自由を有することなし、從て必要事務と隨意事務とは、其の監督權の上にも重大なる差異《さい》を生ず、即ち地方團體が其の必要事務を行はざるときは、國家は之を強制して行はしむることを得ると雖も、隨意事務に在りては、國家は之を強制するの權を有せざるなり。

第四款　地方團體の監督

地方團體は國家統治權の一部を行ふことを以て存立の基礎とする團體なり、從て其の事務の成績は國家の利害消長と相關聯する所重大なるが故に、國家は常に其の監督者の位地に立ち、以て地方團體存立の目的を遂行することに拏《つと》めざるべからず、卽ち此理由よりして地方團體は、總て國家の監督權の下に服することを要し、又之に服することは地方團體に缺くべからざる要素となれり。蓋し若し地方團體が其の行政を行ふに當り、絕對的に自由なることを得るものとせば、最早國家と相選む所なく地方團體は獨立の國家となるに至るべし、而して斯の如きは地方團體の根本的觀念に背馳《はいち》するものなることは、深く論ずるまでもなし。

地方團體に對する國家の監督權とは、地方團體をして其の目的を誤《あや》まることなからしむる爲めに、自治行政の執行に關し、其の意思の自由を制限すべき國家の權力なり。此權力を行ふ官廳を監督官廳と云ふ。監督官廳は國家自身の官廳たることを原則とするも、時としては國家は上級の地方團體の機關をして、下級《かきう》の地方團體に對して監督權を行はしむることあり。縣參事會が町村に對して監督權を行ふ如きこと是れなり。

國家の地方團體に對する監督權は、上級官廳が下級官廳に對する監督權とは其の趣きを異にす、何となれば上級官廳と下級官廳とは、等しく國家の機關として國家の意思を發表するものなり。故に其の間の關係は機關相互の關係にして、主體と主體との關係にあらず、唯國家意思の統一を目的とする一の手段方法に過ぎざるなり。之に反して地方團體は獨立の意思を有する人格者なり、權利義務の主體なり。之に對して監督權を行ふは獨立人格者の意思を制限するものなり、二者の間には斯の如き區別ある結果として、上級官廳と下級官廳との間に於ては縱令《たとへ》法規の明文なき場合に於ても、上級官廳は進んで指揮訓令《しきくんれい》を爲すことを得るを原則とするも、地方團體に對する監督權は、必ず法規の範圍内に於て爲さざるべからず。法規の範圍外に於ては、地方團體は、國家より侵《おか》されざる意思の自由を有するものなり。故に此範圍外に於て國家が地方團體の意思を制限すれば、其の自治權を侵害《しんがい》するものに外ならず。

地方團體に對する國家の監督は種々の方法を以て行はれ、其の範圍は一に法規の定むる所に依らざるべからざるを以て、爰《こゝ》に概括《ぐわいせつ》して述ぶる能はざるも其の大體に付て說明すれば左の如し。

第一　指揮命令を爲すの權

地方團體と監督官廳との關係は、上級官廳と下級官廳との關係に同じからざることは、右に述べたるが如くにして、地方團體に對する監督權は、必ず法規の根據ある場合なることを要す。故に指揮命令を爲すに當りても、亦常に法規の根據あるにあらざれば、監督官廳は自己當然の職權としては爲す能はざる所なり、而して同じく法規に基く場合は、又之を二個の方面より觀察することを得、一は法律又は命令に依り、既に定まりたる義務の執行を命ずるに過ぎざる場合にして、他は監督官廳の自由裁量《さいれう》に依り、作爲不作爲を命ずる場合なり。前の場合に於ては、法律命令に於て直接に地方團體の義務として命じたる事項なれば、監督官廳が其の執行に關し指揮命令をなすことを得るは當なり。後の場合に於ては、其の義務は直接に法令の定むる所にあらずして、監督官廳の處分に依り新《あらた》なる義務を設定するものなれば、監督權の當然の作用にはあらざるも、法律が之を許容《きよやう》するの規定を爲すに依りて、適法なる監督權の作用なりと云ふことを得るなり、然れども此後の場合に於ける現今の實例は稀《まれ》なり。

第二　監視を爲し且報告を爲さしむること

地方團體に對する監督權を行ふには、自治行政の實況《じつきやう》を知ることを要す。國家にして若し其の實況を知るを得ざれば、監督權は到底之を實行するに由なし、故に監督官廳は此目的を達する手段として、何時にても其の官吏を派遣《はけん》して、自治行政の狀況を調査檢閱《けんえつ》するを得べく、又地方團體をして自治事務に關する報告を爲さしむることを得べし、唯報告を爲さしむることは、自治體に對し一種の行爲の義務を負はしむるものなれば、此場合には法律の根據めることを必要とす、而して又は監督官廳に對して、此權限を與ふる旨の明文を置くを普通の例とす。

第三　地方團體の機關の組織に參與すること

地方團體の機關たるべきものは、地方團體に於て之を選任するの權あるを原則とするも、法律は特に監督官廳をして其の選任に參與せしむることあり、之蓋し其の機關の選任を誤まることなかしめんが爲めにして、彼の市長選任に勅裁を必要とし、町村長の選任に監督官廳の認可を必要とするが如き皆此目的に出づるものなり。

第四　議決機關を解散するの權

監督官廳は、地方團體の議決機關が其の義務に違背《いはい》する場合に於て之を解散し、其の組織を新にせしむるの權を有す、即ち我市制町村制に於ては、最高監督官廳たる內務大臣に於て、市町村會を解散するの權を認めたり。

第五　決議の取消を爲すの權

地方團體の決議を取消すの權に付ては、其の決議が法律命令に違反する場合と、單に公益の害するに止まる場合とを區別するを要す、若し地方團體の決議にして、法令に違反する場合に於ては、監督官廳は其の監督權當然の作用として、必ず其の決議を取消すことを得ざるべからず。蓋し若し之を取消すことを得ずとせば、地方團體の意思を以て、國家意思たる法規を變更するの結果となり、法の統一を破るに至るべければなり、之に反して地方團體の決議が、法律命令に違反せるにあらずして、單に公益を害するに止まるときは直に國家意思たる法規を變更するものとは云ふべからず。從て官廳は其の當然の權力として、之を取消すこと能はず。必ず之を許容する法規の存在することを要するなり。

第六　決議の認可

法律は、違法又は害公益の決議を取消すの權を監督官廳に與ふるのみならず、其の決議の執行に付き、豫《あらかじ》め認可《にんか》を受くべき旨を定むることあり、而して認可を必要とする事項に付ては、地方團體の決議のみにては未だ效力を生ずるものにあらず、認可に由て始めて效力を生ずるなり、而して我市制町村制に於ては、認可を受くべき事項を列擧して其の範圍を示せり。

第七　強制豫算

地方團體が、法律上の義務に屬する支出を豫算に計上せず、又は之を計上するも、其の支出を爲さゞるときは、監督官廳は自ら必要なる豫算を作製して、之を其の地方團體の豫算となし、又自ら支拂命令を發して其の支出を爲さしむることを得、之を强制豫算と稱す。

第八　代決議を爲すこと

地方團體が、法律上爲さゞるべからざる決議を爲さゞる場合には、監督官廳は、自ら其の決議に代ふるべき決定を爲すの權を有するを通常とす、而して此監督官廳の決定は、直に地方團體の意思として、效力を有するものなり。

第九　吏員に對する懲戒權

監督官廳は、地方團體の吏員が、其の義務に違反したる場合に於て、之が懲戒處分を爲すの權を有す。

第十　代執行

地方團體の機關が缺如し、而も地方團體に於て、之に代はるべき適當なる機關を選任せざる場合に於ては、監督官廳は地方團體の費用を以て自ら官吏を派して、地方團體の事務を執行せしむるの權を有することあり、名けて代執行と云ふ。

第二節 市町村

第一款 市町村の組織

地方團體には種々の階級あり。其最下級に位するものを市町村とす。市町村は一定の地域内に於ける住民を以て、組織せる地方團體なるを以て、其組織を知るに付ても、亦市町村の區域に關することゝ、其住民に關することを說明すれば、卽ち足る故に。以下此二項に分ちて略說《りやくせつ》すべし。

第一　市町村の區域

市町村の區域とは、市町村の自治權の行はるゝ土地の範圍を指すものにして。其土地の區劃は。明治十一年布告郡區町編制法を基礎《きそ》とし。尙其以後に於て屢《しば〳〵》變更せられたり。而して此土地の範圍と市町村との關係は、恰も國家が其領土に對する關係と同一なり、卽ち此地域內に在る者は、恰も國家の領土に在りて。其領土國の權力に服するが如く、其市町村の權力に服從せざるべからず、又市町村の區域は一方に於ては、地方團體の土地的基礎たると同時に、他の一方に於ては、國の行政區劃を爲すものなり、故に原則としては、國の領土にして市町村の區域に屬せざるものなし、唯之が例外を爲すものは、宮城離宮及之に附屬する庭園にして、此等のものは市町村の區域には屬せざるなり。

市町村の區域は一定不動のものにあらずして、時々變更せらるゝことあり、而して市町村の區域を變更する手續に二種あり。一は廢置分合にして、一は境界變更なり、廢置分合とは市を分割して、數町村と爲し、或は町村を市に合併し、又ハ數町村を合して一町村と爲し、一町村を分割して數町村と爲す等、總て市町村の存廢に關する變更を云ひ、境界變更とは、斯の如く市町村を存立、又は廢止することなく、單に其區域のみを變更することを云ふなり。

第二　市町村の住民

住民とは市町村に住居を有するものにして、市町村の團體員たる者を云ふ。而して此住民たるには其男子なると、女子なると、成年者なると、未成年者なるを問はず、又內國人たると、外國人たることを論せざるなり。住居を有するとは、戸籍《こせき》を有する義にあらず、住居を構《かま》へたることを云なり。又住居は民法上の住所と同一の義にもあらず、民法上の住所は各人生活の本據にして、一人一箇たるべきものなるも、市町村制に所謂住居は、一人數箇の住居を認むるなり、要するに所謂住居なる意義は單に理論を以て決する能はざるものにして。一に市町村區域内に。住居を占《し》むるや否やの事實に由て決すべきなり。

市町村住民の權利義務に關し。我市町村制の規定する所に依れば。市町村營造物並に。市町村財產を共用するの權利を有し。及び市町村の負擔《ふたん》を分任するの義務あるものと爲せり。然れども此規定は、理論上に於ては甚だ當らざるものあり。何となれば是等の權利義務は、必ずしも市町村住民が特別に有するものにあらざればなり。卽ち營造物及び。市町村有財產を使用するの權利は、市町村條例。又は規則の定むる所に依り。一定の條件を備ふることを必要とし。其條件を具備したる者にあらざれば。使用することを得ず。若し此條件の備はらざるときは。市町村住民と雖も、之を使用する能はざると同時に。此條件を備へたる以上は市町村住民にあらずと雖も。尙之を使用することを得るなり。市町村の負擔を分任するの義務も亦市町村住民にのみ特別なるにあらず。市町村に滯在し、營業所を有し、土地物件を所有する者等も。等しく其負擔に任ぜざるべからざるの義務あることは市町村制の自ら認むる所なり。

市町村の住民は、之を公民と否らざるものとに區別す。公民とは市町村の選擧に關與し、其名譽職に選擧せらるゝの資格を有し、及び名譽職を擔任すべき義務を有する住民を云ふ。公民は市町村民なることを其必要條件と爲す故に、市町村住民たるの特殊なる點は、公民と爲るの資格を得るに在りと云ふことを得べし。

第二款　市町村の機關

市町村は機關に依て活動す。而して其機關の主なるものを分て二種と爲す、即ち一は市町村の意思を決定する機關にして、他は其意思を執行する機關なり。

意思を決定する機關は合議體組織にして、市に於ては市會、町村に於ては町村會とす、但し小町村に在りては郡參事會の議決を以て町村條例に依り町村公民の總會を以て、町村會に代ふることを得べし。

市町村の事務を執行する機關は、市と町村との間に異なる所あり、即ち市に於ては合議體組織を採りて市參事會を執行機關とし、町村に於ては單獨制組織を採りて町村長を以て執行機關とす。

第一　市町村會（意思機關）

市町村會は、市町村公民の選擧に依て組織せらるゝ合議體にして、市町村の意思を決定するの機關なり。市町村公民は市町村會の組織に關しては、總て選擧權を有するを原則となすも、特別の事由あるもの、例へば公民權を停止せらるゝ者、及陸海軍の現役に在る者の如きは選擧權を有せず。是等の詳細は、法規に就て研究することを要す。

市町村會の職務權限を見るに、市町村會は市町村の意思機關として、市町村の一切の事件を議決し市町村吏員を選擧し、市町村行政の執行を監督す。市町村制に於ては、市町村會の議決すべき事項を列記すと雖も、是れ唯其主なるものを例示したるに過ぎずして、必ずしも此範圍に制限するの趣旨にあらず。市町村の固有事務に屬する一切の事件は、原則として皆市町村會の議決を經べきものなり。又市町村の執行機關（市參事會町村長）は議決事項に關し、議案を提出するの權あるも、自ら市町村の意思を決定するの權を有せず、唯委任事務に至りては、當然市町村長の權限に屬することなきにあらず、此場合に於ては敢て議決を要せざるや勿論なり。

市町村會の議長は町村會に於ては、町村長職務上當然議長の地位に就き、助役を以て其代理者とす市會に於ては毎曆年《まいれきねん》の始に於て、一箇《か》年の任期を以て議員中より議長及其代理者各一名を互選《ごせん》し、議長故障《こしやう》あるときは代理者議長となり、議長及代理者共に故障あるときは、出席議員中の年長者を以て議長とす。

第二　市參事會及町村長執行機關

市參事會及町村長は市町村を統轄し、市町村の行政事務を執行するの機關なり。而して市參事會は市長並に、市助役及名譽職參事會員の三種の吏員を以て組織する合議體にして、市助役は東京は三名京都及大阪は各二名其他は一名とす。名譽職參事會員は東京十二名京都大阪は各九名其他は之を六名とす。但し市條例を以て之を增減するは妨《さまた》げなし市長は之を有給吏員とし、市會に於て候補者三名推薦《すいせん》し、其內より勅裁を以て就任するものとす、市助役は市會に於て選擧し、府縣知事の認可を經べきものとす。市長及市助役たるには其資格に制限なく、市公民たることをも必要となさず。其任期は六箇年なり。之に反して名譽職參事會員は市公民たることを必要とし、年齡滿三十歲以上の者たることを資格要件とし、其任期は四箇年にして、市會の選擧に依りて就任するものとす。

町村長は單獨の機關にして、其任期は四箇年なり。町村長は名譽職なることを原則とするも、條例を以て之を有給と爲すを妨げず。町村長は町村會に於て、町村公民中年齡三十歲以上のものより選擧し、府縣知事の認可を得て就任するものとす。但し有給町村長は公民たることを必要となさず。

市參事會及町村長は市町村會の議案を發案し、其議決を執行し、且市町村の代表するの權限を有す

市參事會及町村長は、市町村會の議決を執行すべき義務を有し、自己の意見を以て其執行を拒《こば》む能

はずと雖も、若し其議決にして違法又は不當なりと認めたるときは、自己の意見又は監督官廳の指揮に依り、其議決の執行を停止し、之を再議に付するの權を有す。然れども此場合に於て、市町村會が尙ほ其議決を改めざるときは、府縣參事會又は郡參事會の裁決を仰《あを》ぐの外途《ほかみち》なきものとす。

執行機關に關し特に注意すべきは市長の他位なり。市長は通常町村長と併稱《へいしよう》せられ、一見恰も町村長等と同じく、單獨の執行機關なるが如きの觀なきにあらずと雖も、其法律上の性質は全く町村長と異なり、市の執行機關たる市參事會を組織せる一員たるに過ぎず、故に市長の地位を嚴格《げんかく》なる意義に於て觀察するときは、市參事會の市長にして、市の機關たる市長にはあらざるなり。然れども市長は市參事會の議長として、必要ある每に之を召集するのみならず、市參事會の議事を準備し、其議決を執行し、又市參事會の名を以て外部に對し、市を代表するの權を有す。而して若し市參事會の議決を要する事項にして臨時急施を要し、市參事會を召集するの暇《ひま》なきときは市長之を專決處分し、次回の會議に於て、其處分を報告することを得、市長は又一切の市行政を監督して其責に任じ、市參事會の決議が違法越權なるか、或は公益を害《がい》すと認《みと》むるときは、市長自己の意見に依り、又は監督官廳の指揮に依り、議決の執行を停止し、府縣參事會の裁決を受くることを得るなり。

市町村の機關は、右に述べたる意思機關と執行機關とより成るも、尙此の他に於て種々之に附屬する機關あり。町村の助役市町村の收入役及書記其他の附屬員是なり。

町村の助役は名譽職なるを原則とし、又其人員は一名を以て原則とするも、町村の模様《もやう》に依りては町村條例の定むる所に從ひ、其員數を增加し、又は一名の助役を有給吏員と爲すことを得べし。助役は町村公民中年齡《ねんれい》三十歲以上にして、町村會議員の選擧權を有するものより、町村會に於て選擧するを原則とし、有給助役に限り、公民以外より選定するを得るものとす、助役は町村長の事務を補佐するの機關にして、町村長故障あるときは之を代理すべきものとす。又町村長に於て、町村會の同意を得て、町村行政事務の一部を助役をして分擔《ぶんたん》せしむるときは、其分掌《ぶんしよう》事務は助役の職權に屬し、其責任も亦助役に於て負擔せざるべからず。

市町村收入役は市町村の收入を受領し、費用を支拂ひ、其他會計事務を擔任《たんにん》する等、專ら金錢の出納を掌る機關にして、金錢の出納に關しては、市參事會町村長は唯徵稅令書を發し、又は支拂命令を發するの權あるに止まり、金錢を受領し、若くは之を支出するは、獨り收入役の職權に屬する所なり。收入役は一名を以て定員とし、有給職たるものとす、而して市の收入役は市參事會の推薦に依り、町村の收入役は町村長の推薦に依り、市町村會に於て之を選任するものとす。

書記は市町村長に隷屬《れいぞく》して、庶務《しよむ》を掌るべきものなり。其員數は市町村會の議決を以て之を定め、有給職たるものとす、而して其任用は市に在ては市參事會之を任用し、町村に在ては町村長の推薦に依り、町村會之を選任す。

第三款　市町村の事務

公共團體の事務に關しては、前節に於て其一般を論じたり。公共團體の一種たる市町村の事務も亦其根本の觀念に於ては、之に異なる所なし、即ち市町村の事務も亦先づ之を固有事務と、委任事務とに區別することを要す。固有事務とは、市町村自身の存立の目的たる事務を謂ひ、委任事務とは、國家又は府縣の事務にして、市町村に委任せられたるものを云ふ。

市町村の固有事務の範圍は市町村の區域限り執行し得べき市町村公共の事務に外ならず。所謂市町村公共の事務とは、市町村一般住民の公共の利益に關する事務たることを意味す。蓋し市町村は市町村住民の公共の利益を達せんが爲めに、存在する團體なるを以て、住民の公共の利益に關するものにあらざれば、之を爲すの權を有せざることは、其本來の性質より見て明に知るを得べし。

市町村の公共事務は、又其或る部分は、法律に依り、必ず市町村の爲すべき義務として定めらるゝ事項あり、之を市町村の必要事務と云ふ。此他の事務に關しては、市町村は市町村會の決議に依り、隨意に之を爲すと否とを決定するの權を有す、之を市町村の隨意事務と云ふ。要するに、市町村は其人民の公共の利益に關するものなる以上は、特別の規定ある場合の外、一々監督官廳の許可を受くるを要せず、隨意に爲すことを得べきなり。

市町村の固有事務は、市町村の公共事務なることを要するの結果、單に市町村自已の收入を增加するが爲めにする事業と區別することを要す。卽ち市町村が其收入を得んが爲めにする營利事業の如きは、直接に人民の公共の利益に關するものとは云ふべからず、故に之を固有事務の範圍に入るべからざるは勿論、之を營まんとするに當りては、監督官廳の許可を必要となすべし。然れども若し其事業にして、市町村住民の公共の利益の爲めにするものなるときは、其結果が偶々《たま》市町村の收入を增加するの傾向あるも、之を市町村の公共事務と稱するに妨げなし。

市町村は其固有事務の外に、委任事務を有することは右に云へるが如し。而して市町村の委任事務の範圍は、之を委任したる特別の法律命令に依て、定まるが故に概括して其範圍を述ぶることは難し。一に委任の法規の內容を見て知らざるべからず。國家事務を委任する場合は、主として市町村長に委任せらるゝを例とす、此場合に於ては、市長町村長は市町村の固有事務を擔任するの外、一方に於ては國の機關として、市町村内に施行すべき國の行政事務を擔任するものたり、然れども法律命令は又時として、市參事會又は市町村會に委任する場合もあるなり。

市町村は又其固有事務に關し、其區域内に限り、效力を有すべき法規を定むるの權あり。斯の如く國家内の公共團體が其事務に關して、法規を定め得るの權を自主權と謂ふ、故に之を換言すれば、自主權とは自己の事務に關して、法規を定むるの權にして、之を自治立法權と稱する可なりとす、自主權は必ずしも總ての公共團體が當然有するの權にあらず、唯法律を以て授與せられたる場合にのみ之を有す、而して市町村は市町村制の規定に依りて自主權を認められ、此自主權に依て定めたる市町村の規定を稱して、市町村條例と云ふ。市町村條例は、法令の許容に基《もとづ》く自主權の發動したるものなり、從て國家の法規に牴觸《ていしよく》することを定むる能はず、要するに國家の法規の範圍内に於てのみ有效なる規定を爲し得べきなり。市町村は又市町村條例の外に、規則を定むることを得、市町村の規則とは、市町村の營造物の管理方法を定めたるものなり。

第四款　市町村の財政

市町村は前款に述べたる事務を處理するが爲めに、之に必要なる資財を要することは、尙ほ國家が統治を行ふが爲めに資財を要すると、毫《こう》も異《こと》なる所なし、故に市町村は又一の財政權の主體として、必要なる支出を辨じ、且之に備ふるの收入を計らざるべからず。

第一　市町村の支出

市町村の財政は、國家の財政に於けると同じく。其事務の執行に要する費用を支辨するの必要より生ず、從て個人の經濟とは全く其順序《じゆんぢよ》を異《こと》にする所あり、卽ち個人の經濟に於ては、成るべく少き費用を投じて成るべく多くの收入を得んとするにあるも、國家其他公共團體の財政觀念は、收入を得んが爲めに支出するにあらず。支出を要するが爲めに、之に相當する收入を得んとするにあり。財政學上に。所謂出づるを計りて入るを制すとは、蓋し此謂に外ならずして、市町村の財政も亦此觀念を基礎《きそ》とするものなるは云ふを俟《ま》たず、之れ余輩《よはい》が市町村の財政を研究せんとするに當り、先づ其支出を第一に揭げたる所以なり。

市町村の事務を、必要事務と、隨意事務とに分つべきことは既に述べたり。市町村の支出も亦其支出を要する事務の種類に依りて。之を必要支出と、隨意支出とに區別することを得、必要支出とは法律命令又は、監督官廳の職權に依り、市町村が必ず支出すべき義務を負はしめたるものを云ひ、隨意支出とは、市町村が自ら其支出を爲すの必要ありや否やを決定するの自由を有するもの云ふ、必要支出は市町村の義務に屬する支出なるを以て、市町村が若し之を其豫算中に記載せず、又は豫算中に記載するも臨時之を支出せざるときは、監督官廳は自ら豫算中に之を記載し、又は其支出を命ずるの權を有す、所謂强制豫算の權之れなり。

第二　市町村の收入

市町村の收入は其種類尠《すくな》からずと雖も、之を大別して公法上の收入と、私法上の收入との二と爲すことを得べし。私法上の收入とは公權に依りて收得する收入にして、例へば、租税、市町村税、夫役現品の如きを云ひ、私法上の收入とは私法上の權利に依りて取得する收入にして、例へば市町村有財產より生ずる果實の收入。市町村有財產を使用收益せしむるより收受するに對價の如きを云ふ。市町村の收入に公法人の收入と、私法上の收入との區別あるより生ずる、重要なる結果は私法上の收入に付ては、其義務の不履行に對しては、民事訴訟に依る救濟を求むるの外途なきに反して、公法上の收入に關しては、國家又は上級地方團體の補助金の外、其義務の不履行に對しては、民事訴訟に依る救濟を用ゐず國稅滯納處分の例に依り、權力を以て强制して之を徵收し得ることに在り、市制、町村制に於ては一般に市町村の收入に付き、國稅滯納處分法を準用することを規定すと雖も、這は專ら公法上の收入のみを意味し、私法上の收入に付ては、之を適用すべきにあらざるなり。

凡そ市町村の市町村の費用は其私法上の收入、國家又は上級地方團體の補助金、科料、過怠金、使用料、加入金、手數料等の雜收入を以て之を支辨するを本則とし、是等の收入を以て、其費用を支辨する能はざる場合に於てのみ市町村稅又は、夫役現品を賦課徵收することを得るなり。科料の市町村收入となるものは市町村條例に於て使用料、手數料、市町村稅等に關する細則中其罰則《はつそく》として定むるものにして、市町村長に於て賦課徵收するものなり。過怠金の市町村收入となるは市町村吏員に對する懲戒處分に基き徵收するものなり。使用料は市町村の公有物の使用に對し、報酬として徵收するもの、加入金は其使用を許可するの條件として、一時に徵收するものなり、手數料とは一個人の爲めにする事業に對して、其報酬として徵收するものを謂ふなり。

市町村稅は以上の總ての收入を以て、市町村の費用に充て、尙ほ不足あるときにのみ賦課徵收するを得べきものにして、又之を二種に區別することを得るは、國稅府縣稅の附加稅にして、二は直接間接の特別税なり。

附加税とは、國税又は府縣税に附加して、均一なる税率を以て、市町村の全部より徴收するものにして、特別税とは、市町村限りに特別なる税目を設けて、課するものにして、或は之を獨立税と云ふ。附加税は直接國税に附帶するを本則とす、若し間接國税又は府縣税に附加税を賦課し、又は特別税を賦課せしむとするときは、監督官廳の認可を經ざるべからず。

市町村は又納税義務者に對し、市町村税の外夫役及現品を賦課するの權を有す。夫役とは學藝、美術、手工に關する勞務等、特種の人にのみ專屬する勞務を除き、其他の一般的の勞務を徴收することを謂ひ、現品とは金錢にあらざる物品を徴收することを謂ふ。此二者は共に公共の事業を起し、又は公共の安寧を維持するが爲めに、納税義務者より徴收するものにして、急迫の場合を除くの外は市町村税を準率とし、且之を金錢に換算して賦課するものとす。

第三　市町村の會計

市町村の會計は豫算の編成、收入支出の實行、及決算の編成の三個の順序を以て行はる。市町村の豫算は、會計年度開始の二箇月前に於て市參事會、町村長に於て之を調成し、市町村會の議決に依て之を確定す。會計年度は國の會計年度と同一なること勿論なり。而して豫算は監督官廳の認可を要せずと雖も、其確定に至りたるときは、之を監督官廳の報告することを要す。次に收入支出の實行に付ては、前に一言したるが如く、收入支出の命令を爲す者と、實際の出納を爲す者とは其機關を異にし、收入支出の命令市參事會、町村長に於て之を發するの權を有するに反し、實際の出納は收入役の職務に屬す、收入役は市參事會、町村長又は、監督官廳の命令あるにあらざれば支拂を爲す能はす。又縱令此命令ありたる場合に於ても、豫算中に豫定せざるものなるときは、特に市町村會の決議を經たるものにあらざれば支拂ふことを得ず。若し之に反して支拂を爲したるときは、收入役は自ら其責任を負擔せざるべからず。最後に決算は會計年度の終りより三箇月以内に、收入役之を調成し、先づ市參事會、町村長の審査を經て、市町村會に提出し、其認諾を得ざるべからず。

第四　市町村の財產

市町村有財產は之を收益財產と、行政財產との區別することを得。所謂行政財產とは公の行政の目的に供せらるゝ財產を謂ひ、更に之を二種に區別することを得、卽ち其一は市町村の公の用に供せらるべきものにして、例へば市町村役場の建物敷地、市町村立小學校の建物敷地等の如き是れなり。其二は市町村住民の利用に供せらるべきものにして、例へば道路、公園の如き是に屬す。而して此第二のものは、普常之を公有物又は公用物と稱し、市町村條例に定むる所に依り、一定の使用料を徵收することを得るものとす。收益財産とは、公の行政の用に供せらるゝことを目的とするものにあらずして、市町村の收入の財源たる財産を謂ふ、而して收益財産中特別の地位を有するものを、市町村の基本財産と爲す。即ち市町村は一定の動産、又は不動産を以て、基本財産と爲し、之を維持すべき義務を有す、此基本財産は監督官廳の認可を得るにあらざれば、之を處分する能はず。又市町村の臨時の收入は、特に目的を指定して寄附せられたるものゝ外は、總て基本財産に組入るべきものとす。

第五　市町村の公債

市町村は其事業の發達するに從ひ、經常の收入を以て、支辨する能はざる大事業の企劃《きくわく》を必要と爲し、其他臨時に多額の資金を要することあるべきは、勢の免れざる所なるも、之が爲めに必要なる資本を特に蓄積《ちくせき》することは、到底難事たるを免れず、此を以て市町村が臨時に資本の必要ある場合に於ては、市町村公債《こうさい》を募集《ぼしゆう》することを得せしむ、而して市町村が公債を起し得るは、左の場合に限り之を爲し得るものとす。

一、舊債を償還する爲めなるとき

二、天災事變の爲め止むを得ざる費用を要するとき

三、市町村の永久の利益と爲るべき事業を起すとき以上の場合に於て、到底市町村税を以ては支辨すること能はずと認むるときは、三十年を超へざる範圍內に於て公債を起すことを得べし。而して公債は將來に負擔を殘すこと少なからずして其弊害《へいがい》の及ぶところ大なるが故に、之が發行に當りては、其募集の方法、利息の準率《じゆんりつ》、及償還の方法等を定め、內務大藏兩大臣の許可を受けざるべからず、又此兩大臣の許可を受くるときは、三十年の制限は特に延長せしむることを得るなり。

第五款　市町村の監督

地方團體に對する監督權の一般的觀念に付ては、前節に於て旣に其大要を述べたり、爰《こゝ》には市町村の監督に關し、尙ほ少しく說明する所あらんとす。

市町村に對する監督官廳は、市に在ては第一次に府縣知事、第二次に內務大臣なり。町村に在ては第一次に府縣知事、第二次に內務大臣とす、而して法律の定めたる、市町村に對する監督權の作用は左の如し。

第五　監視權

監督官廳は、市町村の行政を監督せんが爲め報告を爲さしめ、書類帳簿を徴收し、且何時にても官吏を派して事務の實況を視察し、金錢の出納を檢閲するの權を有す、稱して監視權と云ふ。

第二　違法又は不當の決議を取消すの權

監督官廳は市町村會、又は市參事會の議決が其權限を超へ、法律命令に違反し、又は共益を害するものと認むるときは、市參事會、町村長又は市長に命じて、其議決の執行を停止し、再議に付するの權を有す。

第三　强制豫算の權

市町村が必要なる支出の豫算を計上せず、又は之を支出せさるときは、監督官廳は自ら必要なる支出金額を豫算中に記載し、又は自ら收入役に對して、支拂命令を發するの權を有す、之を强制豫算の權と稱す。而して市町村は此處分に對しては、訴願又は行政訴訟を提起するの權を認めらる。

第四　國家機關に於て自ら市町村の事務を行ふの權

市町村の機關が其事務を執行せず、又は適當なる執行を爲し能はざる場合に於ては、監督官廳は之に代て其事務を行ひ、之を市町村の行爲たらしむるの效力を有せしむることあり。我市町村制に依れば、國家機關が市町村の機關に代て、其事務を行ふ場合は左の如し。

一、市町村會が其議決すべき事件を、議決せざる場合には、市に在ては、府縣參事會、町村に在ては、郡參事會之を議決す。

二、市町村吏員の缺けたる場合には、官吏をして市町村の事務を行はしむることを得べし、例へば市長、町村長、收入役の選任に付ては、或は勅裁を要し、或は監督官廳の認可を必要と爲すものなるに、若し其選任にして勅裁を得ず、又は認可を得ざるときは、再選擧又は再推薦を爲さしめ、尙ほ勅裁又は認可を得ざるときは、追次選擧又は推薦を爲し、其勅裁又は認可を得るに至るまで、監督官廳は臨時代理者を選任し、又市町村の費用を以て、官吏を派遣し其職務を行はしむる場合の如き是れなり、而して其臨時代理者を選任したる場合は、其代理者は尙市町村吏員たること勿論なるも、官吏を派遣して其職務を行はしむる場合に於ては、其職務を行ふものは、國家の官吏にして、市町村吏員たる資格に於てするものにあらず。

三、法律に定めたる一定の事件に付ては、事の性質に依り、始めより國家の機關をして、當然其事務を行はしむべき場合あり、卽ち、區會に關する條例、町村公民總會に關する條例に付ては、市町村會は始めより之を議決するの權能なく、府縣參事會に於て、議決せざるべからざるが如き是なり。

第六　吏員の選任に參與し、及其身分上の監督を行ふの權

市町村長、助役、收入役等、重要なる吏員の選任に、或は君主の勅裁を要し、或は監督官廳の認可を要するは、皆監督權の作用なり。又監督官廳は市町村の吏員に對して、懲戒處分を行ふの權あり懲戒處分は譴責過怠金及解職の三にして、譴責及過怠金は、市の吏員に付ては、府縣知事、町村の吏員に付ては、府縣知事之を行ひ、解職は府縣參事會に於て、懲戒裁判に依り之を行ふ、而して懲戒處分に付ては、訴願及行政訴訟を提起することを得べし。

第六款　市町村內の區及町村組合

一、市町村の區域は、更に數區に區劃せらるることあり、而して此區劃せられたる區には、單に市町村の行政區劃に過ぎざるものと、獨立の人格を認めらるるものとの二種あり。通常は單に行政區劃の性質を有するものにして、人格者たる性質を有するものにあらず、而して行政の便宜の爲めに、區を區劃するは、市又は地域、人口の廣大なる町村に限られ、市に在りては、市參事會の決議に依り、町

村に在ては、町村會の決議に依りて、其區劃を定め、又區には區長及其代理者を置き、其區長及代理者は名譽職たるを原則となすも、東京、京都及大阪の三市に在りては、之を有給吏員とし、其他人口二十萬以上の市に於ては、之を有給吏員と爲すことを得べし、而して有給區長を置く市に於ては、代理者を置かず、區長故障あるときは、上席書記をして之を代理せしむ。又區長及其代理者は、市町村會に於て之を選擧し、人口二十萬以上の市に於ては、市參事會之を選任す人口二十萬以上の市に於ては區長及其代理者の外、區收入役及附屬員、竝に使丁を置くことを得、斯の如く市町村內の區に於ても、種々之に特別なる機關を設くるを以て、一見獨立の地方團體たるが如き觀なきにあらざるも、其本質は單純なる行政區劃に過ぎずして、之が爲めに設けたる區長代理者其他の機關は、實は之を區の機關とは稱する能はずして、尙ほ市町村の吏員に外ならず、從て是等の吏員は市町村の上級機關の指揮監督を受けて、區の行政に從事するものたり。

右に述べたるは區の一種として、單純《たんじゅん》なる行政區劃たる性質を有する場合なり。此他に於て市町內の區は、往々にして獨立の財產を有し、又は營造物を設けて、其區限りにて之を管理する場合あり、此場合に於ては、其區は最早單純なる行政區劃として見る能はず、一箇の法人として、權利義務の主體と認むべきものなり、然れども斯の如く區が獨立の法人たる場合は、市町村の施行以前より引續き獨立して、財產及營造物を有するときか、或は町村の合併に依り、從來獨立の權利主體たりし町村が其合併後に於ても、尙ほ其財產營造物に關して、從來の權利を留保したるときに於て、始めて存在するものにして、斯の如き特別の事情あらざる場合に於ては、市町村內の一部に、新に獨立の權利主體たる區を、創設すること能はざるものとす、而して區が法人たる場合に於ても、其權利能力の範圍は唯其財產及營造物の管理に關するのみの範圍に限定せられ、其以外に於ては公の行政を行ふの能力なし。又區が獨立の權利主體たる場合に於ては、府縣參事會又は郡參事會は、其市會又は町村會の意見を聽《き》き、條例を定めて、其區の爲めに特に區會又は區總會を設くることを得、區會又は區總會は區の機關にして、市町村の機關にあらず、其權限は區の財產及營造物に關する事務にのみ限定せらるるものとす。町村組合とは二箇以上の町村が共同して、其公共事務の全部又は一部を合同處理するが爲めに組織するものを云ふ。町村組合を組織するは、各町村の協議に依り、監督官廳の認可を受けて設くるを原則とするも、町村の資力が法律上の義務を負擔するに堪へず、加之他の町村と合併の協議調はず、或は合併を不便とするときは、郡參事會の協議を以て、强制して組合を設けしむることを得るなり。町村組合の事務の範圍は、組合町村の協議に依りて定まり、又强制して設けたる場合に於ては、其組織を命ずると同時に其範圍を限定するものとす、故に組合の事務の範圍は、各組合に依りて廣狹一ならず、其最も範圍の廣きものは、町村事務の全部を擧げて組合の事務となす場合にして、之を全部組合と稱す。去れば全部組合に於ては、恰も獨立の一箇町村たるが如き觀ありと雖も、其法律上の性質に至りては、等しく二箇以上の町村の組合にして、各町村は尙ほ箇々別々に獨立の町村たる本質を失ふものにあらず。町村組合の組織、事務の管理方法、費用の支辦方法等も亦組合各町村の協議に依て定むべく、强制組合の場合に於て、若し其協議調はざるときは、縣參事會の決する所に從ふべきものとす。

農村進興策

町村自治の運用をして圓滿《えんまん》なる發達を成さしめ、民力培養《ばいやう》の根元を鞏固《きやうこ》にせんには、如何なる政策を立てゝ、如何なる施設を要すべきかの問ひを起すならば、時代の傾向は諸君をして、言下に町村の經濟的經營の完備《くわんび》を以て第一義であると答へしむるであらふ。而して諸君は此の斷言を以て、最早動かすべからざる一大鐵案と確信するであらう。勿論戰勝後に於ける膨脹《ばうてう》的日本の急務とする處は、內治に、外交に、軍備に、拓殖《たくしよく》に、凡ゆる國家問題は悉《ことごと》く根底を經濟的事情に求めつゝあるので、此經濟的基礎《きそ》にして確立するなくんば、國家百年の大計得て望む可からずとは、上下萬人の期待する處である。吾人も亦此の說に對して何等の異論を稱ふべき餘地を認めぬ。乍然《しかしながら》吾人の觀察する處を以てすれば、經濟的發達を圖るは固より急務中の急務ではあるが、黃金萬能主義の弊に陷らぬ限りに於て經濟的經營の急切なるを謂ふべきが、最も穩健《おんけん》なる主張とせばならぬ。卽ち經濟的經營の完全なる政策なるを絕叫《ぜっきょう》し、實利主義の上に立脚《りっきゃく》せしめんか、先づ其の以前に於て、より以上の痛切なる根本的要求の存在する者あるを聲言せざるを得ない。卽ち國民をして自治的生活を圓滿に遂行せしむると同時に、國家の一員として將た自治團の一分子たる村民の精神的改造に努力《どりょく》せねばならぬ。換言すれば村民の精神的發達にして、完全の域に到達せざらんには、到底共同生存を本旨とする自治團を阻害《そがい》するのみならず、砂上《さじょう》に樓閣《ろうかく》を建つると一般にして、經濟的經營の如何に緊要《きんえう》に如何に重要なるを知ると雖も、如何ぞ克《よ》く其效を奏《そう》し、目的を達することができよう。於是乎、敎化事業を振作し町村民の腦《のう》裡《り》に或一定の信念を植付《うえつ》ける必要を感ずると俱《とも》に、敎化の中心たるべき敎師の覺醒《かくせい》は、一町村興廢に關する最大なる要素である。是を究《きは》めずして徒《いたず》らに經濟的方法にのみ訴へ、民智の發達に伴《ともな》はざる施設を以て、自治的生活を圓滿に遂行せしめんと欲するも、其の反動的弊害は、却て極端なる個人主義利己主義に陷《おちい》り、秩序《ちつじょ》ある發達を遂ぐる克《あた》はざるは勿論、終には實利一方にのみ偏《へん》したる結果、金權跋扈《ばっこ》となり、地主本位と化し、平等なるべき自治的政策は却て優勝劣敗《れっぱい》の動力たるが如き狀態を呈《てい》するに相違ない。少なくとも自治制度の圓滿なる發達は敎化事業の完成に隨伴《ずいはん》して着々其の效を奏《そう》すべきもので、敎化事業は自治制をして完全に行はしむべき一の前驅《ぜんく》であると言はねばならぬ。職に敎育の任にあり、範を一鄕一村に垂《た》れ、直接村民指導の責めを負ひるもの。唯に經濟的壓迫《あつぱく》の力に恐れて徒らに黃金《こがね》の前に叩頭《かうとう》し、不知不識、私財の力を謳歌《くか》し、自己の神聖《しんせい》にして且つ重大なる責任の存在することを閑却《かんきやく》してはならぬ。卽ち敎化を輕視したる町村の經營に忽《たちまち》にして混亂《こんらん》し破滅する機運に再會すべきを知らねばならぬ。一鄕一村の指導者たる敎師は常に自個立脚地《りつきやくち》より打算《ださん》し、一日も敎化事業の忽諸に附すべからざるを忘《わす》れてはならぬ。切言すれば經濟的事情を詳かに硏究しつゝ敎化事業をして、同時に是を併進《へいしん》せしむるの態度を執《と》らねばならぬ。否な〳〵敎化の普及に基づく經濟的經營でなければ、決して萬全の策と言ふべきものではない。此の故に敎師は職として許す限りに於て、法令を逸するなく、訓示《くんし》にのみ囮《とら》はるゝなく、尤《もつと》も自由に、圓滑《えんこつ》に、尤も着實に、尤も穩健《おんけん》に自個本來の天職を自覺し、神聖なる職責に殉《じゆん》する確信を持たねばなぬ。要は校の內外に論なく、出でゝは村民の指導者を以て自から居り、入ては可憐《れん》なる小國民の父となり、或時は公人として社會萬般の問題に對し多大の注意を濺《そそ》ぎ、或る時は村民と共に提携《ていけい》して同一の步調を取り、或る時は身を挺んでゝ公共事業に方り其の進むべきを知らしめ、或る時は退ゐて自營の忽にすべからざるを敎へ、常に自ら重じて献身《けんしん》の誠意を忘れず職に天命に終ゆるの覺悟《かくご》を持たねばならぬ、斯の如き教師を稱して理想的教師と言ふのである。此の理想的教師にあらざれば勿論活ける教師の行はるゝ筈はない、是れ吾人の大に研究を要すべき好題目ではあるまいか。活ける教育者とは何ぞや健全なる細胞《さいはう》でなければ、健全なる人體を組成することのできぬが如く、理想的村民でなければ、理想的自治團は形造れぬものである。而して自治團は固より有機體である、村民は其の細胞である、細胞たる村民集合して初めて自治體と云ふ一團ができる。去れば健全なる國民教育を施し活動ある自治體を指導せんには、勢ひ活ける教育家に待たざるを得ない。而して活動ある自治團は活ける人格ある教育者の頭腦《づのう》から發する正義の光輝《くわうき》である。されば教育者に取つては、人格の陶冶《たうや》、品性の修養程大切なる者はあるまい。完備せる經濟的施設も、善美なる理想的經營も、此の統一せる人格、純美《じゅんび》なる品性に依て初めて望むべき者である。深遠なる學說も、高尚なる理論も、卓絕《たくぜつ》なる經驗も、凡て指導者其の者の人格の高下、品性の優劣《ゆうれつ》如何に原因するものである。吾人は此の見地よりして、教育者は敢て嶄新《ざんしん》なる學術を研究せんよりは寧《むし》ろ人格の陶冶、品性の修養こそ教育者の一日も忘るゝ克はざる唯一の任務である。要するに教師は頭の人であると共に心の人でなければならぬ、成る程新學說も肝要《かんえう》である、新智識も求めねばならぬ、時代の風潮《ふうてう》も知らねばならぬ。然れども教師の本領とする處は、知つて誇《ほこ》らんより之を行ふにある、内に求めんより之を外に施さんとするにあるので、一言以て之を掩《えう》へば、博見多聞《はくけんたぶん》にして應用自在なるを以て尊《たつと》しとせねばならぬ、若し夫れ、榮譽利達を追求し野《や》心勃《しんぼつ》々たる教師に至つては、既に教育者としての資格を喪失《さうしつ》したるものと言ふも敢て失當の過言《くわごん》ではないと思ふ。

更に又眼を轉じて國運の大勢を知り、時局の赴く處を察するは、忽にすべからざる事の一ならんも是等世界の大局に容喙《ようかい》して徒《いたづ》らに識者の嘲笑《てうせう》を買ひ、世の物議を惹起《じやき》せんよりは、所謂自己の立脚地を基本とせる、尤も直接的現實的なる問題を捉《とら》へ、自から之を研究し、之を實踐《じつせん》し、其の效果如何を考査し、果して自個の案件が利密得失の如何なる點にまで波及《はきふ》する者あるかを察し、是が民情に適合するや否やを思惟《しゐ》し、是を勵行するを以て、最上の愉快《ゆくわい》となすの情操《じやうさう》に憧憬《どうけい》するを以て人生無上の權利となすの氣節が必要である。此の故に卓越《たくえつ》なる思想、高邁《かうまい》なる識見を有せんよりは、寧《むし》ろ凡庸《ぼんよう》にして實際を尊ぶを以て本領とするのである。況んや、言論の時代は既に去り、今や何事も實驗時代と成りたるに於てをやである。論者或は凡庸《ぼんよう》にして果して他を指導し誘掖《いうえき》し得べきかと言はんも、國民教育の本旨は凡庸教育である　卽ち完全なる常識教育である。否な常識的平的教育である。解し易く言へば大人物の輩出《はいしゆつ》固《もと》より國家の命脈《めいみやく》に關すること重大なりと雖も、常識養成を以て根本となす國民教育の出發點より之を見れば、一代を睥睨《へいげい》し一世を呑吐《どんと》する廻天の英傑《えいけつ》を出さんよりも、普通の智識技能を有する、所謂自己を支配し得る獨立獨歩の國民を造るのである。即ち一人の東郷大將を出さんよりは、百人の忠實なる兵卒を造らんとするのである。此の意義に於て吾人は教師に求めて地方的開拓者を以て自任せよ。模範《もはん》的人格あれと望むと雖も、固《もと》より時代の英物たれとは要求せぬ、畢竟《ひきやう》するに一國民人の上に神の如く崇敬《すうけい》せられんより、一郷一村の父兄より赤子の慈母《じぼ》に於けるが如く愛慕《あいぼ》せられんことを。心掛くるる以て尤も敬虔《けいけん》にして尤も眞摯《しんし》なる態度であると思ふ。吾人は更に繰《くり》返して言ふ。教師に重むずべきは、才識《さいしき》にもあらず、學術にもあらず。將又《はたまた》度量謀略《ぼうりやく》にもあらず、眞個に動かすべからざる定見と抱負《ほうふ》とを有し、之に加ふるに溫厚《おんこう》玉の如き品性を持たねばならぬ。此の故に一町村を率《ひき》ゐて改革するの技倆《ぎれう》と言はんよりも、感化誘掖《ゆうえき》の德化が一村に遍《あま》ねく悦《よろこ》むで服す底の陰《かく》れたる輿望を荷ふの人格がなければならぬ。斯の如くにあらざれば、縱令《たとへ》舊慣陋習《かんろうしゆ》の刷新《さつしん》すべき者ありて一大良策のあるありと雖も、村民衆多の思想幼稚《ようち》にして、改良の思想に乏《とぼ》しく、切齒扼腕《せつにやくわん》するも、何等反省の實なきを如何。蓋し改善すべきを改善し、打破すべきを打破するの勇氣なるべからずと雖も新舊思想の混沌《こんとん》たる今の寒村僻地《かんそんへきち》に於ては、容易に理想一片を以て行はべくもあらず。須《すべか》らく身を卑《いやし》ふし、行を高ふし、圓滑に平和に行はしむる樣之を導くは、將《ま》さに、時代に後れざる漸進《ぜんしん》主義ではないか。而して是が成案たる利害得失を說くには苟《いやし》くも私情を挾《はさ》まず、相親和し相同化して導がねばならぬ。吾人は斯の如き場合に處する教育者の態度を稱して教化的操縦術《そうじゆうじゆつ》と名づくるのである。語少しく奇嬌《きけう》の感なきにあらざるも、茲に操縦の意たる、權略を用ゐず術數を弄せず、苟《いやし》くも政略的意義を含まざるは言ふまでなき事にして、望み得べくんば今の教師に政治を意味せざる政略を解し、宗教を離れたる特種の信仰を持たしめたいと思ふ。畢竟《ひつきやう》するに操縦とは道徳的指導の下に尤も婉曲《えんきよく》に行はれたる教育の權威を指したるの謂である。然り而して此の指導者たる教師は、自己が施設する事業の目的は何れに存し、將來如何なる利益を齎《もた》らし來るべきかを明かに知得せしめ、至誠以て教育に殉《じゆん》ずる覺悟あらば、說《と》くこと少なくして其の說行はれ、難せずして其の事の容《い》れらるべきは覩易《どやす》い事實ではないか。要するに活ける教育家となすもの、教育家夫れ自身の修養と德化とが溢《あふ》れて校外に漲《みなぎ》り一町村民人の善根を培ふ底ならざるべからず。

世には事業の高尚なるに比し割合に收益少なき職もあれば、地位の卑しきにも係らず利益の尤も多い職業がある。各人其職業を撰定《せんてい》するに方《よ》つて、兩者の中其の何れを執るべきかを言はば、個性の適不適と境遇の如何に依りて其の赴く處を異にし、其の依る所を別にすと雖も、現時の如く生存競爭の激烈《げきれつ》なる社會に處しては、收益少なくも高尚なる職業に就んより、地位至て低く稍《やや》もすれば、輕侮《けいぶ》せらるゝ場合あるも、一に物質的の利益不利益のみに、着眼する傾きあるは、自然の勢にして人情の弱點である。顧ふに今の小學校敎師は社會上如何なる他位に立つであらふか、而して又町村てう小さき範圍に於ける地位は果して高きものなりや、又果して低きに居るや否や、其業務の高尙なるだけ、夫れだけ尊重せられつゝありや、敎師自身も亦自から信じて自己の業務の神聖なるを自覺し居るや否や換言すれば敎師其人の思想如何に依りて、國家の利害休戚に關係する者實に少なからざるを確信して利益不利益の問題は須らく措《お》き、牢乎《ろうこ》として拔《ぬ》くべからざる自信力と確然として、移すべからざる自重心とを以て其の職に貢献《こうけん》せねばならぬのである。然り小學校敎師は所謂形而上的職業なれば、幾何の勤勞に依りて、幾何の效果ありと、目前直ちに成績の著はるゝものにあらざれば、不平の中に御役目的其日暮しの敎鞭《きようべん》を執《と》るが如きは其の罪大なるのみならず是に原因する將來の害毒《がいどく》は實に多大なる者あるを知らねばならぬのである。知らず全國幾萬の敎育家中果して御役目的敎師なるもの一人もなきや否や。然るを今の敎育者殊に靑年敎育者の通弊《つうへい》として、只管《ひたすら》自己本來の領域を脫《だつ》して虛榮《きよえい》利達を夢みつゝある敎師の如きは一時の方便にして利達に供すべき一階級のみと喝破《かんは》して慚色《ざんしよく》なきに至つては實に國民敎育の本領を賊するものと謂はざるを得ないではないか、然り敎師の職業は社會萬業中に於て尤も美しき職業なるは何人も異論なきにも拘らず、四圍の情況は稍もすれば敎師をして、憤然敎鞭《ふんぜんきようべん》を拋《なげう》ち、業を他に求めんとするの止むなき事情に至らしむる者決して尠《すくな》くはない。是に於てか當局者も亦如何にせば敎師をして其職に安んじ、眞心より敎育の爲めに死すてふ覺悟を與へ得べきかを研究し是に對する種々なる方法を講じ、是が防禦《はうぎよ》に腐心《ふしん》つゝあるは爭ふべからざる事實である。要之、敎育者の敎育界を去る多くの理由と及び機に乘じて他の業務に轉ぜんと欲するに至る心的狀態は其原因を何れに求むべきかと言へば、敎育家を養成すべき機關の充分に備はざるに基づくとは言へ、生存競爭より來る生活難てふ激浪《げきらう》は、遠慮なく都會を去る田間數百里の遠きにまで押《お》し寄せ來つて、眞面目なる敎育家の頭腦《づのう》を破壞《はくわい》し盡さずんば止まざるの狀態を呈《てい》して來たのである。責めを敎育の大事に負ふ者固より物外に超然たる者無かるべからずと謂ふと雖も、生存問題を離れて敎育なる者存在する理由なく、敎師にして職責の神聖なるを自覺すと雖も、生存の問題を度外しては自己の存立を望む克はざることは、今來古往生物ありてより以來、自然の原則である、極端に言へば奉公の精神も大義明分も時代思想より解すれば、到底生活問題を輕視することは不可能である。吾人强ちに今の社會國家が敎育家を遇するの道に、冷淡《れいたん》なりと謂はずと雖も、現時の國家が敎師に酬《むく》ゆべき報償が、其の物質上たると精神的なるとを問はず、國民敎育の養成に對する努力に比して、何等の遺漏《いろう》と缺陷《けつかん》とを指摘《しき》する能はざる程に、行き屆き居るや否や大に疑ひなきを得ざる次第ではないか。更らに退いて最愛の子弟の敎養を托《たく》する町村民否父母兄姉は、果して誠心誠意を以つて、特に此の敎育者に對して滿心の敬意を衰するの公情を有するであらふか。何事も過度時代に於ける弊害をして許すべきもの少なからずと雖ども其の太だしきものに至つては、教師を目して町村の公僕でもあるかの感を以て之に對するが如き幼稚なる思想を抱き、一面教育者に對かつて、多大なる效果を要求するが如き、固陋なる舊思想を持てる人士が、一町村萬般の經營を左右する情弊あるに至つては、其の愚劣《ぐれつ》又及ぶべからずである。事の茲に至れる所以一にして足らずと雖も、外に公德頽《すた》れ、内に公情乏《とぼ》しきの結果とは言ふもの丶、要するに消極主義なる資產家の威《い》風今尚土地の瘴氣《しやうき》となりて、地方的病癖《へき》の茲に及べるものではあるまいか。蓋し公德と私德と公情と私情と公財と私產との差別を誤認《ごにん》し、徒らに庭宅《ていたく》の大を誇《ほこ》り、祖先の遺財を利用して鄉黨を壓《あつ》するの餘波は、遂に神聖なる教育の範圍に迄襲來《しゆうらい》して、教育の權威を侵《をか》かし、私財私情の暴力は飽く迄鄉黨の頭腦を攪亂《かくらん》せんとする狀情を呈するに至つては、到底圓滿なる村治意義ある教育の行はるべき筈はないのである。さなきだに自治團に於ける名譽職てふ地位を利用し、當然盡すべき職分の如何と、盡すべからざる任務の區別なく、公事と私事とを混同し、何事も私情に訴へ、徒らに蝸牛角上《くわぎうかくじやう》の爭に自治の眞意を閑却《かんきやく》して自己勢力の擴張を圖り其の尤も陋劣《ろうれつ》なる者に至りては、親戚故舊の因緣金錢貸借上の關係等。凡ゆる私情の連絡を亂用し、陷擠排斥《かんせいはいせき》至らざるなきの情實に埋沒《まいぼつ》して、尚ほ飽かざるの狀態あるは、吾人の常に見聞する處である。固より各地方町村自治團の情況は悉く然りとは斷言し得ざるも、各部落稍もすれば表面上は自治的組織の下に整然たるが如き觀ありと雖も、各部落の村民相互に相一致して歩武を調ひ倶《とも》に共に進境に近づき、圓滿に衆庶《しゆうしよ》の福利を增進するに勤むるが如きは誠に尠少である。此間に介在して職に教化に盡さんとする教育者の苦心は實に想像に餘りあるではないか。幸にして献身《けんしん》の思想を懷ける教師の在るありて、粉骨碎身《ふんこつさいしん》進むでは町村教化の爲に席暖《あたた》かなる暇《ひま》なく、退ゐては校內教育の完備に誠意を致すと雖も、所謂九仞《じん》の功を一簣に缺くなくんば僥倖《さいはひ》であると喝破せざるを得ない。夫れ教育の權威てふ者は富貴も移す克はず威武も屈《くつ》する克はざる底にして初めて充全の效果を望むべきである、富貴權勢の上に超然として起たざるべからずてふ確信を持つことが尤も肝要《かんえう》である。然れ共吾人は教育者に對かつて財力と族閥《ぞくはつ》とに反抗《はんこう》せよと言ふのではない。只だ教育者自個の立脚地を固定して、偏《へん》せず黨せず、超然として旗色を鮮明にし居然として自から持し、私情の爲めに教育の神聖を瀆《け》がす克はざらしめ、嚴《けん》として所信を動かすなく、其地位を格守し常に十目の視る處に居り、十指の指す位に立ちて、公明なる一擧手、一投足に苟くも他をして信賴するに足るを知らしむるの要意あるにあらざれば、勿論教化事氣の中心を以て自から任ずる事は頗る困難である。換言すれば頗る大なる人格と、餘程の賢實なる思想を、持たねば能はぬ事である。然り、玆は是れ、公人として取るべき態度である、一町村の指導者たる教師は、必ずや又私人としての交際場裡、來往出入の間、尤も周到なる用意を以て父兄村民の間に處さねばならぬ。何となれば町村には無文の法律もあれば不文の條約もある。美風としても改良を施すべき點あるものもあれば、特種の舊習なりとも、保存して置かねばならぬ事情もありて、直ちに之が改良を強ゆることを許さぬ場合がある。此の故に公人として誘掖を擧げ、化導の效果を收めんには、勢ひ私人としての交際に圓滿なる態度をとらねばならぬ。要は率直に眞摯に教育者としての權威を損ぜぬ限りに於て尤も婉曲を極めねばならぬのである。吾人は此の項を終はらんとするに方り、教化事業の普及に關して一の逸すべからざる好問題を捕《とら》ふるの機會を得た。卽ち、土着教師と移住教師とを比較して、教化事業の成功に方りて何れが便宜で、そして利益であるかと云ふ研究である。國民教育てふ全面から見る時に於て勿論土着と移住とに高下もなければ差別もあるべきでない。左れども事實は吾人に示すに茲に特に此の問題を提出して、諸君と共に研究する必要あることを認めしめて居る。元來町村てふ一個の團結は到底表面よりのみ觀察したる一片の理論ばかりで解決することはできぬ。前にも述べたるが如く、町村には各々特種の習慣とか、制裁とか、深く其土地の人士の心臟に刻み付けたる、所謂合理的ならざる或る意味に於ける一種の村是とも稱すべき者があつて、文明の今日に至るも尙ほ、一村の動脉《どうみやく》となり、脊髓《せきずい》と成つて動かす克はず、除くべからざる異風がある。青年教育家などが、世故に慣《な》れぬ結果此の消息を解せざる爲めに、人物の上に何等の缺點なきにも拘らず、容れられずして、終《つい》に思はぬ失敗を招くこと多きは、吾人の常に見聞する著しい事實である。學校教務のみを以て教師の本分を盡せるものとすれば、兎に角として更に教育の範圍をして擴張せしめ弘《ひろ》く社會に及ぼし、教化事業を發達せしめんとするに至つては、此の無文の法律を、圓滑に利用するの技倆を持たねばならぬ人或は今の時にして是は土着なり是は移住なりなどと區別するは固陋《ころう》である偏見《へんけん》である、舊思想であると言ふかも知らぬ。然れ共吾人が事實に就て調査したる處に依りて之を見れば、慥《たし》かに土着の教師と移住の教師とは、其の教師たるの價値に於て何等の差別と輕重とを論ずべき理由を認めぬ筈であるが是等教化事業の普及上進を圖らんとする場所に於ては土着の教師を以つて勝れりとするの至當であることを言はねばならぬ。斯く言つたならば聽く者必ず土着の教師のみを採用するが如き利便のみ得らるゝものではないと云ふであらふが。けれ共吾人の公平なる眼底に映ずる觀察では、土着の教師は移住教師に比して、自個の鄕土であり祖先の地であると云ふ思想觀念を抱ける點に於て、移住の夫に對して、愛鄕の精神に於て遙《はる》かに優《まさ》つて居るに相違ない。(玆に一言の注意すべき事は教師其人の一身上の事情の許す限りに土着せしむる樣各町村は盡すべき事である)殊に教化事業を行はんとする上に於ても、其萬事に付て皆相互に鄕黨朋友《ほうゆう》であり、乃至竹馬《ちくば》の友もあり同志もあれば、其の交際に付ても能く得たる處も多き結果何等の隔《へだ》てもなく、畢竟《ひつきよう》するに親和する力が强いものである。就中《なかんづく》、土着の教師は町村の輿論如何に依て、何れの地なりとも轉任すると云ふ譯にも行くまい。例令行くを得るとしても、自己生地の學校を他國の人に托して、自己は他國又は隣村に職を執るが如きは、自己の信用にも關し尙ほ又敎育家の威信にも關する譯ではないか。此の故に成るべくは讓るべきを讓り和すべきは和して、而して後に圓滿なる方法が成り立と思ふ。加之數十年一鄕土に在職するが如き好成績を擧ぐるに至らば、自個の曾《かつ》て敎育したる子弟が成人して、最早其の子を學校に入るゝの機會に到達したりとせよ、家庭と學校との連絡に於ても實に容易であるに相違ないのである。畢竟敎化と謂へ訓育と言ふも、我が鄕土を愛護すると云ふ深厚なる念慮を基礎とせねばならぬので、要するに愛國の思想ももと此の鄕土を愛護する小さき公心の發展したものと言はざるを得ないではないか。卽ち同族相親しみ、同鄕相愛すると云ふ思想に立てられたる敎化事業でなければ、迚《とて》も其の目的を達し得らるゝものでない、敢て移住の敎師だからとて殊更に町村を愛護する思想に乏しい譯ではあるまい、乍然人間先天の性として、祖先の地であると墳墓の地であるとか、自己に尤も密接の關係の存するものあつてこそ、眞個に愛鄕心の起る者である。世人が能く我が國民は、外國人に比して愛鄕心が强烈なる代りに夫れだけ執着の情念も亦著しく烈しい爲めに、萬里の波瀾《はらん》を越えて殖民を計畫するなどゝ云ふ云業はできぬ。例令企圖するとしても愛郷病に囚《とら》はれて、大成效は六ケ敷いなど〻謂ふが、此の愛郷心と云ふ美しい情操ある國民性を持つた國民でなればこそ、愛國の思想に於て亦他國人の企て及ぶ事の出來ぬ尤も猛烈《もうれつ》なる大和魂《やまとだましい》なるもの〻存在する所以ではないか。實に此の美しき愛郷心は教化事業の發達すべき起點であつて又其の終點である。而して又土着の教師は教化事業を起すべき最良なる中心點であると言ふべきものである。

町村自治の圓滑も、美風良俗の開發も、教化事業の振作も、固より時代思想に基づいて解釋せねばならぬ。然れども幾多の極りなき思想界の變遷《へんせん》と、限りなき社會風教の推移とは、凡ゆる社會の事物の發達を促進したるには相違なきも、又一面に於て社會道德の向上に關し尠なからざる阻害を與へたるやの形跡決して少なからざるを知るのである、小さく言へば町村民民人の經濟事情の進歩と教化事業の振作とは一に相背反したる方向に對かつて進むかの感を覺えしむるのである。卽ち經濟的方策に力を致し實利的に物質的に之が救濟を爲さんとするものは、一に經濟的方面にのみ傾き、教化事業に基づき民人の精神的開發を以て自治の效果を舉げんとするものは、專ら公共道德にのみ重きを置くの傾向がある。吾人は本書の卷頭《かんとう》に於て、經濟的恩惠《おんけい》に浴《よく》せしむるを以て其の最終の到達點と爲すも、教化の力を藉るにあらざれば能はざるを論じたのであつた。然り、其の何れに依るも要は大同共樂の目的を達するにあるので、其の出發點を異にするも、到着點は固より一である。乍然其何れを先きにして其の何れを後にすべきかを言はゞ、教化の事業は先づ其第一着とせねばならぬ。乍然更に一歩を進めたる思想より之を斷ずるならば、教化の效果を積極的に實現せしめ經濟的實力を産むの根底を造るべく方向に導き、所謂教化の力を待つて、之を經濟に及ぼし、初めて理想的優良町村の實現を見るべき者と思惟《しゐ》せねばならぬ。然り國家の發達に伴《ともな》ふ日本に於ける教育主義の變遷は、過去の國民の如何なる事を教へたであらふか。顧《かへり》みれば昨是今非混沌《こんとん》として捕捉《はそく》すべからざる狀態を呈し、年と倶《とも》に泰西《たいせい》文物の輸入に因する學説と主義とは、我が國民をして其何れに歸し何れに寄るべきかを疑はしめたると同時に、教育に關する學術の如きも、時々刻々最新を競ふて採用し來りたる結果、昨日迄嶄新《ざんしん》なりとし大に世に歡迎《かんげい》を受け、喝采《かつさい》を博したる學説も、今日既に陳腐《ちんぷ》にして迂遠なりとして之を捨て、動もすれば教育者をして、而も其應接送迎に遑なきの狀態であつた。去れば、改良に次ぐに、改良を以てしたる變化極なき、時代的思想に養はれたる國民教育の根底基礎、果して確乎として動かすべからざるものなりしか。既に明治二十三年に下し賜《たま》へたる勅語の聖旨を奉ずる以上は固より確乎《かくこ》不動炳焉《へいえん》として萬世を照らして居るに相違ない、然れ共、各々其の時代に依りて主義學説を異にしたる、教育と訓練に依りて養成せられたる、今の父兄青年子女は、更に又不完全なる社會の風習と感化とを受けて、人と成りたるの如何ぞ一令の下に相一致して、教化事業の普及に賛同《さんどう》し、悦《よろこ》んで此の善事に意を向はしむること、多少の困難を感ぜざるを得まい。今や教育の意義大に擴大せられ、教育の效果をして唯に教授訓練のみに止むるなく、更に社會の全部に及ぼさんとするに至つては、勢ひ此の異りたる主義と別にしたる教育に依りて養はれたる人士を相接近せしめ、親和せしめ、協力せしめんには固より教化の力に待たねばならぬ。要するに教化事業の振作は時代を異にしたる老弱靑壯《せいそう》の村民を時代の要求に依る一大主義の下に集め合して一團となし同一の歩調を以て進歩の行程に登らしむる譯である若し夫れ町村の經濟事情換言すれば町村特有の生產業の伸縮如何は、唯に生活上の問題に直接の影響を被らしむるのみならず、教化事業の發展に對し如何にも重大にして苟くも町村興廢に心を注ぐものは輕視すべからざる尤も大切なる着眼點なるを記憶《きおく》せねばならぬ。如何となれば今の地方中產以下の農民は、其の外觀に於て呑氣《のんき》にして而かも樂天の生涯《しやうがい》に居るが如き狀況を呈するも、其の實情を推究する時は、實に疲勞困憊《ひろうこんぱい》の悲運に沈淪《ちんりん》するものあるを忘はなければならぬ。吾人は敢て教化事業の不振も、公德の頹廢も、教育の效果空しきも、一に地方生產力の缺減に因するとは斷言せざるも、尤も切迫せる生活問題が、如何に社會的公共事業に冷淡《れいたん》ならしむるものであるかは、經世に意を用ゆるもの丶夙に顧慮すべき重大なる事實である。於是乎、教育者は町村に於ける經濟的事情如何の問題を研究し、然る後ち、如何なる方策と成案とを以て教化を施すべきかを深く考察せねばならぬ。一言以つて之を盡せば、多くの教化事業の中其の何れを出發黨となすべきかの問題を決定するは、之が指導者たる責任上尤も留意すべき一大義務たることを感ぜざるを得ないではないか。要之此の二ツの方向を異にする問題を極めて婉曲《えんきやく》に取捨《とりすて》するの識見と手腕《しゆわん》とを持たねばならぬ。

如何なる名論も卓説《たくぜつ》も之を實地に應用するにあらざれば所謂蛙鳴蟬騒《あめいせんそう》に均《ひと》しいものである。如何に高見であり達識であると謂つても、手を下す勇氣ある人でなかつたならば、空説に過ぎぬ。今や言説の時代は既に過ぎて實行の時代である。切言すれば今の時代は口の人を求むるにあらず。手の人を要する時代である。恨むらくば言論繁多にして實踐の效果の少なきを嘆ぜざるを得ざるは、抑も如何なる悪風潮であらふか、吾人は徹頭徹尾學校の獨立自營を叫ぶと同時に、徹頭徹尾之が實行を期さねばならぬ。否な町村の如何なる事業を抛ちても是をば其第一着に勵行すべき緊要なる事業と爲さねばならぬ。夫れ獨立と言へ、自營と云ふも、事甚だ美にして其實はなか／＼容易の事ではない。就中町村小學校の經營をして、苟くも眞正の獨立をなさしめ、教育の基礎をして確立せしめんには、教育者其人の撰定も亦尤も大切なる事なるも、其の財政計畫をして何等當局の支配を仰がず、脫然として自治團の束縛《そくばく》を受けず、獨立獨歩、學校夫れ自身をして、獨裁經營を爲すを得せしめ、自由に劃策を施すを得せしむるの方法を講ずるを以て、其の第一義とせねばならぬ。

基本財産造成の急務なるを絶叫するもの固より是に外ならぬ。此の事たる久しく識者の間に唱へられたりと雖も、民度の發達と土地の經濟事情とは、種々なる情實を生み出して之れに全力を傾注せしめざるのみならず、其の緒にさへ達せしめ得ざるは誠に遺憾の限りである。今の社會教育に眼を注ぐ者、均しく學校教育を中心として教化事業を起すの尤も適當なるを知ると雖も、是れが設備に關する經費の支途に關して、町村當局者と其の意志の通ぜざるもの多く善は即ち善なりと認むと雖も、是を實際に行ふ場合に至りて、種々なる支障を生ずる困難あるを以て遂に之を閑却して、顧みざるに至るのである。殊に教化事業の如き固より少なくとも、十年の歳月を積むにあらざれば其の一端をさへ擧げ難きものにして、直ちに著明なる效果を求むる克はざれば、目前の事業にのみ追はれて全國幾萬の學校中、此の事業に成功を告げたるもの殆んど數指を以て數ふべき現狀にあるは識者を待たずして知り得たる事實である。加之村民も亦名を重斂《じゆうれん》の誅求《しゆきう》に托《たく》して未來永遠の捷利《ぜうり》を講ぜず。徒らに舊態を墨守し唯眼下の利益にのみ齷齪《あくせく》するは惜みても尚餘りある恨事と言はねばならぬ、基本財産造成の事たる固より一朝夕の能くすべきにあらずと雖も、漸を追ひ年を積み、微を集め小を重ぬるの精神を以て爲すあらば、敢て町村財政に影響を及ぼすなく、個人の私財にも何等の支障を來すなく、衆多の願望を達すること決して難き事にはあらざるも、時運は借すに悠久《ゆうきう》なる時間を以てせず、一日も早く此の基本金造成を爲すを急務とする今の時代は、今少しく姑息《こそく》なる方法を避《さ》けて改革的方策に待たねばならぬ。即ち一町村民の公德に訴へたる寄附行爲に待つも可也、學田法に依るも可也、信用組合の利益を以て之に充つるも可也、共有林野村有地の利益を以て之に充つるも神社合祠に關する森林の拂下を爲すも可なりである、要は是等の計畫に與るべき村民の公共的思想如何に依りて行めて行はるべきである。

然り玆に至て理想的學校の建設を見るべきもので、町村敎化の實效は此の基本財産制の運命如何に依て解決すべきものである。小學校敎師が一町村を啓發する中心となり、學校敎育と町村の事業とを尤も密接に連絡をなさしめ、又克く之を調和せしむるは誠に町村自治の根本を培養する所以である。此連絡と調和こそ敎師の要務にして理想的優良町村を建設する上に於て尤も興味に富める一の要素である。

即ち學校敎育と町村事業との連絡とは畢竟するに敎師と町村民との連絡にして又其の調和である。而して其の提携である。想ふに此の提携の行はれざる、敎師は敎師として指導の任務を盡す上に於て缺くる處あるべく、村民に於ても亦敎育の意義を誤解する事あるに基づく者にして、兩者共に其責めを負はねばならぬ、即ち小學校自身が稍もすれば形式にのみ流れて實質に富める成果を擧ぐるに留意せず、充分に是が敎化機關の根本たる特色を發揮するに努めず、町村當局者も亦學校の施設は固より敎師に依賴したる者なれば、局外者の我等が是に干與するに及ばずとなし、常に敬して遠ざかるの態度を示し學校を度外視して一年中一度も學校を參觀したることなく偶々敎師より商議すべき事由ありて、登校を促さんとすれば、言を事務の多忙に托し容易に出席せず、例令出席するも、唯々諾々として風馬牛の態度に居るのである。

此の如き狀態なるを以て、大祭祝日或は紀念的儀式を爲さんが爲めに、再三再四使者を派して漸やく登校を促すが如き冷淡なる狀態を呈するに至ては、是に處する敎師の苦心は實に想像に餘りある次第ではないか、さなきだに中產以上の人物にして、自已の意志に反したる事あれば裏面に於て學校の措置を痛罵《つうば》し、甚しきに至ては家庭に於て學校敎師の人身攻擊《じんしんこうげき》を爲し得意然たるが如きは兒童感化の上に少なからざる弊害を認むるのみならず、延びては將來の施設に關係を及ぼすこと、重大なるを知らねばならぬ。然り敎師固とより神にあらず過失も亦なきにあらず、而して又幾多敎師の中、其人格品性に於ても、如何はしき人物決して少なからざるべしと雖も、（玆は他に當局者管督官廳と及び敎育者育成の任にあるものをして大に反省を求むべき問題にしてそは又別に論ずべき時機を待つべし）是等は父兄として村民として執るべき態度ではない。之に反して父兄保護者の中、教師の努力に對し、衷心感謝の意を有するもの少なからざるも、是等は又日々の職業に追はれて直接學校に來り教育上の意見を交換するの餘裕《よゆう》に乏《とぼ》しきの結果、冷淡ならざらんと欲するも、境遇上止むなき內情の存ずるものあれば、恕すべきもの又少なからずと雖も、根本的教師に對する誤解に至りては、一日も早く之を打破せなければならぬ。然らざれば日に增し家庭と相背馳し、教師は月に父兄を相絕緣して、各々孤立の狀態と化するの逆運に際會するに至ては如何なる學說も用ゆるなく、如何なる施設を施すも、如何にして其の實蹟を擧げ得ることができよう。若し夫れ教育は教師の專有物にあらざるを知れる町村人士は、須らく揮つて容喙すべきは隔心なく容喙し、要求すべきは要求し、以て內外相呼應して此の大切なる事實の完成に力めなければならぬ、吾人は今の教育に關し、町村人士の誤解に基づく感想の一二を記して相共に警戒を爲さんが爲めに、尤も事實に近き弊害十ケ條を擧げて一考を煩はさんとする次第である。徒らに壯語を放ち快哉を呼ぶ者にあらざるを了せば幸である、教師を目して町村の雇人視するは其一である、教師の職務に對し同情ある敬意を拂はざる其二である、寄附行爲を擯斥《ひんせき》する其の三である、學務委員が有名無實なる其の四である、學校參觀の人少なき其五である、學校設備の上便不便を忖度せざる其六である、町村全部の富力を顧みざる其の七である、徒《いたづ》らに資產の力に阿《あ》諛《たう》する其の八である、因縁舊故の情弊に拘泥する其九である、舊思想の家庭を壓する其の十である、列記して玆に到れば、實に寒心すべきものではないか。是が弊害を一掃して町村敎化の基礎を作り、根本的發展を策せんには、如何なる方法を以て實行すべきか如何にして自治的有終の美を收むべきか、將又國家の元氣を培ふべき最大なる根元は何であるか、との問題を解決するは誠に興味多き吾人の任務ではあるまいか、國民敎育の完成は、所謂自治敎育の完備である。此の故に國民は國民自から敎育せざるべからずとは實に自治敎育の眞意を言ひ盡して餘りある至言である。自治敎育も國民敎育も名に於て異なるも其實に於ては同一である、元來、敎育の事たる旣に去る明治二十三年に下し賜へたる敎育勅語に依りて大御心の顯然たるものありて存じ、炳焉として萬世を照らし不朽の聖旨を奉體すと雖も、旣に二十有餘年の星霜を閱し、其の間國家の大事件たる數回の大戰爭を經過し、悉く大捷を博したる國民敎育の效果にして朝野共に均《ひと》しく敎育の恩澤《おんたく》を謳歌《おうか》せないものはないのである。然れ共吾人は國家的欲望として、盡したる上にも盡し、努めたる上にも努め、善美の上にも善美を望むの結果、數回の大戰に勝利を得たりとて、夫れにて敎育の目的を達したるものと思はれぬのである。

卽ち國民敎育有終の美とは謂へぬ、然り而して、此が有終の美を收めんは如何なる經營をなすべきかと云はゞ、先づ第一に吾々八千萬同胞如何にして聖旨の在る處を奉體せんかを言はんより、如何にして奉體の實を擧げ得べきの念慮を忘却してはならぬ。見よ戊申詔勅は何の爲めに吾人に下し賜へたるかを想ひ、國民たるもの竦然《りつぜん》として恐懼《きようく》せざるを得ぬ次第ではないか。換言すれば上御一人の思召しの存在する處を恐察し奉れば、國民として聖恩の洪大なるに感泣せざるもの一人として無しと雖も唯だ恐懼に堪へざるものは吾等國民が、果して大御心の躬行《きうこう》に努めて倦《う》まざるの信念を此の無窮の大慈との無限の聖恩に對し奉り、億兆心を一にして、爲すべきを爲し、盡すべきを盡したであらふか、顧みて茲に至れば、一大痛恨事の遺れるもの、無きにしもあらざるを省みざるを得ないではないか。全責任の期する處、國民にありと雖も、教育の大任を負ふもの又恐れて懼《おそ》れざるを得ないのである夫れ國民教育の本旨たる、小學校令第一條に規定されたる條文を、讀んで字の如く解し、其の要足れりとせば、頗る簡單なるべしと雖も、是を實際に施す場合に於て、是が完成を期せんには、勢ひ校外に於ける、教化事業の完備に待たねばならぬ。換言すれば、學校の將さに、爲さんとし、且爲しつゝある事業は、校外教化事業と、内外相應じて氣脈《きみやく》を通じ、町村の教化事業も亦、學校教育と密接なる連絡を圖り、兩々相携へて、殆んど脣齒《しんし》輔車《ほしや》の關係を以て是れに方り、初めて其の效果を奏《そう》すべきものと言はねばならぬ。教化事業の發達こそ眞に國民教育の實を擧ぐ可き所以の根元である、此の故に町村の民人にして、教育の大切にして一日も忽諸に附すべからざる所以を知り、教師にして教化事業の肝要にして、學校事業と相丼進するにあらざれば、能はざるものなるを自覺するにあらざれば、凡ゆる自治的活動をして、圓滿に、敏捷に、尙且つ實蹟を見るは全く不能の事である。要之自治的敎育の效果は根本を此の敎化事業の恩惠に置くの尤も切實なるを顧みるの良心を養成するを以て是が根底的施設たるを感ぜねばならぬ。是れ敎師は常に活眼を開いて活事業を察し、社會風潮の赴く處に注目し適宜に良策を案じ、宜しきに從ひ之を村民に訓へ自から責を双肩《そうけん》に荷《にな》ひ、能く迄之を指導し、孜々《しし》として力を致し、汲々として努めねばならぬのである。否な〳〵心身を犧牲《ぎせい》にする覺悟を持たねばならぬ、敢て村民の頑固《がんこ》は到底敎師の良策を容れずと云ふこと勿《なか》れ、敎師は須らく一町村の精神的司令官たるの威嚴と德望とを備へねばならぬ先天の約束あるを自覺せば、多言を要せずして自個本來の業務と及其職責の尊重なるを知るであらふ。斯の如き自重心と責任とを知られたる敎師に依りて養はれたる民村によりて初めて敎化事業も行はるべく、理想的自治村も建立せらるゝのである、於是乎、吾人は敎育の恩澤の偉大にして草木の雨露に於けるが如き感なからさるを得ないのである。

記し去り、論じ來て、吾人は更に百尺竿頭步一步を進めて、是より敎化事業に關する具體的方面に向かつて、吾人の抱ける成案を開陳せねばならぬ機會に遭遇したのである。然り事實は言論より慥かなる敎訓ではないか、否な一の實行は百の言論よりも價値ある事である。

吾人は既に前章の各項に於て、町村の教化を根本とせる小學校教師の注目すべき、緊要なる社會的事業に關する所信を總論して、其の概要を説き盡したと思ふ、然れ共、茲に、特に此の提案を掲げて以て其各論に及ぼし具體的に、諸君の注意を喚起せんとするもの、聊か期する處なければならぬ、即ち町村の教化事業を企圖せんとするに方り、是が指導の重任を負ひたる教師其人は、居常如何なる方面に對かつて意を傾くべきか、又如何なる種類の事業に着眼して企劃すべきかを講究せんとするのである。言葉を換へて謂へば、當該町村の形勢上何の種の方法を取つて是が出發點と爲すべきかを慮つて、漸次何れに及ぼすを以て、策の得たるものであるか、將又如何なる程度を以て企劃せば其民度の發達進歩に適合するや靜かに考察せねばならぬ。而して其計劃に隨伴して來るべき利益と弊害の關係を、尤も明晰《めいせき》なる頭腦《づのう》に於て之を咀嚼《そしやく》し、是を陶冶《たうや》し所謂自個智術の及ぶ限りを盡して、尤も穩健《おんけん》に尤も公平に討究し、時に或は彼我地位を轉じて得失の分るゝ處に意を留め、苟くも一町村の利害休戚を念とし徐ろに是が施設に、力を致さねばならぬ而して又特に一考を要すべき事項は、其の町村に對して尤も事實に近かき問題を捉《とら》へ、是を彼等に課し、由て生ずる處の現象を驗し、彼等が智識の如何なる方向に對かつて赴き、如何なる趣味を有するかを察し、諄々《じゆん〳〵》として倦まず、機に乘じて是を誘ひ時を見て之を導くの態度を取るのである。斯くして教化事業に着手すべき出發點を何れに定むべきやが確立するのである、吾人は玆に便宜上村教育會を以て其の發途となし、是を精神的標準とし、基本として、施設を試みばやと思ふのである。乞ふ逐項筆の進むに從がつて吾人の語る處に聽け、元來村教育會の擧たる事少しく舊聞に屬すと言はんも、其の性質內容たる何人も熟知するが如く、其組織は概して一町村內の有力なる人士の集合にして、村教育會は實に一町村の腦髓《のうずい》とも稱すべきものにして言はゞ一町村を支配する原動力である。例せば人の體格如何に偉大に筋骨逞《きんこつたくま》しきも、其の頭腦にして健全ならざらんには、人たるの要素に於て何等の價値なきが如く、一町村にして其頭腦とも謂ふべき村教育會にして、完からず教化の中心たる勢力充實せずして、如何して教化事業の行はるべき筈があらふ。人或は村教育會は既に數十年來此の方設置しありと言はんも、吾人の觀察する處に依れば從來の村教育會は有名無實であると言ふも敢て失當の過言ではないと信ずるものである、吾人の寡聞《くわぶん》なる未だ曾て村教育會を根據として、成功したる教化事業の存立するを知らぬ。吾人は常に教化事業の振作を云爲し、是に論及する毎に村教育會を興隆するを以て其の尤も適切にして大捷徑たるを主張したる過去を追想し、今日又吾人の持論として飽く迄是を起點として出發するの尤も堅固なるを確信するのである。

聊も教化事業を起さんとするに當り、先づ第一に結合すべく親和すべきは、町村內に於ける有力者乃至有志者である。表面の形式に於ては教育會と稱する一團なるも。内容は主動者たる教育者を初め學務員、町村吏員、村會議員其他有力者有志者を以て組織したる者であれば、其の會員として未だ教化事業の大切なるを知らざる徒輩多しとせば、其の存在を認むると雖も、有名無實にして効果の擧らざるは覩易い事である。試に想へ過去の村教育會は果して何事を爲し得たであらふか。茲に至つては吾人其の多くを言はずと雖も。村教育會其のもの丶根本的改良を施すべき時機なると同時に、更に之を根底として。原動力として。教化事業の各方面に點火し一町村普く教育の光明に浴し得ると同時に村教育會は如何なる活動を爲すべきかの問題は、期せずして諸君の面前に出現するに相違ないと信ずるのである。然り而して吾人は町村内に於ける各種の會合を利用したる村民の指導誘掖は、蓋し尤も成績を擧げ易き方策ではあるまいか。夫れ公的生活の興味を解する克はざるは幼稚なる村民の常である。此の故に村教育會が。中心と成りて。起すべき諸般の教化事業に關し、各種の會合を利用して。之が指導誘掖を計らんには。村民をして公的生活の興味を知らしめねばならぬ、解し易く言へば、社會的交際の尤も面白ろくして。自個存在の價値ある所以を悟らしむるのである。公的生活の興味を知らしめんには、須らく私的會合を廢し。可成的公けなるに會合に依りて。萬事を協定するの習慣を養ひ、公的事業に盡すの尤も名譽にして、尤も重んずべき義務なるを感ぜしめ、是と同時に何事も相共に提携《ていけい》して、天下の樂みに後れて樂まんより衆と共に樂しむの氣風を造るのである。是が爲めに吾人は先づ父兄會、懇話會、奴婢休養會、母の會、姉妹會の如き尤も感情的分子に富める會合を企て、更に壯丁會在鄕軍人團、展覽會、講演會、青年會等の如き、老幼男女の社會的敎育を兼ねたる會合を以て、町村有志者を利導すべき機會を造り、公人的地位を得せしむること尤も良策であると思ふ。斯くして初て家庭と學校と、社會と學校と連絡せしむると倶に、敎育の大切なるを知らしめ、知らず識らずの間に、敎化事業に賛同し自から揮つて是に盡すの精神を勃發せしめ得るであらぶ。其詳細なる方法手段の巧拙に至つては、主腦たる敎育者の思想に任ずべきは固よりである。是より各種の會合を順次に說明し諸君と倶に充分の研究を爲したとい思ふ。元來兄父會は、家庭と學校との連絡を圖る上に於て、尤も貴重なる意味ある會合にして、敎師の意を濺《たた》ぐべき、大切なる會合と言はねばならぬ。卽ち父兄會は各種の會合の中に於て、最も感情的集會にして、父兄の種々なる願望を喚起し、是に依りて家庭と學校との意志疏通を圖るの好機會で、而かも敎育者に取りて最も興味滿々たる會合である。此の會合こそ、敎師の威信も、敎育の價値も、學校と家庭との連絡も、充分に遺憾なく發揮すべき、好機會である、此の故に父兄會に臨む敎師は更に城廓を設けず、席を同ふして語り、卓を圍で茶喫をし、時に四方の山水を賞し、時に產物の豊凶を談じ、吉凶禍福を共にし、毀譽褒貶意に介するなく、溫顏以て之に接し、苟も尊大の風あるべからざるは言ふ迄もなきことである。然り而して賞すべきは情を盡して賞し、排すべきは理を說て排し注意すべきは親切に注意し、用意周到翼々として及ばざるものあらんを憂ふるの底の誠意を以て是に對さなければならぬ。殊に貧民父兄に對して注意すべきは、應接送迎に迄尤も意を用ゆべく、彼をして猜疑《さいぎ》の念を起さしめざる樣特に注意を怠《おこた》ることはできぬ、教師に於て固より父兄の貧富賢愚によりて對遇に差別ある筈なきも、恒產なき者の常として、動もすれば僅かの事に不平を鳴らし、是が爲めに思はぬ失敗を取るの事實は往々にして吾人の聞知する處である而して望み得べくんば、父兄も亦教師より各種の注文を聞くのみに止まらず、家庭に於ける兒童日常の狀態を伏臟なく、最も露骨に告白し、自個の子弟教養に關する經驗を述べ、了解せざる點ある時は充分に說明を求め、惡習の脫し難きある時は教師に訴へ、是を矯正すべき方法に付き訓示を仰ぎ、是に對する過去の失策をも改めて、足らざるを補ひ、教師の理想と方針とを斟酌し、善良なる習慣を養ふに努めねばならぬ。而して又自個の子弟教養に就て教師の措置と齟齬《そご》する者ある時は、隔心《かくしん》なく自個の所信を陳べ、互に相交換し失敗ある者、成功せしものも、談笑の間に之を語り以て教育者の參考に備へ相共に戒飭して善良なる第二の國民を造るのである。敢て第二の國民と言はず、父兄會は實に第二の我を造るべき根本にして國民教育の上に尤も意義ある會合なるを了解せねばならぬ。而して父兒會の今少しく社會的に開大せられたるものを懇話會となす、此故に懇話會の內容たる父兄會と大同小異なるも、懇話會に至りては唯に兒童の父兄のみに限らず、一町村內有ゆる方面より集合するものなれば、會として內容に於ても措置に於ても亦多少の異分子を含有し居れば、談ずる事も亦大に社會化せられねばならぬ。要は教育を堂本とせる町村民人の精神的連絡を圖るを以て本となし、計畫ある者は之を說いて衆評を請ひ、既に施設せし者に對しては其の得失利害の結果を報告し、更に自から研究すべきは研究し、廢止すべきは廢止し、改良すべきは改良し、所謂情意投合の間、公共の意を忘れず、衆多の利益を離れず、俱に共に私情を脱して胸襟を開き、充分に思ふ處を述べ、信ずる處を語りて町村を興隆すべき方法を講ずるのである。而して懇話會は其性質に於て、便宜上教育に關する公けなる施設を協議し或は之を評議するも亦有益な事である。何となれば萬事を四角張らずに、時に飲食談笑の間に決することができるではないか、而して又教師も各種の要求を爲す場合に於て懇話會は正さに其準備として町村民の意向を確むるに尤も好機會である。而して奴婢休養會に至ては町村教化事業の中其尤も困難なるものであらふ。彼等は比較的調はざる家庭の陋習に浸染するの深きに搗てゝ加へて、從來雇主に於ても是等奴婢に對する保護教養に關する方法の甚だ冷かなる態度を示し。何等の意を止むるなく、殆んど奴《ど》隷《れい》的習慣を以て押し來りたる因習は、縱令《たとへ》偶々《たまく》冷《ひやや》かならざるものありとするも、彼等は公共の席に連らなるを嫌ひ、自由に放縦なる生涯を爲さんとする傾向を有し、動もすれば其の善良なる輩にして彼等が安息日として雇主より與へられたる、僅か一日の休養日すら、多くは飲食店或は茶見世等に會して、あらぬ卑猥《ひわい》なる雜談の間、茫然《ばうぜん》として空過し、休養會を促すと雖も、言を身の卑《いや》しきに托《たく》して、公的會合を成るべく避けんとする情狀あるは既に此種の會合に失敗したる人の常に物語る所である。去れば其の誘導法に付ても亦多少の困難を豫期せねばならぬ、然り此の會の本旨とする處は彼等が終日終年勞役に從事し忠實に主家の爲めに力を致す刻苦精勵に對し、是を慰むる爲めに一年中幾日かの休養を授くると同時に又惡習慣を遠ざけ善良なる方面に向はしむるを以て要旨となし、兼ねて、彼等の爲に勞働の神聖にして、國家富强の根本たるを知らしめ、尙ほ且つ勞力資本の大切にして地主の權利と黃金の勢力と共に併行すべき一大勢力なるを知らしめ、彼等が自個天賦の勞力を以て僅に資産を作り、將來一日も早く自由の境遇と成り、一家を成立して圓滿なる樂しき家庭の主人となり、主婦として、外は日本國民たるの本分を忘れず、內は孝悌《こうてい》の人として、人倫《じんりん》を全《まつた》ふし終世安穩に一を經營し他を害せざる程度に於て獨立自營の途を開き、以て人の人たる所以の正道を踏み義務を盡すべきことを敎ゆるのである。是と同時に彼等も亦人の子であると云ふ溫き同情を以て彼等の境遇に一滴《てき》の涙を灑《そゝ》ぎ彼等をして毫《がう》も不平の念を抱くことなく、苟くも自己生存の決して理由なき者にあらざるを自覺せしめねばならぬ。然り而して完からざる家庭に育成したる彼等の常として少しく意に滿たざる事ある時は、忽にして自暴自棄《じぼうじき》に陷《おちい》り、動《やゝ》もすれば放任主義となり、產を起さんとする思想もなく、家を守るの精神を捨てゝ何等將來の爲に意を用ゆるの無益なるが如き思想を抱くに至らしめざるやう、勉めて注意せねばならぬ。要は彼等の地位の必ずしも絕望すべきものにあらざるを自覺せしめたる上、溫き同情心を以て是を迎ひ。平等無差別の交際を以て、彼等と結びたらんには必ずや彼等に對する一大慰安ではあるまいか、唯夫れ飲食に口腹を充たし、耳目を悅ばしむるを以て、慰安の術至れりとなすが如きは、却て彼等をして性慾に近かしむる弊害あるを特に最も留意せねばならぬ。卽ち彼等の精神を發達せしむるに努むるのである、人の精神的發達の幼きものゝ常として、口腹耳目の快も亦快なるには相違なければ、又時としては彼等と共に、一椀《わん》の薩摩《さつま》汁《じる》を啜《すす》り、時としては又一盞《さん》の村酒に舌皷《したつゞみ》を打つて、荒木又右衞門の武勇を談じ。義士銘々傳を讀むで慷慨《こうがい》するも蓋し快樂の一ではあるまいか、敎師は小兒の如くなれとは此の消息を言ひ盡して餘りある。千古不磨の善言である。玆に於てか吾人は、父兄の友たる忠實なる敎師は多しと雖も、奴婢の親友たる親切なる敎師は、いとも少なきを嘆ぜざるを得ない。吾人は特種敎育の不完全なるを言はんよりも、此の奴婢休養會旺んに行はれんことを希望して止まざる次第である。然り吾人は此の奴婢休養會に次で、大に會合を促さねばならぬ教育に關して最も重大なる意義ある會合は母の會である、此の會合こそ教化に對して逸すべからざる有力なる理想的集會である。換言すれば此の會合は完く國力充實の根元である、國力充實の根元であれば勿論賢母良妻の會合である。假令愚母惡妻の會合であつても、兎に角、賢良妻の會合とせねばならぬ、何となれば教化の事業は、其缺點を論せんよりは、其長所を發達せしむるを以て正當なる方法となければならぬからである。其の惡を懲《こ》らさんよりは、寧ろ其の善を勸《すゝ》むるを以て本務とするのである。今の時代の母なるものは多くは新舊思想の混沌たる間に於て、自個は假令新しき教育に依りて養成せられたりと雖も、實際的家庭の習慣は、新らしき思想を持てる母をして、充分に自個の理想を以て家庭を支配し教養に力を盡すの自由を許されざるが如き事情の、纏綿《てんめん》たるものありて存し、教師も亦此の二種の方向を異にしたる母に對かつて、同一の歩調を以て是を導かんは頗る困難を感ずる處である、母の會合に於ける教師の態度は最も緻密に最も周到に意を用えなければならぬ殊に愚なりと雖も人の母としては、既に多少の經驗を有し、理に適はざると雖も、兒童を教育すべき年輩に達したる婦女子を御せんは、此の間又大に手心の存するもの無ければならぬ。例令賢なる母なりとするも、婦女子の特性として偏頗の心強く愛憎の念烈しきものなれば、小心翼々として婦人の心を以て之を察し之を利用し、是を誘導せなければならぬ、若し夫れ、一朝にして母の心を知らず、教育程度を見ず、生活狀態の如何を察せず、徒らに彼等に圖らば、表面上之に賛し之に背ずと雖も、苟《かりそ》めにも實際に疎にして事實に遠き理想一片の協議を爲すことありとせば、教師の威信は地に墜《お》つべきを豫想せねばならぬ。任に教育に在るもの、固より家庭に於ける母の勢力を知らざるなしと雖も、古人も言へるが如く婦人は弱し然れども母は强しとの格言は盖し味ふべき不朽の言葉ではあるまいか。而して此の多くの强かるべき母の會合たる。理想よりも實際に重きを置き、理論よりも感情に偏するは言ふまでも無き事である。此の故に母の會を動かさんとならば先づ美しき彼等先天の感情の力を利用するの術を知らねばならぬ。痛切に云へば、母の兒童に灑がるべき熱誠の、遡《さかのぼ》りて愛情に溺《おぼ》るゝが如き形勢を、巧みに之を捉へて理想化するは偏に教師の技倆と言はねばならぬ。若し夫れ。教師にして例令内心にもせよ、多くの母の頑愚なるを憂ひ、智慮淺きを嘲るが如き事ありとせば既に此の教育は失敗せるものと言ふべく、教化事業の如き利底思ひもよらぬ事である。想ひ見よ熱心なる學校教師の教育は常に此の頑愚なる母に依りて破壞せられつゝあるを知らねばならぬのではないか、而して又教師は此の頑愚なる母に依りて多くの實驗的研究の資料を供給せられつあるを而して又更に此の頑愚なる母は國家組織の根本たる家庭の王者たる地位に居るものではないか、此の王者をして悦服せしむるの力なくんば、如何して此の兒童を訓陶《くんたう》することができよふ。教師は宜しく兒童の母をして兒童を教育せしむるの術を知らねばならぬ。換言すれば母を通じての學校教育でなければ實質に富める教育ではないと斷言するのである實に教育に關する母の地位は九鼎太呂《きうていだいりろ》より重きものである、玆に於てか母の會の重大なること燎然《れうぜん》として火を見るよりも明かではないか。而して姉妹會は未來の母の會と言ふべく、優美にして小なる母の會である。子を養ふことを學んで嫁する者は未だ是あらずとは、東洋的舊道德の說く處である、然れ共、吾人は子を養ふことを學ばざれば、人に嫁するの資格なきものと斷言する者である。姉妹會は敢て嫁するの準備として、成立する者にあらずと雖も、少くとも未來の母たるべき要素を造るの意義を撤去しては、姉妹會は成立つものでない。約言すれば姉妹會の內容たる婦女子としての社會的修養を第一義として、未來の母となるべき資格を造るを以て第二義とするのである、（玆に一言の注意すべきは姉妹會の第二義たる未來の妻と謂ふべき殊更に未來の母としたるもの吾人の教育眼より之を見れば妻たるは軈《や》がて母たるの謂へなる所以であるを信ずるからである）由來田間に於ける女子に對する社會教育の設備は頗る閑却せられ、殆んど之に對して何等の留意するものなきが如き狀態である、今の日本に於ける小學教育の普及は寧ろ女兒の就學數は決して男生に劣《おと》つては居らぬ、けれ共、其の智識の發達は女子に比して男子の方遙かに優れるの傾向あるは、抑も〳〵如何なる原因の存在するものありて然るかを研究すれば、吾人は直ちに女子に對する社會的教育の不備なるは例令最大なる原因にあらずと雖も、恐らくは影響することの少なからざるを信ずるものである。元來姉妹會の性質は男子に於ける壯丁會、靑年會と相併進すべき性質の者であるが、舊習の久しき今日の家庭は、女子をして男子に比し卒業後、學校に近かしむるを快しとせず、女子も亦何等の根據ある理由もなきに唯意味なく母校と往來することを好まざるの風の存するは、固より敎化の擧らざるに原因すとは言へ、家庭の習慣は大なる是が病因である。然れども時代は斯る弊風を輕々に看過するを許さぬではないか、即ち高等女學校等に入學せんとするも、家庭に於て之を許さぬ事情ある者の如きは、男子に於ける靑年會等の如く、一の補習的に特に女子として必須なる特別の技藝を授くるの尤も急務なるを知らねばならぬ。特別の技藝を授くるは兎に角として、單に小女子の會合として所謂無邪氣なる淸き集りとして、一日を溫き友情の交換に消遊せんが爲めに、母校の一室に會して、往年の在校當時の記憶を喚び起さしめ。在校時代を追想せしむるも、亦母校を愛するの念慮を養成するに於て好個の一策ではあるまいか、而して又此の姉妹會に干與する敎師特に女敎師は中樞として自から愼重の態度を持し、倶に品性の修養を以て尤も、重きを置かねばならぬ。而して又姉妹會に關し深く意を注ぐべきは、彼等姉妹の個性の發達狀態が、在校當時に比して如何なる變化を來し、年と共に如何なる處世觀を抱けるから察し、各々其特有なる個性の發達と、彼等各自の家庭狀態と如何なる關係を送りて、經過し來りたるかに付き、特に大なる傾意を拂はねばならぬ、蓋し個性發達の情況に依りて各自の希望所謂處世の觀念に於て相違する處あれば、敎化の方針は大同にして小異なりと雖も、敎師は其の特性の傾向する處に依りて是に順應せる處世的智識を開發するの明なければならぬ、露骨に言へば彼等の慾望しつゝある弱點を捉へ、之を善的方面に誘導して、苟くも時流の輕薄に泥まず、依賴心を去りて自守自營の氣風を養ひ、唯だ徒らに男子に隷屬することの女子たるの面目を維持する所以にあらざるを訓ゆると同時に、近代女流の一大缺點として、社會敎育者の均しく痛心する時代的虛榮に囚はれざるやう、尤も眞面目なる指導を怠てはならぬのである。斯くして經過せる姉妹會は、約五星霜を閱して早きは旣に嫁婚の期に到來するのである。然り而して吾人は此の機會を利用して、敎育者に對ひ誠心誠意特に依賴すべき一大重要なる大事件に遭遇せる感を懷くのである、卽ち此の可憐なる姉妹の將來をトすべき嫁婚の一事である、吾人は此の嫁婚に付き一の考案を有したりしも、筆を此の篇に染むるに及むで、將さに言ふべき時機の到來せるものなるを信じ、宿年の希望を茲に發表せんか、事太だ小に、說新たならざるの誹を免れずと雖も、社會敎育否な町村敎化の實を擧ぐる上に於て、尤も理想的にして敎育の功德の偉大なる町村民心の根底に植付けん爲めには、唯一の善良なる方法と信ずるものである。然り姉妹會は實に賢母良妻の製造所でなければならぬ、星移り物變りて昨日まで母校の庭園に美しき草花を培ひ、門の小川の夕涼《ゆふすゞ》みに螢《ほたる》を逐《お》ひて蝶々髷《ちよう／＼まげ》の可憐なる小女は、早や既に綠《みどり》の如き丈なす髮《かみ》を何卷きとやら、優美なる眞白きリボンに純潔《じゆんけつ》なる淸き理想の愛を宿すてふ、風姿《ふうし》淸楚《せいそ》なる未來の母となりぬと想ひ給ひ、而して此者は更に敎師が多年の間、刻苦精勵して造り成せし理想的敎育の權化なるを想ひ給ひ、要するに此の者は姉妹會の一大產物なるを聯想するであらふ、玆に於てか吾人は敎師の地位に立ちて、此の姉妹が將來の幸福如何を慮ばからざるを得ないのである、若し夫れ不幸にして是に偶すべき人物の撰定を誤《あやま》りたらんには、敎化事業の效果に及ぼすべき影響の絕大なるを感ずると共に、敎育の效果の尤も淺薄《あさはか》なるを語るが如きものである。（玆は女子のみに止まらず青年會に於けるも亦同じき感じを懷くものである）玆に至りて吾人は敎師に依賴することの太だ夥多にして尙ほ且つ其が甚大の努力を感謝すると同時に、是等の姉妹の將來の幸福に關する嫁婚の問題を、敎師其の人に信賴するの尤も適當にして、又尤も安全なるを思惟するものである。斯く論じ來れば姉妹會靑年會は或は一の嫁婚紹介所たるが如き狀態に化せんと言はんも、吾人は之を海外文明國の事例に、見るに、嫁婚に關する當該者の人物如何は、多くは小學校敎師に依りて其幼時の性格を保證せられつゝあるを知る、吾人は此理想を擴大して姉妹會乃至青年會に及ぼさんとするのである、一言にして之を盡さば敎師は兒童を敎育するに止まらず、其の母となり父となる迄敎育する者であると言ひたいのである、而して初め教化の德益の宏大《くわうだい》に教育の恩澤《おんたく》の無量にして草木の雨露《あめつゆ》に浴すと一般であると讃嘆すべきである、彼の諾威の如きは結婚試驗と稱するものありて、結婚せんとする場合には戸籍吏に於て其主婦となり妻たるに必要なる技藝即ち裁縫料理等の如き日常必須なる試驗を執行したる後之を許可するの風ありと聞く、此の事取つて以て師とするに足らずと雖も、吾人は此の意義に於て姉妹會に多くの希望を抱くものである、吾人は茲に姉妹會に關する事を終らんとするに方り、是と倶に想起するものは、國家の元氣たる壯丁會なりとす、壯丁會の文字誠に旺んなる名ではないが、吾人は其名を記すさへ、何となく勇壯にして快濶《くわいかつ》なる、一種の正氣に襲《おそ》はるゝが如く感ぜらるゝのである。唯惜むらくは此の好題目を捉へながら諸君に對し充分なる感興と啓發とを與へ得ざるは吾人の大に遺憾とする處である。吾人は嘗て是を軍事當局者に聞く、國民教育の普及如何は壯丁檢査に於て尤も具體的に證明し得らるゝと。諸君は此の語を耳にし、果して如何なる感想をか起す、多言を要せずして壯丁檢査は一町村一郡乃至一國の教育程度を計度し、其の普及如何を明かに知るべき一の測量器《そくれうき》である。然り而して吾人は更に我等が町村の教育は如何なる程度に於て成績を表はし居るかを想ひば、蓋し思ひ半ばに過ぎたる者多くはあるまいか。抑も壯丁の會たる青年團を連絡すること尤も密接に、其の名異なりと雖も其の實質に於ては、殆んど同一なりと云ふも差支なく、畢竟青年團中には近き將來に壯丁たるもの多かるべく、又現に其年を以て既に入營すべき境遇に居る者も少なからざるべきを思ひば、特に壯丁會の別團を組織するの必要なきが如く感ぜらるゝも元來壯丁會は體格檢査修了後其成績佳良にして、特に入營すべき資格を具備せる者を入會せしめ、軍事敎育てふ特種の方面より是に關する諸般の技藝學術を講究せんとする者にて、つまり將來軍人たるべき準備會である、去れば壯丁會は靑年會の一部として存置するも差支なければ、又在鄕軍人團の附屬として置くも好いのである。然れど吾人は全然別立して充分に專門的に實行したいと思ふ、卽ち民間軍事敎育の勵行とも稱すべき一團を造り、軍人たる豫備敎育をなすのである、此の事たる唯に軍國に對する義務なるのみならず、又自個の利益でもあり、又、上陛下に對し奉りて忠なる所以のものである。而して此の壯丁會を導くべき爲めには既に在鄕軍人の存ずるありて何等の缺陷を認めざるべく、加之、一町村敎化の中心たる彼等の過去に於ける恩人にして、而かも彼等の爲めには尤も親切なる味方として、是が指導の任にある敎師其の人の在るありて、在鄕軍人團と共に協力して盡すあらば、其の目的を達するに於て決して難き事にあらざるは、視易い事である。是を要するに壯丁會が靑年會と別立するの所以の者は軍事敎育てふ特種の練習を要する者もあり、尙且つ町村自治的靑年會として軍事的敎育以外更に計圖すべき、事業の夥多なるものゝ存立するを記憶せねばならぬ。而して壯丁會とは兄弟として姉妹として離るべからざる關係を有する者は在郷軍人團である。此の團體たる固より一定の法規の在るありて、吾人の徒らに容喙すべき限りでない、而して又吾人は軍事に關する經驗と智見とに缺くるもの多きを遺憾とするものである、然れ共在郷軍人團は其精神內容に於て一町村に開催さるべき公會の中にて、其の尤も充實せる而かも尤も光輝ある名譽を保持するものである、換言すれば多くの會合中に於て其の尤も國家的にして又國民的なるものである。此の點よりして吾人は、在郷軍人團の活動を待つて町村敎化の助けとなる者少なからざるを所期する者である。吾人は不幸にして在郷軍人團の町村に於て爲すべき當然の本務と事業の種別は。如何なる法規に定められたるかを詳かに究めずと雖も、其の大體に於て了解し得るが故に吾人の頭腦に反影し來る町村の敎化事業に關し。在郷軍人團に向つて敢て一臂の勞を吝む勿れと言ふも、恐らくは潛越にあらざるべきを信ずる者である、於是乎、壯丁會を指導せん事の在郷軍人團より適切なるはなきを思惟し、是を團の一事業として計劃せられんことを希望して止まざる次第である。若し夫れ在郷軍人團の法令法規に定められたる範圍の活動に至ては、固より忠勇にして賢明なるに加へて、統一ある規律の下に訓練を受けたる諸君の胸中果して然る可き成竹の存ずる者あるべく。敢て吾人の慣起鼓吹を待たずと雖も。町村敎化の別働隊として。遜色なき者なるは言ふ迄もなき事ではないか。奚ぞ夫れ軍人團員其の人のみの會合とのみ言ふべけんである、須らく揮つて一町村の改革に努めて倦まざる底のもの。蓋し又陛下の大御心に對し奉れる報國の赤心の一部ではあるまいか。直言す、吾人は在鄕軍人團員諸君に對して其多くを言ふを欲せず。唯諸君の軍隊に於て養はれたる嚴正なる性格と、統一ある思想は發いては萬朶の櫻となり凝ては百練の鐵と成るてふ和魂を心として我が鄕土の模範として盡瘁せられんことを熱望せざるを得ないのである。吾人は再び直言す軍人團の上に冠せる在鄕の二大字は、將さに大に意を用ゐべき意義ある責任ある文字ではあるまいか、立てよ在鄕軍人團、振つて吾人の敎化事業を助けよと叫はざるを得ないのである、敎育展覽會は重もに學藝を以て中心となし、兒童訓練の結果を父兄兄姉に報告するものと言つてもよいと思ふ。

卽ち之が展品は可憐なる小國民の手に依りて作られ、心に描かれたる反影である。此の故に意を敎化に注ぐ者の輕々に看過すべからざる有益な事である、然るを單に無邪氣なる兒童の小さき名譽心を發表したる者なるが如く思考するは敎育の威信を蔑視《べつし》したるものである、而して展覽會は學校と父兄とを連絡せしむる點に於て、而かも有力なる機會である日々唯に兒童の成蹟を父兄に知らしむるのみにあらずと同時に、敎師が盡したる効果を尤も公平に告白するものである、卽ち兒童成績の良否は、一に敎師の盡力如何に依るものなるを、父兄の面前に發表して、是が判定を請はんとするものである此の故に父兄乃至町村有志者は、須らく此の意を以て展覽會に臨まねばならぬ、是と同時に其の成績に對しては殊更に意を留めて教師の説明を記憶するは教育に對する一の感謝と云ふべきである。然り而して又教師が兒童の出品物の撰定に對し、公平無私なるは勿論なりと雖も、何某の父は學校に對し若干金を寄附をなせり、誰氏は一町村第一の富豪なりとの觀念の、例令露程の存したりとせば早や既に公平無私を缺く者である。斯の如きは一些事にして意に介すべきにあらずと言はんも、何事も感情を主として一切を律せんとする村民の常として、あらぬ風評を逞《たくまし》ふし、展覽會の目的に支障を與ふるが如き事ありとせば教育の根底は玆に動搖を來したる者である。進歩せる教育界此の如き情弊ゆめ有るべき筈なきは明かなることならんも。吾人が强て此の苦言を爲すもの一に町村教化に熱誠なるの餘り、遂に姿心を吐露する所以なるを了し給へ、前にも述べたるが如く吾人の見る處を以てすれば、展覽會開會に際し當處の利益たる教育の普及發達を催進する利益の多大なるよりは、此の機會を利用して、父兄の頭腦に一の淸新なる感興を惹起《じやつき》せしめ。是の感興より更に湧發《ゆうはつ》し來るべき無形の心的興奮を與ふる利益の絶大にして。而かも無量なる一種の力を發せしむるを以て、此の上なき學校の得益あるを悟らねばならぬ、露骨に請へば率直にして感情一片の父兄は我が生命にも代ていとしき兒童の手によりて造られ、心に描かれたる作品を見て如何なる感想を抱くであらふか。教師は此の時に於ける父兄の胸中に、名づくくべからざる或る一種の無名の想念の油然として起來する感情を捉へて巧みに教育てふものに引き付けるのである、然り展覽會は吾人の說く處の如き目的を以て成るものにあらずと雖も茲は是れ敎育學以外の敎育學なるを知らねばならぬ。想ふに未開なる土地に於ける敎化事業の興起は蓋し此の邊の消息に通ぜねばならないである。而して又展覽會と同時に開くを最も便宜とする者は講演會である、勿論講演會は稍々社會的に傾けるものなれば事情の許す限りに於て、日曜日或は年中行事の休息日を選んで累月又は隔月之を行ふも、農閑を利用して一週乃至十日と日を限つて開くも敢て防げざるべく、要は其時機と其講演の種目とを選むに方り、最も其土地に適當なる直に應用して有形無形に論なく利益を生むべき科目を定むるを以て其要とせねばならぬ。豈唯に名士を聘し學者を招くとのみに限る譯ではない、敎師の抱負を語るも可なり、篤志者の實驗說可なり、學に都に在りし青年の歸省を利用する又可なりである、其學科も亦宗敎、哲學、道德、法律、又何ぞ利益なしとは言はざるも、成るべく蠶業、農業、經濟、衛生、貯金、治利水等の如き村民の日常關係を有する事業に密接なる智識を養成し見聞を廣むるを其て其の眼目とせねばならぬ、而して是が各分科細目に至ては、之に干與する敎師の識見と理想とに待つ者である、實に講演會は一町村全部の頭胸を開發すべきであると共に敎化事業中の尤も社會的にして且つ大なるものである。然り而して如上論述せる各種の會合をして、活動ある者あらしめん爲めに之が手足となり、股肱となり、犬馬の勞を執りて辭するなく、東奔西走して、是が大成を期するに努力すべき使命を有せるものは果して誰れであらふか、吾人は之を有爲なる青年の團結たる青年團の活動に待たねばならぬのである。嗚呼青年團たる哉、青年團なる哉町村に於ける青年團は實に町村の干城である、將さに來らんとする町村の命脈如何は實に此の青年團の掌中にあると云ふも敢て過賞ではない。村政にまれ、敎育にまれ、實業乃至農業にまれ、一に青年團の意向如何に憑るとせば、此一團の運命如何は一町村興廢に關することと重大なるを言はざるを得ないてはないか。乍然吾人は今直ちに青年の力を以て挽回せよ、復興せよとは言はず青年は須らく何事に關しても此の未來の責任てふ事を忘れてはならぬ。然り玆に一言の注意すべき點は、町村の改良進歩は如何に有爲の青年を待つことと大旱《だいかん》の雲霓《うんじ》も啻《たゞ》ならずと言ふも、長幼序を失したる改革は得て望むべからざる者たるを悟らねばならぬ一事である。斯く言へば青年諸君は吾人を目して舊思想なりと言ふであらふ。乍然自治團の事たる到底學術のみに依賴すべき者にあらず、血氣の勇のみに依り處すべき者にあらず、資力のみにても成る者にあらず、而して又德望一片のみにて成功すべくもあらず、各々其の中庸を得て初めて大同共樂の天地を造るべきである。即ち青年團の存立を認むるものは、一面に於て經驗に富める先輩あるを知らねばならぬのである、平易なる詞を以て之を謂へば青年團は老年團より生れたるものなるを自覺することである。於有乎。青年團諸君は更に反言して、大革新を爲すにあらずんば完全なる自治團を造る克はずと、然り吾人も亦願はくば一大革新を望むものである。然れ共大改革を叫ぶの改革は眞正の改革ではない、破壞を意味する改革である。吾人の希望は改革を言はざる改革をなしたいので、要は誤解せる精神を改むる事より初むるを以て尤も穩當なる方法と信ずるのである。若し夫れ、是が具體的成案と及び活事業に付ては是より又更に説かんとする條下に於て之を論述せんことを約し、玆に各種の會合を利用したる教化事業に付ては一先づ筆を擱き、項を改めて諸君と共に研究しよふと思ふ。卒業生の母校に遠ざかる習癖を矯正せんには、幾多善良なる方法と、完全なる手段の講究すべき者がある。然れ共過去數拾年に於ける、初等教育の出發點をして誤まらしめたる結果、今にして尙は回復するを得ざるは、恂《まこと》に吾人をして寒心に堪えざらしむるもの多きを想ひば、我が初等教育の前途未だ遼遠《れうえん》なりと謂ふべしである。吾人が前章に於て論述したる母の會を開く可きを説き、姉妹會を促し、講演會を催ふし、青年團を立つ可きを唱ひ、種々なる方面に從がい教化の普及に資せんと欲し、多くの有益にして興味ある會合を企つるもの、要するに、此の母校と卒業生との連絡に重きを置く所以である。教育召集も亦彼等卒業生をして、母校を愛する念慮を失はざらしめんが爲めに、設けたる一策にして、尙且つ此の機會を利用して、卒業後の彼等をして、處世の方針を誤まらざる樣、特に彼等の相談相手たるべく、後援者たるべく、教育召集を行ふのである、元來玆に教育召集と稱するもの、其の名稱に於て少しく命令的なるが如き感なきにあらずと雖も、此の事たる所謂過渡時代に於て經營すべく、稍々進境に達する時は敢て召集を行はずと雖も、卒業生自から母校に來つて協議すべきは協議し、參考となすべきは、參考とし、時に自己の抱負を語り希望を述べ、自他共に大同共安の途に進むべく努むるであろふ。

然り吾人は姉妹會の條下に於て、既に教師の責任と慈愛とが、我が教育せる姉妹の將來の禍福をトすべき結婚に關する勞を採るべき迄に論及したりと雖も、教育召集は之を擴張して、母校を出でし姉妹兄弟は、必ず此教育召集に漏《もら》すなく、時期を定めて母校の一室に召集し、教師は之に對し赤誠を以て、飽く迄も彼等の現在及將來に於ける執る可き方針と、爲すべき事業とに關し、其足らざるを補ひ短きを輔けて普く處世の方途を教へ、最も親切に、最も同情ある援助を與へるのである。詳言すれば教育召集の本旨とする處は、卒業生が母校を出でゝより以來、如何なる方針を取りて生業を營みつゝあるか、如何なる惡風に浸染《しんせん》しつゝあるか、思想上に如何なる變化を來しつゝあるか、如何なる底に向上しつゝあるか、又如何なる程度に迄墮落《だらく》を極めつゝありやを知悉すると同時に、更に卒業後に於ける家庭内の狀態如何を察し、併せて如何なる業務を撰定して世に立つべきかに迷ひる者ありとせば是に對して出來得る限りを盡して、救護の途を開き援助の法を講じ、彼等が處世の指南車として、之を導き之を誘ふて正道を逸せず、時代の競争に勝利を得べく勢援すべきである。斯の如くなれば必ずや數年の後ちには、母校より產み出したる人物の如何と、如何なる部面の生業に從事する者多きか、將た少なきかを調杳し得ると共に、其町村が如何なる方面に開展進步を爲せしやを知るに從ひ、更に將來は如何なる方針を取りて發展をなすべきかが、推定し得るのである。要は教育の結果が何れの點に迄普及し、如何なる反影を呈したるやを觀察し得るの資料となるのみならず、一町村の盛衰興亡は實に此の教育召集の狀況に依りて燎然《れうぜん》たりと言ふべきである。而して此の卒業生に對して一の軍人手帳の如き者を交付し置き、是に教育勅語及戊申詔勅を初めとして、是等卒業生に對する日常座右の銘として心得べき條文を明記し、之を信條となし、朝夕之に信順して唯一の脩身齊家の憲法とせねばならぬのである。最も此手帳を交付することは教育召集に限らず靑年會、姉妹會、其何れを問はず應用すべきは論ずる迄も無きことにして、例令ば一卒業生にして一町村若くは、一部落若くは一團結若くは個人として隣保の爲に同情を致し、舊故の爲に保護を加へ、一部落の爲に私心を捨てゝ盡したる功蹟の賞すべき者ありとせば、召集の際之を手帳に記入し、且又其人の爲に記すべき者ある時は、是を記載して精神的紀念となすが如き、總て靑年として公共の爲に盡すは畢竟個人の處世に利益なるの觀念を鼓吹し、是と同時に專ら空論を避け實利實際を重ずるの方嚮に導かんが爲に、有益なる方法を以て取扱ふのである。要之、進むでは活社會に立ちて有爲の人となり、退ゐては一家の經營に孝悌の人となるの指導に努むるのである、公益を脫したる私益の存する理由なく、私利を措て公利を求むるは原則に於て旣に其軌を逸する者である、公利と私益と固より其の結果に於て同一に論ずべき者にあらずと雖も、吾人は常に一人の利益は天下の公利にして、天下の公利は又一人の利益なるを信ずるものである。此の故に、公益を圖るは私益を增すの本根にして、私利を企つるは尙公利を進むる所以なるを確信するものである。去れば個人の幸福安寧を望む者は須らく國家の秩序利益を以て念とせねばならぬ。唯玆に一考を要する者は個人の利益を收得するを以て其第一義となすべきか、國家社會多數の利益を根本となすべきかを論斷するを以て、先決の問題とせねばならぬ、此の事旣に定まれる說なりと雖も、吾人が玆に記して特に注意を請はんと欲する者は、歐米最近の思潮が滔々として日本に流入したる結果、吾國民の思想に一大反響を與へ、實利主義個人主義の膨脹は最早掩ふべからざる一大事實ではないか。實利主義も個人主義も他を害せざる程度に於て或は利他的行爲の根本には相違なきも發達せざる國民の頭腦には是が理解應用に苦しむもので、大概誤解に陷り、或る時は危險なる思想と變じて、國家の不幸圖るべからざる場合に逢着することは敢て珍しからざる事である。若し夫れ善意に解せば個人主義より進むで國家に合するも、國家主義の立場より個性の滿足に及ぼすも其歸着する利點に至りては或は同一ならんも吾人の理想する所より之を觀れば、社會全面の利益を根本として利益に及ぼすを以て最も安全にして遠大なる計策なるを信ずるものである。公會堂を建設せんとするもの、亦此の公的思想を養成せんが爲めの一手段である。唯に公會堂を開設するは無用の入費を省く上にのみ利益ありと思惟するは大なる誤りである。物質以外、更に精神的感化に及ぼすこと、甚大なるを考へねばならぬ。人は境遇の動物とさへ傳へられて。公的會合には、公的思想を起し、私的會合には必ず私的行動を脫する克はざるは人の弱點である。此の故に一町村の民人をして公私の別を明かにせしめんには、總て公會的に萬事を決するを以て、最も適當なる誘導法を信ぜざるのである、卽ち村政上の協議、兵役の入營除隊、新年、祝賀等の如き、其他凡ての公けなる會合を開く場合は、必ず個人の宅を使用することを避けねばならぬ、固より田園の事なれば公會堂と稱すと雖も、一町村民人の經濟的情態に依つて、特に公會堂の建設を見ずと雖も時に寺院を利用し又は日曜日を期して學校舍を代用するも、一町村風紀の振肅に影響なき場合卽ち、在鄕軍人團青年團、夜學會、婦人會、展覽會、特種の或部分に限られたる懇親會勿論校舍を利用するは一擧兩得の策である。乍件近來の如く公けなる會合の旺んなる時代に於ては、此の公會堂を建設して萬般の公共的事業は悉く是を使用し唯一の機關とせねばならぬ。若し夫れ私人として冠婚葬祭を行ふ如きは、最も進步せる方法である、何事に付ても多く感情的に流れて弊害の伴ひ來るを通常の如く思考する田間村落に於ては、殊更に公會堂を設置するの必要なるを感ぜざるを得ないのである。然り公共的事業にあらで唯だ一の遊戯娯樂を爲す場合に於ても町村民人は相共に困苦を俱にし、歡樂を同ふする思想を養ふ上に於て公會堂と共に俱樂部を設置するの必要がある。村立俱樂部は實に平等無差別なる共同遊樂場である、此の俱樂部には成るべく高尙にして敎化的趣味に富める娯樂の途を開き相共に淸閑にして、雅致ある遊戯を弄するを本意として、所謂舊習の卑猥にして劣等なる惡風を盡滅するに心掛けねばならぬ。

然れども唯一槪に風紀の刷新を稱し改革を唱へて、一も二も理想的社會的否な忠君愛國的なりと謂ふと雖も、頭腦の未だ充分に開發せられざる土地に對かつて之を强ゆると雖も、其が制壓の結果は、必ず何れの方面へか、反動的現象の顯はるべきは自然の道理なれば、眞個に村風の改進と、土俗の弊習を矯正せんに心ある者は、須らく此の邊の消息を解せねばならぬ。此の點より吾人は血氣盛なる靑年輩の性慾的要求を除去し、可成的精神的快樂を與ふるに留意すべきは固より其處なりと雖も、一面に於て耳目口鼻を樂ましむべき簡單なる音樂、茶道活花謠曲圍碁琵琶劍舞柔道角力擊劍乃至書畫骨董詩歌俳句の何れを問はず、各其の好む處に從ひ、心の欲する處を縱にすと雖も、只是に耽溺するの罪惡なるを悟らしむると同時に、又俱樂部には茶菓飮料の簡易なる設備を爲すあらば、如何に彼等の爲めに淸雅なる一日を消する上に又絶好の便宜ではあるまいか。若し夫れ、或る時は便宜に任せて都會より演藝者を聘し、毎年春秋二季に興行せしめ、彼等の耳目を新たならしむる方便を講ずるも、亦好個の慰安ではあるまいか。唯だ玆に一言の注意すべきは演藝興行に關する外題物の撰擇《せんたく》に最も意を用ゆべきの一事である。是れ主腦者たる敎師の最も心を致すべき一大要點である、而して吾人は此の倶樂部と共に想ひ起すものは村立文庫を開設するの、最も急務中の急務なるを思念するのである。公會堂に附屬するも、倶樂部と共に併置するも、將又學校の一室に定むるも一日も、早く是を計畫するの利益なるを强いねばならぬ、初より敢て多大の費用を投じ、完全なる設備を爲すに及ばず、有志者の藏書を寄附するも可なり、新刊書購入の爲めには、賴母子講を設くるも可なり、青年子女の結婚紀念として寄贈するも可なり、或は又金銀婚式の祝賀、還曆《くわんれき》の宴《えん》等に關し是迄多くの費用を投ずるの習慣を排して、是が節約より生ずる者を投ずるも、敢て難事にあらざるべきを信ずる者である。此の事たる今や現に陳腐なる問題にして、各地村落に於て最早拾年前より實行し、大に成績の見るべき者夥多なるものなるの事實は、新聞紙の傳ふる處に見るも、明かなる事にして今日は最早必要なるを言ふべき時にあらず、寧ろ實行すべき時機に後れたる者である。然れ共悲ひ哉、未だ完く此の施設に對して、何等顧慮する者なき村落多く、例令是ありとするも有名無實にして、僅かに古雜誌の二三百冊を、塵埃堆裡に埋沒し置くに至つては、誠に慨嘆すべき限りではないか。地方當局茲に見る處ありて夙に巡廻文庫を設け頻りに地方青年の敎化に勞すと雖も、折り惡しく、巡廻し來りたる時期が、農繁に際會するが如き場合は、篤志の讀者ありと雖も、遺憾ながら、其の效果の甚だ少なかるべきを言はねばならぬ隔心なく言はゞ、今の巡廻文庫は青年の爲めと言はんより、寧ろ敎師の爲めと云ふを至當とせねばならぬかの感を起さざるを得ないのである。假令、村立文庫にして、巡廻文庫の如く振はずと雖も、既に町村自身の管すべきものとして、設立せられたりとせんか。此の觀念より收め得べき無形の利益は蓋し少なしと言ふべからず。況んや有志者青年相共に協力して、文庫を設立し是を敎化に致したらんには、智德開發の上に多大の啓發を與ふるや必せりである。想ふに村立文庫にして一朝一夕を以て其の效果を擧ぐべからずとするも、善事を等閑に附するは志ある者の忍ぶ克はざる所ではないか。否な〳〵社會公德上の罪惡と言はねばならぬ。而して村立文庫と共に奬勵すべき夜學會は既に各町村に於て、往々實行したりと雖も、永く繼續して行はれざるは如何。各其の村落に於ける一種の惡習慣に、重もなる原因に相違なしと雖も、是が主宰者たる任務を負ひたる者の努力の不足なるにも依るであらふ。然れ共要する處導かるゝ者より起る害因よりも、恐らくは導く側より生ずべき最大なる原因が無ければならぬ。是の點に於て町村有志者學務員乃至町村吏員、村敎者會員は其の最も重き責任を負はねばならぬ。何となれば夜學會を起す場合に於て、之が率先者として、教師が出來得る限り職務上の餘力を割き、是が好成績を擧ぐるに盡粹すと雖も、町村當局者は何等の顧慮する處なく、有志者も亦之に對して何等の補助を與ふるなきのみならず、甚だしきは夜學會に必要なる薪炭油費の支出さへ快よく應諾せざる町村吏員あるに至りては誠に沙汰の限りではないか。國民教育の事固より犧牲的、献身的を以て之に當らねばならぬ事なるは、識者を俟たずして知ることに屬し、教育者も亦感謝を受け報酬を望むべきにあらずと雖も、有志者乃至吏員は宜しく相當の敬意を拂ふと同時に、充分の便宜を與へ、滿腔の誠意を以て、之を迎ふべきは當然の本務なるを悟らねばならぬ、換言すれば教師は教師自身として、職分上の責任を盡すに於て、只管自己の所信を實踐するを以て本務と爲するべき者なれば例令町村の有志當局者にして、何等顧みる處なく、風馬牛の狀態ありと雖も、是に關し毫も不平を抱く可きにあらず。去れども人は感情的の動物てふ言ふが如く、教師と雖も時に或は不快の感を抱かざるを得ぬではないか。

然り己を盡して天命に安ずる底の理想あるも、時として努力の弛まざるを得ぬは普通の人情である試に見よ、國民皆兵として、陛下の爲めに一身一家を捧げて奉仕すべきは國民先天の義務ならんも、衆に擢んでゝ力を致し、功勳あるものには、特に大御心を濺がせ給ふものありて存じ、時に金品を下賜せられ、或は位階勳等を賜ふて我等國民を愛護し給ふにあらずや、翻《ひるがへつ》て今の小學校教師の境遇を見るに國家が是に報ゆることの厚からざるに比し、何ぞ其の荷ふ處の責務の重大なるやを想はなければならぬ。當局者既に此の方法に關する研究を重ね、遠からずして一大曙光を認むべきは、信じて疑はざる處なりと雖も、吾人は一日も早く是が完全なる方策の實現せられんことを翹望《ぎようばう》して止まざる者である。大局に關する問題は須らく措き、薄給を以て衣食する教師が、特に職務上犧牲的精神を以て、自己を顧みるの遑なく、是に盡すに於て例令教師其人より望まずと雖も、是に對して眞實なる感謝を致すは蓋し町村民人各自の當然盡すべき公然の德義である、夜學會の起らざる原因も、起つて而して後ちに中絶するも、其根元一に、公德思想の振はざるに基因するものと言はざるを得ぬ、豈夫只に經濟的基本の薄弱なるのみに歸すべけんやである。人或は吾人を以て物質的主義の一點張りと云はんかなれども、吾人は更に斷言して『精神的感謝の充分なる發表は必ず物質的にも感謝の行動なるべからず』と、言ふを憚らぬものである。然り今日は既に夜學會の時代は過ぎたり、實業補習學校建設の議旺んに稱へらるゝの時機に到達したるものである夫れ實業補習學校の本旨たる言ふ迄もなく、進んで中等教育を受くる克はざる子弟の爲に其の土地特種の實業的教育を施さんが爲に、設けたる所謂補習教育機關にして、地方教育中の尤も重きを爲すべき肝要教育である。然れ共未だ設備の充分なる者を見る克はざるは、吾人の常に遺憾とする處である。蓋補習教育機關を設く可き經濟的基本の完備せざるが爲と、及び之が施設の充分に行はしめんが爲めに、監督廳より規定の補助を仰ぐと稱するも、是とても實に僅少にして、何等此の設備に對して助けとなる程の者にもあらざれば、（固より無きに勝ると雖も）。要する處は町村自治機關の活動より産め出すにあらざれば、到底補習教育の完成を期すべからざる有樣ではないか。想ふに町村の事は町村自から爲さゞるべからずとは、文明國の實例にして何等政府の干渉に與からず、町村の獨力を以て經營すべきは自治團の由で存立する所以にして、是なければ自治の團民にあらずと云ふも、敢て過言ではあるまい。想ひば町村の經濟機關否な經濟的基本程大切なるはなく、學校の基本財産を造成するの急務なることは實に焦眉の急である。

市町村會議員の道德的權利及義務

單に市町村會議員の權利及び義務と云へば市町村制に依つて明らかにして今更ら論ずるの要はない事であるとも云ひ、得るが之れを道德的に見る時は研究を要する點がないとは云はれない、現に、市町村會議員はその權利を如何に發揮《はつき》し義務を如何に果して居るかを見たならば法律的に於ては各議員皆權利の適用も義務も完全であるとしても道德的に於ては之等完全に盡せる議員は稀《まれ》であらう、尤も理論の上からこれを法律と道德とを區別して論ずる事は出來ぬと同時に又區分するには甚だ困難であるが、事實表裏區分的に行はれて居る、例へば一市町村會に於て議案を議決するに當り意見の主張は二つに分れ一は少數にして一は多數なるも此の場合多數なるが故に必ずしもその市町村に取つて有利なる意見なりとばかりは云はない又少數なるが故に其の意見は不合理であるとか市町村の不利益なる意見とばかりは云はれない寧ろ少數の意見は合理的であつて多數の意見が橫暴《わうばう》なる時は多々ある。が一見多數の議員の意に依つての決定であるから法の上から權利の適用も義務も立派に果して居る事になる、此の實體を公平なる見地より觀察する時は決して立派な權利の適用でもなければ義務を果して居るものでもない場合が多い。と云ふのは、黨派に偏しての主張や感情に走れる主張や私情に走れる主張や只同意多數であるのみに贊成せる意見はこれを道德的に見て議員の價値もなければ其の意見は義務を果す爲めの主張とも云はれない素より市町村會議員は市町村民の代表者たる大なる責務を有し輕卒に私意を以て議事に參與する事は絕對に出來ないのである、議員はその問題はその市町村にとつて有利と悟《さと》つた場合でなければ可を主張する事も贊成する事も出來ぬのである。

然るに現在に於て行はれつゝある市町村會の議決は黨派的の臭味多く其の他私意を加へるものある

を多々見受ける。斯かる場合を見るに是ては法律的と道德的とは區分されて居ると云へ得ると同時に議員としての義務は絕對に盡されて居らぬ事は明かである。口に市町村政の發達を唱へながらもいざ議決に際し斯の如く感情に走り私意、黨意を主張するに於ては市町村民より託されたる重大な職務を沒却して居るものにして而かも貴重なる權利の亂用である、卽ち權利丈は充分發揮し義務は一切果さずとも少しも恥づる事なきにおいてをやである。尙ほ斯かる議員を議員としての當然事に見る居る市町村民が多い有樣であるから市町村會議員の選擧時でもあれば矢鱈《やたら》に我れも〳〵と雨後の筍の如く立候補の運働が始まる、全く義務の大なるを忘却して權利の華麗なるのみを考ふるからである。議員の職務を重しとして其の義務を盡さねばならぬと考へるならば議員選擧に際し人々に推薦されたとしても其の重任なる職卽ち義務は果せるかどうか市町村民に託さるゝ趣旨に戻《もど》らぬ行動が自分に出來るか否かを考慮の上その見込のついた上に立候補を承諾せねばならぬ事である。然るに自ら進んで立候補し人々に迄で推薦を乞ふて當選した上は權利のみ亂用し義務は少しも果たさうともせず、又其の恥を知らざるに於ては全く市町村民としてこれ程の遺憾はあるまい。然し、之等を默認した時代と時代は異なる今後に於ける村會議員は推す者も推さるゝ者も無責任なる事は出來ぬは勿論、重任たる議員の職を果す爲めにはより以上の注意を拂ふに非らざれば時勢は之れを許さないことを信ずるものである。

市町村の理想的議案と其の修正

その市町村に於ける富の程度と興廢は其の市町村の豫算を一見して明かである。即ち歳入に於けるその市町村の財政狀態に照し如何に敎育方面の發達しつゝあるか產業の如何に振興しつゝあるかは歳出に於ける事業の程度敎育施設等に依つて明瞭《めいれう》に知るを得やう。一家にして又一國にして然りである、總べてが先づ第一步が肝腎《かんじん》であると同じくその結果の如何は最初の豫定の如何に依ることは言を俟《ま》たないところである。

斯の如く重大なる豫算の編成に當りその市町村の現勢に照してよく熟考の上理想的な豫算を作る事は市町村民の代表者たる議員の重大な職責である。が故に先づ市町村當局が提案したる豫算面に向つてそれは妥當であるか否か、若し之れを修正せんとするならば如何なる修正を施すべきか徒らに豫算總額のみを減ぜしむるばかりが能でない。然るが故に先づその市町村の現勢に依つて即ち敎育進步の狀態からその施設を考慮し產業の發達に見てその方面の歳出を按配《あんばい》し衞生警備其他何れの疑項目を問はず總べてその市町村の現況に見て考慮を要するは云ふまでもなからう、又歳入に於ても然りで以上の支出に要する歳出總額を埋め合せる爲めに市町村民から徴收すべき稅金、或は其他の收入等之等はより以上愼重なる考慮を要するであらう、此處に一定の歳出額に對しそれだけの收入を得んとするにその大半が稅金に依るものであるが矢張り各市町村が時の狀態に依つて如何なる方面に稅率を多く課し如何なる方面に輕く爲すべきかその考慮は又重大なるものである、租稅及び府縣稅の附加稅たる市町村稅中主なるもの營業稅雜種稅等も勿論であるが最も何れの市町村に於ても騷《さわ》がれ且つ徴收する當局に於てその賦課法を至難としてゐる戸數割の如きに於てその算定方法等にありては最も考慮に考慮せねばならぬものと思ふ。

緊縮なる方針の下に豫算を作り市町村民の負擔を減ぜしむると云ふことのみが市町村の爲めでなく又例年に比して豫算額が超過せりとて必ずしも市町村の不爲ばかりではない、商工業地であればその方面の事業を擴張し農漁村であるならば此の方面への施設を施し以てその市町村の振興を圖り然してその市町村が豊かになつたならばとりもなほさずそれは市町村の富であり市町村民の富であらう、斯の如きは一時之等施設の爲めに市町村民は困難をすると雖も所謂利を得んが爲めの資本と同じくそれは無益なる支出とはならないのである。

然るに豫算の修正に際して議員の職責を誤り單に其の額面を減じ市町村民の負擔を一厘なりとも輕

滅せしむることのみを念頭に置く議員のあるを見受ける、斯くの如き議員に限つて其の市町村に於ける所謂通常豫算たる最初の總額面をのみ削減に腐心し遂に歳出に過剰を來し數度の追加豫算をもつて最後の定行總額の增加を見る如き其の間の無駄《むだ》な手數と費用を費す等は往々にして見られるところである。

尙ほ此處に最も嘆《なげ》かはしき事は自治の政爭である、之れは全國的に何れの市町村を問はずそのあまり激烈なるが故に市町村の發達を阻害しつゝある例は述べるまでもなく至るところの事實は明かに物語つてゐる、即ち當局の提案なるが故に反對派は飽までも之れに反對し自治の主張なるが故に是非を論せず贊意を表すると云ふが如き例は何れの市町村に於ても珍《めづ》らしい事ではない、例へば自分の至當なりと思ふ提案に對しても黨派的に反對なるが故に問題の如何を問はずその市町村にとつて的不的の如何を問はず所謂反對せんが爲めの反對を爲しつゝある例は數限りのないことである、然るに之れが爲め發展を妨げ市町村民の幸福を害するとするならば何處をもつて市町村民の代表なりとして議員面をされやう。のみならず賣名と自己宣傳の爲めに徒らに案の如何を問はず長々と駄辯《だべん》を弄《ろう》し反對派のこき下ろし等を爲して新聞に名を賣らんとする者などあるとするならば寧ろ悲しむべき事であると云はざるを得ない。

要はその市町村の發達を期し而して理想的なる豫算をつくり之れを實行せしめんとするに當り修正せんとするに際し問題に逢着して之れを解決するには總べて黨派を超越しその市町村勢の振興の爲めには愼重なる態度を以て事に當るべきであると思ふのである。

市町村の名譽職及吏員の待遇改善

市町村吏の待遇と名譽職の待遇に關しては事新らしく論じ立てるまでもなく既に各方面に於てその優遇說が叫《さけ》ばれ現に地方長官會議等には屢々提出され之れに依つて時々町村に對し長官よりその優遇方に對する通牒《つうてふ》が發せられあることは事實にして町村當局又相當な考慮を爲しつゝある如くであるが然るに今尙ほ何れの市町村に於ても殊に地方に於ける町村にありては待遇問題を叫びつゝあるもの決して尠くはない。曾て地方長官會議に際し、

町村吏員敍勳の範圍を一般的ならしめよ

町村吏員の優遇は一般官吏と同等にしては如何

町村長を官吏に登用せよ

町村長以外の者にも叙勳しては如何、而して町村長叙勳の年限中には助役、收入役としての年限をも加算しては如何

などの優遇案まで出たことがある。之等に對する各說は勿論區々たるものではあるがもし名譽職町村長にして叙勳するものとすれば等しく名譽職助役も叙勳すべきである、有給町村長にして叙勳するを至當であるとすれば等しく有給吏員たる助役、收入役其他一般吏員も叙勳すべきは當然である、何故なれば町村長の任たるや重しとするも其の職分を盡す點に至つては他の吏員も亦同一にして異るところがないと云ふにある。

尙ほ町村吏員の優遇を一般官吏と同等にすると云ふ說の如き一は官としての官吏であつて一は自治體の吏員たるの差あるのみ廣義に於て國義の事務に從ふものであることはもとより同一なことである而して官吏は義務なきに位置と俸給とを望んで任意に職を求めたる者にして町村の名譽職員の如きは自己の職業を有し敢て之れを求めざるにも拘らず强制せられる職務の犧牲者である、報酬の爲めに働く者に對してはその報酬を與へればそれで事足れりであるが强制的公共の爲めに犧牲となりつゝある者に對しては必ず之れに酬ゆる相當の表彰が必要なのである、が故に一般官吏をして優遇するとすれば强制其の職を奉ずる町村の名譽職吏員は殊に之れを優遇すべきであると同時に有給町村長も又同一

に優遇の要あると思ふ。而して有給町村長を優遇するとすれば有給助役收入役その他の吏員も然りである、之等は曾て長官會議に出されたる諸優遇案に對する各説であるが、郡制廢止後における各市町村の事業事務の增加は云ふまでもない著しいものである、參考までにその處分せる事業を掲げるならば

廢止前に處分せられたる事業

△女學校六校△實業學校五校△造林八十九△公會堂十七△病院四△議事堂二△圖書館七

廢止法に依り處分せられたる事業

△女學校六△實業學校二十一△造林四十三△公會堂十三△病院九△議事堂二十三△圖書館三

等にして之れは郡制廢止に伴ふ町村負擔の事業にして內務省調査に係るものであるが之等以外に事務の繁雜になつたこと增加したこと等は各周知の事實である。

然れども町村吏員と名譽職の優遇を講ずるに當り相當考慮を要する問題はその市町村に於ける吏員及び職員の勤怠の狀況である、已れの市町村の爲めに强制的に職以外の職を擔へ報酬の如何に拘らず勤勉なる者あるに反しこれは又極度の怠慢他の比を許さゞるものあるも町村吏員に多い、之れには如何なる原因が基因としてゐるかと云へば他の官吏と異なり監督方面において幾分緩慢《くわんまん》の點あるを免れ

ないが一つには何れの市町村を問はず政黨的色彩關係からしてその何んたるを選ばず所謂我が黨の傘下に集合せしめると云ふ惡風が尠からず影響してゐるものの如くである、之等は主として町村長外上級吏員以外を指すものであるが斯の如きを改め眞に吏員たり職員たりの職を全うする者に對しては以上述べたる優遇方法のみならずその手當報酬俸給は勿論退職等に際しても優遇方法を講ずるは至當であつてその市町村を代表する議員としての最も考慮を要する事であると思ふ。

第十一　市町村會議員と小學校教員

小學兒童の一般父兄保護者に對し、吾々學校當事者は從來よりも更に一層大なる要求を持ち込まなければならない。父兄保護者中、一部分の有識階級者は特別として、其の大部分は、唯自分の子供を學校に通はしてさへ置けば、それで充分事足り、凡ては學校で然るべく謀《はか》つて下さるといふ無頓着且つ横着な考へを持つて居る方もないでもない。これは一面には自己の子供等を尊重すべき念の尠いといふことにもなるが、他面には明かに兒童教育なるものに就いての無理解といふことから來るものである。事實に於て何程教師が努力したところで受持の兒童數が多ければ多いほど、個々の兒童の個性發見といふことは漸時困難に陷るからむしろ兒童の父兄保護者が、自ら進んで、積極的に兒童の個性を發見して、それを敎師に具申《ぐしん》して、敎師をして其れを伸長せしめるやうにしなければならぬ。西洋の諺にも「愛は智識の持たない眼を持つ」といつてある。眞に兒童を親愛する保護者父兄は、他人の發見し得ざる數多の可能性を其の兒童發育の階程から發見し得るに相違ないと信じられる。父兄保護者にして此の援助なしには、如何に優秀な敎師にて、如何に努力すと雖も到底其の實績を擧げることが出來ないのである。

物質は不滅、勢力は恒有、又物質上に與へた吾人の運動は永續的にして不滅なるは理學の原理である。物質の運動が不滅なれば從つて精神的運動も亦永續的でなければならない。敎育事業は兒童の精神作用に及ぼす一種の運動作用に外ならない。故に一度與へられた運動は兒童の精神中に持續して終生離るゝことがないばかりでなく子々孫々にまで相續いて千歳の後までも永く存するわけである。換言すれば敎育者が兒童の心中に與へたところの精神的作用は社會の海面上に波動を起し、其の餘力が相傳へて後世にまで波及するものである。かくて世の雜物は肉體と共に消滅することあるも、敎育者の精神作用は獨り不滅と謂つてもよい。故に敎育者の身心作用は自己の子孫傳播以外に更に兒童の心界に波動を與へて以て兒童の心裡に變化を及ぼすといふことは何としても否定の出來ない眞理といつてよい。

兒童の心界に與ふる波動の最も大なるものは小學校の教育事業である。縱令教育者の功績が世間に知られないとしても少くとも兒童の心中に記念されて後世にまで傳はるといふことは疑の餘地がない此の意味に於て兒童の精神は教育者の功績を永久に傳ふべき記念碑といつてもわるくはない。

教育の中で最も重要なものは何といつても小學校教育でなければならない。それは他日國家の柱石となり、干城となり、政治家となり、實業家となり、學者となり、軍人となる者の基礎時代の教養にして且つ何事も先入主となる精神時期の教育なれば、これに從事する者は其の責任に於て無限である其の上小學校教員は父兄に代つての教育なれば、其の責任及び苦心も亦尠くない。併し反面に於ける快樂も亦小ではない。唯、薄給なるを遺憾とするのである。然るに幸福及び快樂は、衣食財寶の上にのみ存するものはない。却つて無上無限の樂福は物質以外に存すべきものである。富人に一寸の苦なく、貧人に一點の樂ないとは考へられない。事實上、富人は貧人の知らない苦を持つこともある。貧民は又富人の知らざる樂を有することもある。然らば俸給の多寡を以て教員の幸不幸を規定づけらるべきものはない。天地自然より得るところの天幸と心得置くべきものである。而して責任重く且つ大なれば、從つて愉快も亦重且つ大なるものである。何人も自己の力に依りて得たる實績を見て不愉とする者はあるまい。

一度教育界に身を投じたからには最初より別天地に入るの覺悟が肝要である。而して別世界に入りたる上は、一時的の榮譽利達の如き俗念を脱却しなければならない。

青森縣勢と全國各縣の比較

青森縣の世帶數及各府縣世帶數比較

青森縣縣の世帶數、　一三八、五五七戸

各府縣世帶數比較

北海道	四六八、七五二	千葉	二七〇、七九六
東京	九七三、五三〇	茨城	二七七、三三五
京都	三〇四、〇九七	栃木	二〇〇、一七二
大阪	六八三、六三八	奈良	一一六、六二三
神奈川	二八七、七七七	三重	二二八、二五〇
兵庫	五三〇、九九一	愛知	四七七、八五二
長崎	二三三、〇九三	靜岡	三〇九、七八三
新潟	三三八、二六四	山梨	一一八、三六〇
埼玉	二五三、二六一	滋賀	一四四、六六二
群馬	二〇七、二二三	岐阜	二二八、九八二

長野	三一五、二二七	山口	二四一、六〇七
宮城	一七四、六七八	和歌山	一六九、二七六
福島	二五七、〇六六	德島	一四二、六八三
岩手	一五二、九二八	香川	一四六、九五八
青森	一三八、五五七	愛媛	二三四、六七八
山形	一六九、〇二四	高知	一四七、九二四
秋田	一六〇、〇二七	福岡	四六一、六七一
福井	一二五、八〇〇	大分	一八六、三六四
石川	一五四、〇五二	佐賀	一二九、七二八
富山	一四五、七八四	熊本	二四九、六四二
鳥取	九三、一二五	宮崎	一三八、六四六
島根	一五七、二六六	鹿兒島	三一三、五四七
岡山	二六九、三八二	沖繩	一二〇、四三〇
廣島	三五〇、一五五	計	一二、九九九、六〇九

青森縣の人口及各府縣別人口比較

青森縣人口

男　四〇八、七七〇
女　四〇四、二〇七
計　八一二、九七七

各府縣別人口比較

北海道	二、四九八、六七九	新潟	一、八四九、八〇七
東京	四、四八五、一四四	埼玉	一、三九四、四六一
京都	一、四〇六、三八二	群馬	一、一一八、八五八
大阪	三、〇五九、五〇二	千葉	一、三九九、二五七
神奈川	一、四一六、七九二	茨城	七一五、二五五
兵庫	二、四五四、六七九	栃木	五五四、一六九
長崎	一、一六三、九四五	奈良	二九四、〇五八

三重	五六二、九一〇
愛知	一、一六九、一六九
靜岡	八三五、六九六
山梨	三〇〇、三八六
滋賀	三四一、三四一
岐阜	五六四、七二〇
長野	八三五、三四二
宮城	五一八、八四五
福島	七二六、九九〇
岩手	九〇〇、九八四
青森	八一二、九七七
山形	一、〇七二、二九七
秋田	九三六、四〇八
福井	五九七、八九九

石川	七五〇、八五四
富山	七四九、二四三
鳥取	四七二、二三〇
島根	七二二、四〇二
岡山	一、二三八、四四七
廣島	一、六一七、六八〇
山口	一、〇九四、五四四
和歌山	七八七、五一一
德島	六八九、八一四
香川	七〇〇、三〇八
愛媛	一、〇九六、三六六
高知	六八七、四七八
福岡	二、三〇一、六六八
大分	九一五、一三六

熊本	一、二九六、〇八六	沖縄	五五七、六二二
宮崎	六九一、〇九四	計	五九、七六六、八二二

青森縣農家戸數及各府縣別農家戸數比較

青森縣農家戸數

自作	二三、五六九
小作	二四、三六五
自作兼小作	三二、七七九
計	八〇、七一三

府縣別農家戸數比較

北海道	一七一、一八九	岩手	九九、三三四
青森	八〇、七一三	宮城	九六、五一四

秋田	八八、四二三
山形	九三、二三五
福島	一三一、九六六
茨城	一四五、九六二
栃木	一〇二、六五八
群馬	一一四、八九八
埼玉	一四九、六五一
千葉	一五九、二七八
東京	六一、七七九
神奈川	八〇、四七九
新潟	二〇一、二九三
富山	七八、三二八
石川	八二、六二八
福井	七〇、九九一
山梨	七九、五九二
長野	二〇六、一〇二
岐阜	一二一、四二七
靜岡	一六一、二八〇
愛知	一九七、六八三
三重	一一三、七二一
滋賀	九二、四六二
京都	八一、七三〇
大阪	八六、〇三二
兵庫	一八六、五八三
奈良	五四、〇八〇
和歌山	七六、九四九
鳥取	五七、七九二
島根	一一〇、二一二

岡山	一六二、五七三	佐賀	六七、三五三
廣島	一九七、五〇〇	長崎	一〇七、七七六
山口	一二四、九一〇	熊本	一四三、〇八四
徳島	七九、五一八	大分	一三四、二〇八
香川	八七、九六五	宮崎	七五、七九四
愛媛	一二八、四三九	鹿兒島	二〇八、一二〇
高知	八二、四一九	沖繩	八五、〇七一
福岡	一四七、九〇四		

青森縣漁業者數及各府縣別漁業數比較

青森縣漁業者數

漁業主數	一六、四九五人
使用人數	二五、九九七人

各府縣各漁業者數比較

縣別	漁業者數	使用人數
北海道	四七、〇〇九	一二八、八七三
青森	一六、四九五	二五、九九七
岩手	一〇、九五三	一九、五四三
宮城	一一、二八八	二一、九九五
秋田	六、一九九	一二、二五六
山形	四、七二六	五、〇四六
福島	四、一九三	六、三六五
茨城	九、〇五一	一六、四七六
栃木	四、三三五	一六一
群馬	二、一八四	三八八
埼玉	一、七一〇	一〇八
千葉	二八、六〇六	三七、七八二
東京	九、五七六	八、九七七
神奈川	九、八八八	一六、〇九〇
新潟	一六、四九四	一六、〇九〇
富山	七、九五〇	一四、四二九
石川	一二、九五一	一八、五五一
福井	七、二八六	八、九八一
山梨	一、二九六	四六
長野	九、〇八五	七〇三
岐阜	一五、八七〇	一一、一六四
靜岡	一八、九一六	二七、五一一
愛知	二〇、七〇三	一三、七八〇
三重	一七、三四五	三〇、七七四
滋賀	一四、九九八	一、八〇六

京都	五、六四八	三、四二八	愛媛	一七、七四二	二五、七五九
大阪	三、二五五	三、一八九	高知	一一、四九三	二七、七六三
兵庫	一五、四三一	一九、七三七	福岡	一〇、四九七	一一、二二七
奈良	三、六〇七	九二	佐賀	九、一一〇	七、〇三三
和歌山	一〇、二七九	一七、一五九	長崎	三八、一三六	七七、四八一
鳥取	七、六二九	七、六七三	熊本	二三、九〇九	二一、四一五
島根	二四、五三八	二二、九八四	大分	一七、二七一	二三、四四九
岡山	一二、四〇二	六、四一六	宮崎	九、四〇六	七、五九六
廣島	一八、六一六	一五 七三四	鹿兒島	一七、三三五	三三、二〇一
山口	二三、六七五	二六、三三二	沖繩	七、九四九	六、七一五
德島	七、四三二	九、四四六	計	六一四、五九一	八一〇、一〇九
香川	一一、一二四	一二、一三三			

青森縣漁獲物産額及各府縣別漁獲物産額比較

青森縣漁獲物產額

六、九八六、三〇三圓

各府縣別漁獲物產額比較

北海道	五五、〇六七、〇四〇	千葉	八、八〇三、四七四
青森	六、六九六、三〇三	東京	八、九四五、三八七
岩手	五、五九五、八四二	神奈川	八、〇一〇、四六一
宮城	二、六〇二、一七四	新潟	五、〇八六、九六五
秋田	一、九一七、五二〇	富山	四、四五三、二一八
山形	六一八、六一七	石川	四、三〇〇、二八一
福島	一、一〇三、二六〇	福井	三、三二二、五九五
茨城	二、〇〇五、七六五	山梨	一二〇、八七八
栃木	三九二、六三七	長野	三五六、五〇八
群馬	一三三、八一五	岐阜	九七九、〇六二
埼玉	二七二、二六四	静岡	一二、〇七五、〇八一

愛知	八、九六一、八五四
三重	七、四四六、二四四
滋賀	一、一二三、五九九
京都	一、八五三、二一三
大阪	二、〇五四、九〇四
兵庫	七、六一二、八九九
奈良	一八三、六六一
和歌山	七、〇五〇、七六二
鳥取	一、六六二、九三一
島根	四、六八〇、八七八
岡山	三、八九五、四三二
廣島	四、七三一、六四二
山口	一〇、七四六、二六三
徳島	三、四〇九、六四一
香川	三、〇五六、〇七三
愛媛	四、八三一、七六五
高知	一〇、五三三、七四〇
福岡	六、三七四、〇四八
佐賀	三、六三八、七三六
長崎	一二、四三八、三四九
熊本	三、一九〇、四六七
大分	五、三九九、〇七三
宮崎	三、二〇六、四一九
鹿児島	六、四六三、七八一
沖縄	七五四、二三九
計	二五八、四四八、七六〇

青森縣田畑價格及各府縣價格比較

青森縣價格

	田	畑
上	四七七圓	二〇七圓
下	二九四	一〇五
普通	三八一	一四五

各府縣別比較

（田の部）

府縣別	上	下	普通
北海道	一七三圓	七九圓	一二七圓
青森	四七七	二九四	三八一
岩手	六三九	三三九	四四七
宮城	五一三	三二二	四一四
秋田	六一六	三六六	五〇二
山形	六九五	四〇七	五四九
福島	五四八	二五〇	三八四
茨城	六〇五	三四一	四五四
栃木	六〇六	三一三	四六二
群馬	六五六	三八六	五二二
埼玉	六〇三	三七五	五〇二
千葉	六二九	三四一	四七〇

東京	一、一一六	六三三	八六六
神奈川	八二四	四五二	六一九
新潟	六六一	三〇八	四八四
富山	七八八	四四四	六一八
石川	八一七	四二六	六二七
福井	六八五	三八五	五三八
山梨	六六〇	三四二	五一三
長野	七五八	三八七	五七〇
岐阜	八一六	四五八	六三八
靜岡	七九〇	四二六	六一五
愛知	九〇五	四九一	六六二
三重	七一七	三四六	五二一
滋賀	七四三	三八三	五五二
京都	八二八	四二九	六三八
大阪	八三三	五四三	六七五
兵庫	八六七	四四四	六五五
奈良	七七二	四四六	六二二
和歌山	七九一	四三三	六二五
鳥取	九一八	三七五	五六〇
島根	七三四	三二〇	五二九
岡山	八〇一	三六八	五八六
廣島	九六四	四四六	六八二
山口	八二八	三六三	五八二
徳島	七五〇	四六一	六四四
香川	六〇四	三四〇	四七四
愛媛	七六〇	三五七	五五八
高知	一、〇二五	五四二	七九四
福岡	八一〇	四〇七	五九四

佐賀	八一一	四五七	六三五
長崎	七六〇	三六六	五七四
熊本	七八五	四〇九	六二一
大分	七四三	三四八	五四五
宮崎	五〇八	二二五	三六六
鹿児島	七七六	三三九	五八四
沖縄	一二一	七二	九二
平均	七一九	三七八	五四六

(畑の部)

府県別	上	下	普通
北海道	八五圓	二六圓	五三圓
青森	二〇七	一〇五	一四五
岩手	三三五	一三一	二一〇
宮城	三六〇	一八九	二七一
秋田	二七七	一二五	一九二
山形	四三九	二〇〇	二九八
福島	三六三	一五五	二五五
茨城	四一九	二〇二	三〇六
栃木	四三七	一七〇	三一八
群馬	五一三	二六四	三九八
埼玉	四八七	三〇〇	三九五
千葉	四一八	一七七	二七五
東京	九八三	五五〇	七六六
神奈川	六五八	三一九	四七〇
新潟	三七四	一二一	二三一
富山	四六八	一六八	三二八
石川	三七八	一五八	二四二
福井	三九〇	一八三	二七九

山梨	五四三	二二二	三八四
長野	五六〇	二二八	四〇一
岐阜	六三八	三三六	四九一
靜岡	七一七	三一三	五一〇
愛知	七五二	四〇九	六二五
三重	五七〇	二二九	三九二
滋賀	五三六	二二四	三六八
京都	六二六	二二四	四二三
大阪	四九六	三〇八	四〇八
兵庫	四〇五	一六三	二八四
奈良	四三八	一九五	三〇五
和歌山	五七四	二一六	三八三
鳥取	五八七	二三〇	四〇二
島根	五一九	一六一	三二八
岡山	四五八	一六一	二九三
廣島	五八四	一八一	三六六
山口	三四三	一三八	二三三
徳島	五七八	二九三	四七七
香川	三三一	一三七	二四八
愛媛	五三六	二一四	三六二
高知	七六五	三一四	五三一
福岡	四二四	一六六	二九一
佐賀	四四〇	一九二	三一〇
長崎	四三四	一二四	二六〇
熊本	四五〇	一六五	三一五
大分	三七三	一三七	二三七
宮崎	三二五	一一五	二〇八
鹿児島	五一〇	一二五	二九八

沖繩　一四五　五八　一〇〇　平均　四七三　二〇二　三三三

青森縣各學校名及所在地

青森市

師附校	造道
女師附校	浦町
尋高青森	同
尋長島	長島
尋新町	長島
同橋本	浦町
同莨町	莨町
商工補習	新町

弘前市

尋朝陽	本町
同第一大成	土手町
同第二大成	品川町
同和德	和德町
尋高時敏	藏主町
尋越四	五十石町

高　弘前　藏主町

西津輕郡

尋高　西海　鰺ヶ澤町
同　南金澤　赤石村
同　赤石　同
同　修道　大戸瀬村
尋　轟木　同
同　風合瀬　同
尋高　深浦　深村
同　岩崎　岩崎村
尋　黑崎　同
尋高　舞戸　舞戸村
尋高　中村　中村
尋　芦萢　同
同　第一鳴澤　鳴澤村
同　出來島　同
同　吹原　越水村
同　第二鳴澤　鳴澤村
尋高　越水　越水村
同　下福原　同
尋　柴田　柴田村
同　福原　同
尋　菊川　柴田村
尋高　森田　森田村
尋　育成　同
尋高　水元　水元村
尋高　柏　柏村
尋　柏第二　同

尋	川除	川除村
尋高	向陽	木造町
尋高	林	出精村
尋高	豊川	稲垣村
尋	沼崎	稲垣村
尋	繁田	同
尋	下繁田	同
尋	菰槌	館岡村
尋	館岡	同
尋	筒木阪	同
尋高	第一東力	東力村
尋	第二東力	
尋	第三東力	
尋高	十三	十三村

東津輕郡

尋高	大野	大野村
尋	細越	同
尋	安田	同
尋	高田	高田村
尋	野澤	同
尋高	荒川	荒川村
尋	金澤	同
尋高	油川	油川村
尋	沖館	瀧內村
尋	三內	同
同	岩泣分	同
尋	浪館	同
同	孫內	同

尋高新城	新城村
尋　石江	同
同　戸内	同
同　鶴ケ坂分	同
尋高西田澤	奥内村
同　奥内	同
尋高小橋	後潟村
同　後潟	同
同　中澤	蓬田村
同　蓬田	同
同　廣瀬	同
同　高根分	同
尋高蟹田	蟹田村
同　外黒山分	同
尋　小國	同
同　鹽越	同
同　大山	同
同　石濱	平舘村
同　舟岡分	同
同　野田	同
尋高平舘	同
尋　石崎	同
尋高奥平舘	一本木村
同　砂ケ森分	同
尋高母衣月	同
尋　大泊	同
同岡崎分	同
尋高今別	今別村

尋	大川本	同
尋高	三厩	三厩村
同	宇鐵	同
尋	龍飛	同
同	檳榔分	同
尋高	横內	横內村
同	筒井	筒井村
尋	造道	造道村
同	濱館	同
同	原別	原別村
同	諏訪澤	同
同	宮田	東嶽村
尋高	野內	野內村
同	久栗坂	同
同	淺虫	同
同	山口	西平內村
同	土屋分	同
尋	藤澤	同
尋	浦由	西平內村
同	義浦	同
尋高	小湊	中平內村
同	淺所分	同
尋	東田澤	同
同	內童子	同
同	清水川	東平內村
同	松野木	同
同	外童子分	同
同	狩場澤	同

同　廣口　同

中津輕郡

尋　富田　清水村
同　小澤　同
同　青柳　同
同　進修　和徳村
同　明誠　同
同　靜修　同
同　養正　同
同　新里　豊田
尋　知新　豊田村
同　外崎　同
同　隆親　堀越村
同　清水森　千年村
同　磨光　同
同　大和澤　同
同　駒越　駒越村
同　鳥井野　同
同　兼平　同
同　一町田　同
尋　嶽暢　岩木村
同　百澤　同
同　百堂　相馬村
同　紙漉　同
同　相馬　同
尋高　國吉　東目屋村
尋　時習　同
同　就將　西目屋村

同	致遠	藤代村
同	三省	同
尋高	新和	新和村
尋	小友	同
同	三和	同
同	大浦	大浦村
尋高	富榮	船澤村
尋	强行	高杉村
同	高杉	同
同	自得	裾野村
同	草薙	同
同	修齊	同
高	王成	清水外十ヶ村

南津輕郡

高	黒石	黒石町
尋	黒石	同
同	女鹿澤	女鹿澤村
同	成業	同
同	育英	富木館村
同	福館	同
同	野澤	野澤村
同	大榮	大杉村
尋	杉澤	大杉村
同	浪岡	浪岡村
同	北中野	五郷村
同	本郷	五郷村
同	細野	同
同	六郷	六郷村

同	小畑	十二里村
同	西中野目	同
同	若松	常盤村
同	福島	同
尋	藤崎	藤崎村
同	東光寺	光田寺村
同	前田屋敷	同
同	川部	同
同	第一畑岡	畑岡村
同	第二畑岡	畑岡村
同	垂柳	田舎館村
同	畑中	同
同	大根子	同
同	豊蒔	同
尋	中郷	中郷村
同	牡田平	山形村
同	東英	同
同	猿賀	猿賀村
同	日沼	同
同	尾上	尾上村
同	淺瀬石	淺瀬石村
同	金田	金田村
同	小和森	大光寺村
同	松崎	同
高	柏木町	柏木町
尋	柏木町	同
同	大坊	同
同	新屋	尾崎村

同　町居　町居村
同　沖館　竹館村
同　唐竹　同
同　廣船　同
同　小國　同
同　葛川　同
尋　石川　石川村
同　大鰐　大鰐
同　三目内　同
同　長峯　藏館村
同　碇ケ關　碇ケ關村
同　古懸　古懸

北津輕郡

高　明治　金木町

尋高　五所川原　五所川原町
同　女子五所川原　同
尋高　板柳　板柳村
同　鶴田　鶴田村
同　分校　同
同　胡桃館　六郷村
同　七和村
同　沿川第一　沿川村
尋　胡桃館　六郷村
同　野中分　同
同　山道分　同
同　小阿彌　小阿村
尋　横萢　梅澤村
同　梅田　同

同　沿川第二　沿川村
同　菖蒲川　鶴田村
同　大強　同
同　榮　榮村
同　廣田分　同
同　七ッ館　同
同　田中　中川村
同　沖詰飯　同
尋高　鶴ヶ岡　三好村
尋　高野　七和村
同　松野木　長橋村
同　水野尾　同
同　金山　同
同　下野坪　同

同　飯詰　飯詰村
同　嘉瀨　嘉瀨村
同　毘沙門　同
同　前田　七和村
尋　野里　長橋村
同　喜良市　喜良市村
同　金木第一　金木村
同　金木第二　同
同　金木第三　同
同　富野　武田村
同　長泥分　同
同　中里　中里村
同　大澤內分　同
同　尾別　內潟村

尋　薄市　内潟村
同　今泉　同
同　相内　相内村
同　太田分　同
同　脇元　脇元村
同　小泊　小泊村
同　下前　同

上北郡

尋高　横濱　横濱村
同　百目木分　同
尋　有畑　横濱村
尋高　城内　野邊地町
同　木明分　同
同　明戸分　同

尋高　新町　同
尋　馬門　同
尋高　保戸澤　甲地村
同　雜夫原分　同
尋　乙共　同
同　清水目　同
尋　千曳　甲地村
同　甲地　甲地村
同　船ヶ澤分　同
同　水喰　同
尋高　天摩館　天間林村
尋　坪　同
同　白石　同
同　中野　同

同　行分　　同
尋高榎林　　同
尋　二ツ森　　天間林村
榎林李澤分　　同
尋　花松　　同
尋高七戸　　七戸町
同　西野分　　同
同　荒屋分　　同
同　鶴ノ児平分　　同
尋　早坂　　大深内村
同　立崎分　　同
同　洞内分　　同
同　羽立分　　大深内村
同　深持　　同

同　晴山分　　同
同　熊澤分　　同
尋高上野　　浦野館村
同　小川原　　同
尋　新館　　同
同　新山　　同
尋高大浦　　同
尋高三本木　　三本木町
尋　赤沼　　三本木町
尋高上切田　　同
同　夏間木分　　同
同　茗畑分　　同
尋　下切田　　同
同　中掫　　同

尋高澤田	法奥澤村
尋高法奥澤	同
同　片田澤分	同
同　十和田分	同
尋高藤坂	藤坂村
尋　傳法寺	四和村
同　瀧澤	同
同　米田	同
同　長下分	同
同　大不動	同
尋高六戸	六戸村
同　七百分	同
尋　折義	同
同　柳町	同
尋　岡沼	六戸村
同　金谷分	同
尋高古間木	同
尋　下田	下田村
尋高木内々	同
同　木ノ下分	同
尋高百石	百石村
尋　一川目	同
同　二川目	同
尋高三澤	三澤村
尋　岡三澤	三澤村
同　三澤根井分	同
同　二川目	同
同　淋代	同

同　織笠　同
同　天ケ森分　同
同　六川目　同
織笠砂森分　同
尋　谷地頭　同
尋高倉內　六ケ所村
同　中志分　六ケ所村
尋高平沼　同
同　金矢分　同
尋高泊　同
尋　鷹架　同
同　小鎖分　同
同　尾鮫　同
尋高尾鮫　同

下北郡

尋高田名部　田名部町
尋　奥內　田名部町
同　中野澤　同
同　關根　同
同　鳥澤分　同
尋高大湊　大湊町
尋　大平　同
同　城ケ澤　同
同　角遠分　同
同　大利　東通村
同　目名　同
尋　蒲野　東通村
同　石持　同

同　鹿橋	同
同　野牛	同
同　入口分	同
同　岩屋	同
同　尻屋	同
同　尻労	同
同　田代	同
同　猿ヶ森	同
尋小田野澤	東通村
同　老部	同
同　白糠	同
同　砂子又	同
同　田屋	同
同　正津川	大畑村
尋高大畑	同
同　小目名分	同
同　關根橋分	同
同　木津部分	同
同　赤川分	大畑村
同　二枝橋分	同
尋高下風呂	風間浦村
同　易國間	同
同　蛇浦	同
同　大間	大奥村
同　奥戸	同
同　佐井	佐井村
同　矢越分	同
同　磯谷分	同

同	長後分	佐井村
同	福浦分	同
同	牛瀧分	
尋高	川内	川内村
同	檜川分	同
同	戸澤分	同
同	小倉平分	同
尋高	銀杏木	同
同	畑分	同
尋高	宿野部	同
尋	蛎部	川内村
同	中山	同
同	小澤	脇野澤村
尋高	脇野澤	同
同	瀧山分	同
同	九艇泊分	同

三戸郡

高	八戸	八戸町
尋	八戸	同
同	長者	同
尋	中居林	八戸町
尋高	小中野	小中野町
同	湊	湊町
同	白銀	同
同	町畑分	同
同	鮫	鮫村
尋	白濱	同
同	種差	同

同　大久喜　同
同　金濱分　同
尋　鳥屋部　階上村
同　石鉢分　同
尋高赤保内　同
尋　金山澤　同
同　道佛　同
同　小舟渡　同
同　大蛇　同
尋高登切　同
尋　田代　階上村外一村
尋高島守　島守村
同　世増分　島守村
尋　是川　是川村

同　水野分　同
同　番屋分　同
尋高新井田　大館村
尋　松館　同
同　十日分　同
同　賣市　館村
同　田面木　同
尋高明治　同
尋高下長苗代　下長苗代村
同　八太郎分　同
同　高畑分　同
尋高三條　上長苗代村
尋　地引　地引村
尋　麥澤分　同

同	片岸分	同
同	森越	田部村
同	福田	同
同	杉江	同
尋	星岡	田部村
同	花渡	同
尋高	劍吉	北川村
尋	斗賀	同
尋高	市野澤	中澤村
尋	中野	同
同	鳩田	同
尋高	上名久井	名久井村
同	法光寺分	同
尋	下名久井	同
同	横澤分	名久井村
尋	平	同
同	鳥舌內	同
同	鳥谷	同
尋高	三戸	三戸町
同	梅內	留崎村
尋	泉山	同
同	目時	同
同	斗內	斗川村
同	豐川	同
尋	大舌	斗川村
同	貝守	猿邊村
同	下田	同
同	杉澤	同

同	蛇沼	同
同	袴田	同
尋高	田子	田子村
尋	相米	同
同	清水頭	同
同	原	上郷村
尋	山口	上郷村
同	遠瀬	同
同	夏坂	
尋高	大向	向村
尋	小向	同
同	二又分	同
尋高	平良崎	平良崎村
尋	下郷	同
同	相内	同
同	沖通	同
尋	赤石	平良崎村
尋高	五戸	五戸町
同	五戸女子	同
尋	姥川	同
尋	切谷内	川内村
尋高	上市川	同
同	轟木	市川村
尋	多賀	同
尋高	又重	倉石村
尋	中市	同
尋	石澤	倉石村
尋高	戸來	戸來村

同　小坂分

尋　川代

尋高西越

同　手倉橋

尋高瀧水

同

同

野澤村

同

瀧田村

同　豊川分

尋　扇田

同　七崎

尋　豊間内

同

同

豊崎村

豊崎村

歴代内閣一覧表

○総理大臣　伊藤博文
成立年月　明治十八年十二月
在職年月　二年四月
外務大臣　井上馨　兼伊藤博文
（二〇、九）　（二一、二）
大隈重信
内務大臣　山縣有朋
大藏大臣　松方正義
陸軍大臣　大山巖
海軍大臣　西郷從道　兼大山巖

司法大臣　山田顯義
（一九、七）
文部大臣　森有禮
農商務大臣　谷干城　兼西郷從道
（一九、三）　（一九、七）
兼山縣有朋　谷干城
（二〇、六）　（二〇、七）
土方久元　黑田清隆
（二〇、九）

遞信大臣　榎本武揚

○總理大臣　黑田清隆　臨三條實美
成立年月　明治二十一年四月
在職年月　一年七月
外務大臣　大隈重信

内務大臣　山縣有朋　兼松方正義
（二一、一二）　（二三、一〇）
山縣有朋
大蔵大臣　松方正義
陸軍大臣　大山巖
海軍大臣　西郷従道
司法大臣　山田顕義
文部大臣　森有禮　兼大山巖
（二二、二）　（二二、三）
榎本武揚
農商務大臣　兼榎本武揚　井上馨
（二一、七）
遞信大臣　榎本武揚　後藤象二郎
（二二、三）

○總理大臣　山縣有朋
外務大臣　青木周藏
內務大臣　兼山縣有朋　西鄕從道
（二三、五）
大藏大臣　松方正義
陸軍大臣　大山巖
海軍大臣　西鄕從道　樺山資紀
（二三、五）
司法大臣　山田顯義　臨大木喬任
文部大臣　芳川顯正
農商務大臣　岩村通俊　陸奥宗光
（二三、五）
遞信大臣　後藤象二郎
○總理大臣　松方正義

成立年月　明治二十四年五月
在職年月　一年三月

外務大臣　榎本武揚　品川彌二郎
内務大臣　西郷從道　（二四、六）　（二五、三）
　　　　　副島種臣　兼松方正義
　　　　　（二五、六）　（二五、七）
　　　　　河野敏鎌
大藏大臣　兼松方正義
陸軍大臣　大山巖　高島鞆之助
　　　　　（二四、六）
海軍大臣　樺山資紀
司法大臣　山田顯義　田中不二麿
　　　　　（二四、六）　（二五、七）

文部大臣　兼河野敏鎌　芳川顯正（二四、六）　大木喬任

農商務大臣　陸奥宗光（二五、三）　河野敏鎌（二五、七）

遞信大臣　佐野常民　後藤象二郎

○總理大臣　伊藤博文　臨黒川清隆

成立年月　明治二十五年八月

在職年月　四年一月

外務大臣　陸奥宗光（二八、六）　代西園寺公望（二九、四）　陸奥宗光（二九、五）　臨西園寺公望

内務大臣　井上馨（二七、一〇）野村靖（二九、二）
　　　　　兼芳川顕正（二九、四）板垣退助

大蔵大臣　渡邊國武（二八、三）松方正義（二八、八）
　　　　　兼渡邊國武（二八、一〇）渡邊國武

陸軍大臣　大山巖（二七、九）西鄉從道（二八、三）
　　　　　山縣有朋（二八、五）大山巖

海軍大臣　仁禮景範（二六、三）西鄉從道

司法大臣　山縣有朋（二六、三）芳川顯正

文部大臣　河野敏謙（二六、三）井上毅（二七、八）兼芳川顯正（二七、一〇）西園寺公望

農商務大臣　後藤象二郎（二七、一）榎本武揚

遞信大臣　黑田清隆（二八、三）渡邊國武（二八、一〇）白根專一

拓殖務大臣　高島鞆之助

○總理大臣　松方正義

成立年月　明治二十九年九月

在職年月　一年四月

外務大臣　大隈重信　西徳二郎
（三〇、一一）
内務大臣　樺山資紀
大蔵大臣　兼松方正義
陸軍大臣　兼高島鞆之助　高島鞆之助
（三〇、八）
海軍大臣　西郷従道
司法大臣　清浦奎吾
文部大臣　蜂須賀義韶　濱尾新
（三〇、一一）
農商務大臣　榎本武揚　兼大隈重信
（三〇、三）　（三〇、一一）
山田信道

農商務大臣　大石正已
○總理大臣　山縣有朋
成立年月　三十一年十一月
在職年月　一年十一月
外務大臣　青木周藏
內務大臣　西鄉從道
大藏大臣　松方正義
陸軍大臣　桂太郎
海軍大臣　山本權兵衞
司法大臣　清浦奎吾
文部大臣　樺山資紀
農商務大臣　曾彌荒助
遞信大臣　芳川顯正
○總理大臣　伊藤博文

臨西園寺公望

成立年月　明治三十三年六月　（三一、五）
在職年月　七月

外務大臣　加藤高明
内務大臣　末松謙澄
大蔵大臣　渡邊國武　臨西園寺公望
（三四、五）
陸軍大臣　桂太郎　兒玉源太郎
（三三、一二）
海軍大臣　山本權兵衛
司法大臣　金子堅太郎
文部大臣　松田正久
農商務大臣　林有造
遞信大臣　星亨　原敬

遞信大臣　野村靖

拓殖務大臣　高島鞆之助　（廢官）

（三、八）

○總理大臣　伊藤博文

成立年月　明治三十一年一月

在職年月　十年五月

外務大臣　西德二郎

內務大臣　芳川顯正

大藏大臣　井上馨

陸軍大臣　桂太郎

海軍大臣　西鄕從道

司法大臣　曾彌荒助

文部大臣　西園寺公望　外山正一

（三一、四）

農商務大臣　伊東巳代治　金子堅太郎
（三一、四）
遞信大臣　末松謙澄
○總理大臣　大隈重信
成立年月　明治三十一年六月
在職年月　四月
外務大臣　兼大隈重信
內務大臣　板垣退助
大藏大臣　松田正久
陸軍大臣　桂太郎
海軍大臣　西鄉從道
司法大臣　大東義徹
文部大臣　尾崎行雄　犬養毅
（三一、一〇）

○總理大臣　桂　太郎（三三、一二）

成立年月　明治三十四年六月
在職年月　四年七月

外務大臣　曾禰荒助（三四、九）　小村壽太郎（三八、七）
　　　　　兼桂　太郎（三八、一一）　小村壽太郎

內務大臣　鳴海忠勝（三六、七）　兼兒玉源太郎（三六、一〇）
　　　　　兼桂　太郎（三七、二）　芳川顯正（三八、九）

大藏大臣　兼清浦奎吾
　　　　　曾禰荒助

陸軍大臣　兼兒玉源太郎　寺内正毅
（三三、一二）
海軍大臣　山本權兵衞
司法大臣　清浦奎吾　波多野敬直
（三六、九）
文部大臣　菊地大麓　兒玉源太郎
（三六、七）　（三六、九）
久保田讓　兼桂太郎
（三八、一二）
農商務大臣　平田東助　兼曾禰荒助
（三六、七）　（三六、九）
清浦奎吾
遞信大臣　芳川顯正　兼曾禰荒助
（三六、七）　（三六、九）

大浦兼武

○總理大臣　西園寺公望

成立年月　明治三十九年一月

在職年月　二年六月

外務大臣　加藤高明　兼西園寺公望

(三九、三)　(三九、五)

林董

內務大臣　原敬

大藏大臣　坂谷芳郎　兼松田正久

(四一、一)　(四一、三)

松田正久

陸軍大臣　寺內正毅

海軍大臣　齋藤實

司法大臣　松田正久　千家尊福

（四一、三）

文部大臣　西園寺公望　牧野伸顯

（三九、三）

農商務大臣　松岡康毅

遞信大臣　山縣伊三郎　兼原敬

（四一、一）　（四一、三）

堀田正養

○總理大臣　桂太郎

成立年月　大正元年十二月

在職年月　二月

外務大臣　兼桂太郎　加藤高明

（二一）

內務大臣　大浦兼武

大藏大臣　若槻禮次郎

陸軍大臣　木越安綱
海軍大臣　齋藤實
司法大臣　松室致
文部大臣　柴田家門
農商務大臣　仲小路廉
遞信大臣　後藤新平

〇總理大臣　山本權兵衛
成立年月　大正二年二月
在職年月　一年一月
外務大臣　牧野伸顯
內務大臣　原敬
大藏大臣　高橋是清
陸軍大臣　木越安綱（二、六）
　　　　　楠瀨幸彥

海軍大臣　齋藤實　奥田義人

司法大臣　松田正久　（二、一一）

文部大臣　奥田義人　（三、三）　大岡育造

農商務大臣　山本達雄

遞信大臣　元田肇

○總理大臣　大隈重信

成立年月　大正三年四月

在職年月　二年五月

外務大臣　加藤高明　（四、八）　兼大隈重信　（四、一〇）　石井菊次郎

內務大臣　兼大隈重信　大浦兼武

（四、一）一木喜徳郎（四、八）

大蔵大臣　若槻禮次郎（四、八）武富時敏

陸軍大臣　岡市之助（五、四）大島健一

海軍大臣　八代六郎（五、四）加藤友三郎

司法大臣　尾崎行雄

文部大臣　一木喜徳郎（四、八）高田早苗

農商務大臣　大浦兼武（四、一）河野廣中

遞信大臣　武富時敏　箕浦勝人

（四、八）

○總理大臣　寺内正毅

成立年月　大正五年十月

在職年月　一年十一月

外務大臣　寺内正毅　本野一郎

（五、一一）　（七、一）

後藤新平

内務大臣　後藤新平　水野錬太郎

（七、四）

大藏大臣　寺内正毅　勝田主計

（五、一二）

陸軍大臣　大島健一

海軍大臣　加藤友三郎

司法大臣　松室致

文部大臣　岡田良平

農商務大臣　仲小路廉

遞信大臣　田健次郎

○總理大臣　原敬　臨内田康哉

成立年月　大正七年九月

在職年月　三年一月

外務大臣　内田康哉

内務大臣　床次竹次郎

大藏大臣　高橋是清

陸軍大臣　田中義一　山梨件藏

（一〇、五）

海軍大臣　加藤友三郎

司法大臣　大木遠吉

文部大臣　中橋德五郎

農商務大臣　山本達雄

逓信大臣　野田卯太郎

鐵道大臣　元田肇

○總理大臣　高橋是清

成立年月　大正十年十一月

在職年月　六月

外務大臣　内田康哉

内務大臣　床次竹次郎

大藏大臣　兼高橋是清

陸軍大臣　山梨半造

海軍大臣　加藤友三郎

司法大臣　大木遠吉

文部大臣　中橋德五郎

農商務大臣　山本達雄

遞信大臣　野田卯太郎

鐵道大臣　元田肇

○總理大臣　加藤友三郎　臨內田康哉

成立年月　大正十一年六月

在職年月　一年二月

外務大臣　內田康哉

內務大臣　水野錬太郎

大藏大臣　市來乙彥

陸軍大臣　山梨半造

海軍大臣　加藤友三郎　財部彪

（一一、五）

司法大臣　岡野敬次郎

文部大臣　鎌田榮吉

農商務大臣　荒井賢太郎

遞信大臣　前田利定

鐵道大臣　大木遠吉

○總理大臣　山本權兵衛

成立年月　大正十二年九月

在識年月　四月

外務大臣　兼山本權兵衛　伊集院彦吉

（一二、九）

內務大臣　後藤新平

大藏大臣　井上準之助

陸軍大臣　田中義一

海軍大臣　財部彪

司法大臣　兼田健次郎　平沼騏一郎

（一二、九）

文部大臣　犬養毅　岡野敬次郎

農商務大臣　田健次郎（一二、九）
（一二、一二）兼岡野敬次郎

遞信大臣　犬養毅

鐵道大臣　山之内一次

○總理大臣　清浦奎吾

成立年月　大正十三年一月

在職年月　五月

外務大臣　松井慶四郎

内務大臣　水野錬太郎

大藏大臣　勝田主計

陸軍大臣　宇垣一成

海軍大臣　村上格一

司法大臣　鈴木喜三郎

文部大臣　江木千之
農商務大臣　前田利定
遞信大臣　藤村義朗
鐵道大臣　小松謙次郎

○總理大臣　加藤高明
成立年月　大正十三年六月
在職年月　一年一月
外務大臣　幣原喜重郎
內務大臣　若槻禮次郎
大藏大臣　濱口雄幸
陸軍大臣　宇垣一成
海軍大臣　財部彪
司法大臣　橫田千之助　高橋是清
（一四、二）　（一四、二）

小川平吉

文部大臣　岡田良平

農林大臣　高橋是清（一四、四）岡崎邦輔

商工大臣　高橋是清（一四、四）野田卯太郎

遞信大臣　犬養毅（一四、五）安達謙藏

鐵道大臣　仙石貢

〇總理大臣　加藤高明（一五、一）臨若槻禮次郎

成立年月　大正十四年八月
在職年月　六月

外務大臣　幣原喜重郎

内務大臣　若槻禮次郎
大藏大臣　濱口雄幸
陸軍大臣　宇垣一成
海軍大臣　財部彪
司法大臣　江木翼
文部大臣　岡田良平
農林大臣　早速整爾
商工大臣　片岡直溫
遞信大臣　安達謙藏
鐵道大臣　仙石貢

○總理大臣　若槻禮次郎
成立年月　大正十五年一月
在職年月　一年二月
外務大臣　幣原喜重郎

内務大臣　若槻禮次郎（一四、六）　濱口雄幸

大藏大臣　濱口雄幸（一四、六）　早速整爾（一五、九）
　　　　　片岡直温

陸軍大臣　宇垣一成

海軍大臣　財部彪

司法大臣　江木翼

文部大臣　岡田良平

農林大臣　早速整爾（一四、六）　町田忠治

商工大臣　片岡直温（一五、九）　藤澤幾之輔

遞信大臣　安達謙藏

鐵道大臣　仙石貢　井上匡四郎

（一四、六）

（總理大臣　田中義一

成立年月　昭和二年四月

在職年月

外務大臣　田中義一

内務大臣　鈴木喜三郎

大藏大臣　高橋是清　三土忠造

（一、六）

陸軍大臣　白川義則

海軍大臣　岡田啓介

司法大臣　原嘉造

文部大臣　三土忠造　水野錬太郎

（一、六）

農林大臣　山本悌二郎
商工大臣　中橋徳五郎
遞信大臣　望月圭介
鐵道大臣　小川平吉

第十二　小學校改善に就いて

第一節　現代教育相

吾人は現代の教育なるものを客觀的に見る時その眞の目的軌道《きだう》から脫線《だつせん》の感があるやうに思はれてならない。人間を人間として教育するでなしに、人間を一種の機械視した教育が行はれてゐるかのやうに見えて、一向にその崇高《かうこう》さも威嚴《いげん》も感じない。これを思ふ時吾々はその行末を案じずには居られない。これでは聖人賢士の輩出といふことは到底望まれない。よつては國家の消長盛衰といふことにもなか〳〵に關係することであらう。

これには眞の教育本領といふものに立ち返つて、精神教育に目覺め人物陶冶に重きを置かねばならないといふことを痛切に感ずるのである。

この偉大な精神教育を受けるといふことには何んとしても偉大な大人格者に接見しなければならない。更に絶大なる大自然界に接觸しなければならないのである。これ等自然界から受けるところの教育こそ眞の人間教育。眞の人物陶冶といつてよい。

有意識的か無意識的か、自覺的か、無自覺的かは判然しないけれども、最近に於て單なる一部分の者によつてなされる夏期の登山、海水浴、冬季のスキー等は、もつて聊か崇高なる人格教養の本旨に觸れてゐるやうに思はれて實に賴もしく且意を强うするところである。此の如き大自然の力でなくてはこの教育なる大事業は完うされないからである。

彼の聖人賢士の受けた教化の大部分はこの大自然による教育であつた。換言すれば聖人賢士の恩師は所謂この大自然であつた。この教育によつて、聖人の域に達せられ、賢士の地位を擔はれたのであると思ふ。

余はこれを以て自然の營まれた教化の事實を絶叫して息まないものである。これからこの自然のなされた教育の大要を史的に考察して見ようと思ふ。

第二節　教育の本義

教育には廣い意義の見方と、狭い意義の見方とがある。狭義の教育とは一定の目的を以て人爲的に教化することである。廣義の教育とはその有意と無意とに論なく、また直接間接とを問はず凡て人性を感化する自然力なるものを意味するのである。宇宙の大自然には絶大なる偉力と崇高なる感化力とが抱容されてゐるやうに思はれる。その感化力なるものは吾人の精神教養上與つて力あることがわかる。換言すれば一種いひ知れぬ感化を與へてくれるものにして所謂、教育者の立場にあることゝ信ぜられるからである。

日は星辰、山川草木何れも吾人に對して教育者ならざるものはない。山間僻邑に生活を營むものはその性安靜且つ悠々迫らず。泰然たる氣風に富む。海濱に居住するものは氣質あら〳〵しくして覇氣の性情に勝るといふやうなことは皆これ自然の營む教育の結果に外ならないのである。

颯《さつ》々たる松籟《しようらい》、霏々《ひひ》たる降雪《こうせつ》。百花の繚亂《れうらん》。群鳥の弄囀《ろうてん》等謂はず語らずの裡に吾人を感化教養せしむるものなればやはり是れ自然の教育事業と觀察することが出來る。

これを史實に照せば、印度の古代人中釋迦の如き聖人に至つては特にこの大自然力の餘澤を受けられた一人であるといつてよい。あの崇高なる「ヒマラヤ」の靈峯、これ彼の大聖釋迦の恩師であり且つ大指導者であつた。

また「ギリシャ」文化の自然的影響を見るにその地形の秀麗《しうれい》なると風光の明媚《めいび》等が審美的情操の鍛錬上大いに助成力のあつたこと。氣候溫和にして人類生存上に極めて適合せる等の事柄はとつてもつて古代「ギリシャ」文化そのものをして他に先んじてかくまで光輝あらしめたのであつた。

なほ宮本武藏の武術錬磨の御指南役は小なる人間にあらずして、大きい大きい大自然であつたといふことが謳《うた》はれてゐるのである。

されど單に敎育とは狹義の敎化にして、更に狹い學校敎育なる一部分を見てゐるやうである。これでは餘りに育なるもの丶心念世界が狹過ぎると思はれる。

故に敎育家は廣義の敎育心源を開拓し體得して以て、これが代表者となり、人間世界の化身者なりと自信自覺してほしいものである。

第三節　現代小學校教育の根本改善

現代の小學校教育改善といふ事は何としても、從來の畫一主義の教育相をば打破して個性發揮と職業選擇といつた樣な教育方針が否むことの出來ないところの目下の教育改善思想の第一線と思はれる。之れに少くとも、小學兒童の性行、智能、趣味、身體、家庭、本業後に於て上給學校の選擇、職業の適否などいつた樣な教育指導の宜しきを得なればならぬ。

從來の畫一主義的教育の誤れることは、嘗つて數多の識者間の口にされたところのものにして今更のものではない。併し其の實績に至つては見るべき何者もなかつた。現代の教育思潮は此の實績を生み出すことにと直面してゐるのである。

此の實績を擧む爲めには、勢ひ學校當事者、兒童父兄、一般有識者等の同性と理解とを俟つて御互に相扶け合ふことでなければならない。就中、直接的なのは學校當事と兒童保護者にして其の責任たるや重且つ大である。

小學兒童を性行と環境との表裏から觀測して、其の個性の發育を十分ならしむることは肝要にして言を要しない。既知の事實である。併し如何にして之れが實行に入るか、實績を擧け得るかといふ具體的の件になると、終局は學校當事者の人物如何といふ問題まで到達せざるを得ない。當事者にして若し兒童の心性を洞察し、特質を認識するの卓見ありとせば其の功績や期して待つべきである。若し如上の識見なかりせば、實現に對する誠意が如何に强度に爲されたとしても其れは遂に不可能に終らなければならない。

吾人は現代の小學兒童教育の擔任者の人物其のものに對し、尊重し且つ信用を置かんとするものではあるが、併し其の中には往々にして從來の畫一主義の教育に餘りに慣れ過ぎて、たとひ其の主旨には双手を擧げて贊意を表するも、事際上、兒童の個性教育といふことに順應しかぬるといふ者もあるかもわからない。故に監督者及び識者は常に此の點に留意して彼等當事者をして常に自已教養に勉めしむるやう勸告のことが頗る肝要である。

一五　衆議院議員名簿

各府縣別區別、郡市區域
所屬別、年齡、職業身分

（昭和三年二月選擧直後調査）

東京府

第一區（定員五人）

（麴町、芝、麻布、赤坂、四谷、牛込區、）

氏名	所屬別	年齡	職業身分
立川太郎	（政新）	四五	辯護士
横山勝太郎	（民前）	五一	辯護士
三木武吉	（民前）	四五	辯護士
櫻內辰郎	（民新）	四三	會社重役
瀨川光行	（民新）	六一	出版業

第二區（定員五人）

（神田、小石川、本郷、下谷區）

氏名	所屬別	年齡	職業身分
鳩山一郎	（政前）	四六	內閣翰長
矢野鉉吉	（政前）	六四	會社重役
中島彌團次	（民新）	四三	前秘書官

小瀧辰雄（民新）三七　自動車業
安部磯雄（民衆）六四　早大講師

第三區（定員四人）
（日本橋、京橋、淺草區）

安藤正純（政前）五三　參與官
伊藤仁太郎（政新）六二　著述家
頼母木桂吉（民前）六二　前遞信政務次官
高木益太郎（民前）六〇　辯護士

第四區（定員四人）
（本所、深川區）

磯部尙（政前）五四　辯護士
國枝捨次郎（政新）五三　會社重役
小俣政一（民新）五〇　醫師
太田信治郎（民前）五六　材木商

第五區（定員五人）
（荏原、豐多摩郡、大島、八丈島）

佐藤安之助（政新）五八　陸軍少將
牧野賤男（政新）五四　辯護士
高木正年（民前）七三　著述家
鈴木富士彌（民前）四七　辯護士
斯波貞吉（民前）六〇　著述家

第六區（定員五人）
（北豐島、南足立、南葛飾郡）

前田米藏（政前）四七　法制局長官
中島守利（政前）五一　重役
鶴岡和文（民新）三九　東京府議
中村繼男（民新）四一　實業
佐藤正（民新）四五　社會教育會理事

第七區（定員三人）

（八王子市、西多摩、南多摩、北多摩郡）

坂本一角（政新）三二 柔道教師
津雲國利（政新）三六 院外團幹事
中村亨（政新）五三 呉服商

京都府

第一區（定員五人）

（上京、下京區）

鈴木吉之助（政新）四二 育英家
片岡直温（民前）七〇 前藏相
森田茂（民前）五七 辯護士
田崎信藏（革新）四四 會社重役
水谷長三郎（勞農）三二 辯護士

第二區（定員三人）

（愛宕、葛野、乙訓、紀伊、宇治、久世、綴喜、相樂、南桑田、北桑田、船井郡）

磯部清吉（政新）五七 酒造業
川崎安之助（民前）六二 農業
山本宣治（勞農）四〇 著述家

第三區（定員三人）

（天田、何鹿、加佐、與謝、中、竹野、熊野郡）

吉村伊助（政前）五六 縮緬商
水島彥一郎（政新）四七 農業
村上國吉（民前）五三 牧畜業

大阪府

第一區（定員三人）

（西、港區）

平賀周（政新）四七 辯護士

桝谷寅吉（民新）四九 請負業

一松定吉（民新）五四 辯護士

第二區（定員三人）

（南、天王寺、浪速區）

沼田嘉一郎（民前）五一 會社員

紫安新九郎（民元）五六 會社員

武藤山治（實前）六二 鐘紡社長

第三區（定員四人）

（東、北、此花區）

吉津度（政前）五一 醫師

武内作平（民前）六二 辯護士

廣瀬徳藏（民前）五一 辯護士

西尾末廣（民衆）三八 組合員

第四區（定員四人）

（西淀川、東淀川、西成、東成、住吉區）

森田政義（政前）四五 辯護士

石田弘（民新）五一 府農會長

吉川吉郎兵衛（民前）五九 會社員

鈴木文治（民衆）四四 中央執行委員

第五區（定員四人）

（三島、豊能、南河内、中河内、北河内郡）

岩崎幸治郎（政前）五五 辯護士

田中萬逸（民前）四七 元記者
勝田永吉（民新）四一 辯護士
佐竹庄七（民前）四九 本邦ゴム會社長

第六區（定員三人）
（堺、岸和田市、泉北、泉南郡）

山口義一（政前）四一 參與官
松田竹千代（民新）四一 社會事業家
井阪豊光（民前）四八 辯護士

神奈川縣

第一區（定員三人）
（横濱市）

磯野庸幸（政新）五一 貿易商
戸井嘉作（民前）六七 重役
三宅磐（民前）五三 新聞社長

第二區（定員四人）
（横須賀、川崎市、久良岐、橘樹、都築、三浦、鎌倉郡）

川口義久（政前）五〇 日大理事
赤尾藤吉郎（政前）五八 辯護士
小泉又次郎（民前）六四 幹事長
小野重行（民前）四八 農業

第三區（定員四人）
（高座、中、足柄上、足柄下、愛甲、津久井郡）

胎中楠右衛門（政新）五三 會社員
鈴木英雄（政新）五一 重役

平川松太郎（民前）五二　辯護士
岡崎久次郎（民元）五八　重役

兵庫縣

第一區（定員五人）
（神戸市）
砂田重政（政前）四五　參與官
中井一夫（政新）四〇　辯護士
野田文一郎（民元）五七　辯護士
河上丈太郎（日勞）四〇　辯護士
藤原米造（愛國自由）三九　海運業
第二區（定員四人）
（尼崎市、武庫、川邊、有馬、津名、三原郡）
廣岡宇一郎（政前）六一　辯護士
前田房之助（民前）四五　重役
小寺謙吉（民前）五二　金貸業
山邑太三郎（中元）四九　酒造業
第三區（定員三人）
（明石市、明石、美嚢、加東多可、加西、加古、印南郡）
青木雷三郎（政新）四八　辯護士
山本唯次（政新）四八　辯護士
三宅利平（民新）五八　釀造業
第四區（定員四人）
（姫路市、飾磨、神崎、揖保、赤穂、佐用、宍粟郡）
原　惣兵衞（政前）三八　辯護士

土井權大（政前）五〇　重役
大野敬吉（民新）四二　出版業
清瀬一郎（革前）四五　辯護士

第五區（定員三人）
（城崎、出石、養父、朝來、美方、氷上、多紀郡）

若宮貞夫（政前）五二　電信協會長
田　　昌（民新）五一　前大藏次官
齋藤隆夫（民前）五九　辯護士

長崎縣

第一區（定員五人）
（長崎市、西彼杵、北高來、南高來郡、對馬島）

向井倭雄（政前）五七　參與官
志波安一郎（民前）五六　農業
則元由庸（民前）六七　新聞社長
本田英作（民新）四四　辯護士
西岡竹治郎（中元）三九

第二區（定員四人）
（佐世保市、東彼杵、北松浦、南松浦、壹岐郡）

齋藤　巖（政新）四二　辯護士
森　　肇（民前）五六　記者
牧山耕藏（民前）四七　新聞社長
本田恒之（民前）六七　辯護士

新潟縣

第一區（定員三人）

（新潟市、西蒲原、佐渡郡）

田邊熊一（政元）五五 重役

山本悌二郎（政前）五九 農相

安倍邦太郎（民新）四六 會社員

第二區（定員四人）

（北蒲原、中蒲原、東蒲原、岩船郡）

高橋光威（政前）六二 重役

加藤知正（政前）五六 服業

石塚三郎（民前）五〇 齒科醫

佐藤與一（民新）四七 農業

第三區（定員五人）

（長岡市、南蒲原、三島、古志、北魚沼、南魚沼、刈羽郡）

堤清六（政前）四九 重役

高橋金治郎（政元）五〇 農業

飯塚知信（民新）三七 農業

山田又司（民前）四五 鑛業

大竹貫一（革元）六九

第四區（定員三人）

（高田市、中魚沼、東頸城、中頸城、西頸城郡）

武田德三郎（政元）五七 秘書官

增田義一（民前）六〇 雜誌社長

高島順作（民前）六一 土木請負

埼玉縣

第一區（定員四人）
（川越市、北足立、入間郡）
粕谷義三（政前）六三 元議長
秦豊助（政前）五七 政友會幹事長
定塚門次郎（民新）四三 重役
田中千代松（民新）四八 辯護士

第二區（定員四人）
（比企、秩父、兒玉、大里郡）
大澤寅次郎（政新）六四 製糸業
石坂養平（政新）四四 文士
高橋守平（民新）三五 出版業
長島隆二（中元）五一 著述家

第三區（定員三人）
（北埼玉、南埼玉、北葛飾郡）
出井兵吉（政新）五八 農業
野中徹也（民新）三六 地主
遠藤柳作（中新）四三 知事

群馬縣

第一區（定員五人）
（前橋、桐生市、多勢、利根、佐波、新田、山田、邑樂郡）
青木精一（政前）四六 元記者
武藤金吉（政前）六四 政務次官

清水留三郎（民前）四六　會社員
飯塚春太郎（民前）六四　機業
武藤七郎（民新）四六　著述家

第二區（定員四人）
（高崎市、群馬、多野、北甘樂、碓氷、吾妻郡）

木暮武太夫（政前）三六　旅館主
高津仲次郎（政元）七二　農業
木檜三四郎（民前）六一　農業
井本常作（民前）四九　辯護士

千葉縣

第一區（定員四人）
（千葉市、千葉、市原、東葛飾、君津郡）

鈴木隆（政前）四七　重役
川島正次郎（政新）三九　會社員
志村淸右衛門（民前）四九　重役
本多貞次郎（民前）七一　社長

第二區（定員三人）
（印旛、海上、匝瑳、香取郡）

吉植庄一郎（民前）六四　政務次官
今井健彥（政前）四六　新聞社長
鵜澤宇八（民元）六二　漁業

第三區（定員四人）
（長生、山武、夷隅、安房郡）

森矗昶（政前）四五　會社員
横堀治三郎（政新）五八　會社員

土屋清三郎（民前）四七 醫師
千葉三郎（實前）三五 會社員

茨城縣

第一區（定員四人）
（水戶市、東茨城、西茨城、鹿島、行方、稻敷、北相馬郡）
內田信也（政前）四九 政務次官
來栖七郎（政前）四六 元記者
中崎俊秀（民新）五五 醫師
河野正義（民前）五〇 出版業

第二區（定員三人）
（那珂、久慈、多賀郡）
石井三郎（政前）四九 對外同志會幹事
山崎猛（政元）四三 新聞社長
小峰滿男（民新）四九 會社員

第三區（定員四人）
（新治、筑波、眞壁、猿島、結城郡）
宮古啓三郎（政元）六三 辯護士
飯村五郎（政前）四一 辯護士
原脩次郎（民前）五八 重役
海老澤爲次郎（民新）六五 吳服商

栃木縣

第一區（定員五人）
（宇都宮市、河內、上都賀、鹽谷、那須郡）

森　　恪（政前）四六　政務次官
齋藤藤四郎（政前）四三　重役
高橋元四郎（民前）五五　重役
高田耘平（民前）五六　重役
齋藤太兵衛（民前）五三　重役

第二區（定員四人）
（足利市、芳賀、下都賀、安蘇、足利郡）

松村光三（政新）四七　重役
藤沼庄平（政新）四六　元知事
粟原彥三郎（民對）五〇　著述家
神田正雄（民前）五〇　著述家

奈良縣

全縣一區（定員五人）

森本千吉（政新）六九　土木業
岩本武助（政新）四七　林業
八木逸郎（民前）六六　重役
福井甚三（民前）五五　新聞社長
松尾四郎（民新）四六　重役

三重縣

第一區（定員五人）
（津、四日市市、桑名、員辯、三重、鈴鹿、河藝、安濃、一志、阿山、名賀郡）

伊坂秀五郎（政前）五一　重役
井口延次郎（政前）四七　秘書官

加藤久米四郎（政前）四五　參與官
川崎　克（民前）四九　前參與官
木村秀與（民新）五七　地主
第二區（定員四人）
（宇治山田市、飯南、多氣、度會、志摩、北牟婁、南牟婁郡）
濱田國松（政前）六一　政務次官
岸本康通（民新）五一　辯護士
池田敬八（民新）五五　前印刷局長
尾崎行雄（中前）七〇　元法相

愛知縣

第一區（定員五人）
（名古屋市）
加藤鐐五郎（政前）四六　醫師
鬼丸義齊（民新）四三　辯護士
田中善立（民前）五五　會社員
小山松壽（民前）五四　新聞社長
椎尾辨匡（中新）五三　僧侶
第二區（定員三人）
（愛知、東春日井、西春日井、知多郡）
丹下茂十郎（政前）四九　元官吏
西脇　晋（民前）四七　辯護士
久野甯資（民新）四九　農業
第三區（定員三人）
（一宮市、丹羽、葉栗、中島、海部郡）
三輪市太郎（政前）六二　農業

瀧　正　雄（民元）四四　元官吏
加藤鯛一（民前）四一　著述家

第四區（定員三人）
（岡崎市、碧海、幡豆、額田、西加茂、東加茂郡）

岡本實太郎（民前）四八　辯護士
武　富　濟（民前）五〇　辯護士
山崎延吉（中新）五六　著述家

第五區（定員三人）
（豐橋市、北設樂、南設樂、寶飯、渥美、八名郡）

大口喜六（政前）五九　政務次官
鈴木五六（政前）四七　辯護士
杉浦武雄（民前）三九　辯護士

靜岡縣

第一區（定員五人）
（靜岡、清水市、庵原、安倍、志太、榛原、小笠郡）

松本君平（政前）五九　參與官
山口忠五郎（政新）四七　農業
松浦五兵衛（政前）五九　新聞社長
小久江美代吉（民新）四九　辯護士
海野數馬（民新）四〇　元記者

第二區（定員四人）
（沼津市、加茂、田方、駿東、富士郡）

郡谷照一郎（政新）五三　會社員

小泉策太郎（政前）五七　重役
庄司良朗（政前）五〇　農業
岸　衛（民新）四四　會社員

第三區（定員四人）

（濱松市、磐田、周知、濱名、引佐郡）

倉元要一（政前）五〇　秘書官
大橋亦兵衛（政新）四五　農業
永田善三郎（民前）四四　農業
井上剛一（民元）六一　辯護士

山梨縣

全縣一區（定員五人）

竹内友治郎（政前）五七　政務次官
穴水要七（政前）五四　重役
田邊七六（政前）五〇　醸造業
河西豊太郎（民元）五五　重役
大崎清作（中新）五三　家主

滋賀縣

全縣一區（定員五人）

清水銀藏（政前）五〇　重役
安原仁兵衛（政元）四五　重役
富田八郎（政新）五三　酒造業
堤　康次郎（民前）四〇　社長
田中養達（民前）四四　醫師

岐阜縣

第一區（定員三人）

（岐阜市、稲葉、山縣、武儀、郡上郡）

西田銑吉（政元）六一　新聞社長

山田道兄（民前）四九　通信社長

河崎助太郎（實前）五六　毛織物業

第二區（定員三人）

（大垣市、羽島、海津、養老、不破、安八、揖斐、本巣郡）

井上孝哉（政前）五九　元官吏

佐竹直太郎（政新）五七　株式仲買

奥村千歳（民前）四五　酒造業

第三區（定員三人）

（加茂、可兒、土岐、惠那、益田、大野、吉城郡）

牧野良三（政前）四四　參與官

平井信四郎（政新）五四　酒造業

渡邊德助（民新）五七　鑛山業

長野縣

第一區（定員三人）

（長野市、更級、上高井、下高井、上水内、下水内郡）

山本愼平（政前）五一　新聞社長

松本忠雄（民前）四二　新聞社長

小坂順造（民元）四八　社長

第二區（定員三人）

（上田市、南佐久、北佐久、小縣、埴科郡）

篠原和市（政前）四八　秘書官

山邊常重（民元）五三　會社員

小山邦太郎（中新）四〇　製糸業

第三區（定員四人）

（諏訪、上伊那、下伊那郡）

伊原五郎兵衛（政新）四九　重役

小川平吉（政前）六〇　鐵相

樋口秀雄（民前）五四　著述家

戸田由美（民前）四三　農業

第四區（定員三人）

（松本市、西筑摩、東筑摩、南安曇、北安曇郡）

植原悅二郎（政前）五二　參與官

上條信（政新）四五　會社員

降旗元太郎（民前）六五　新聞社長

宮城縣

第一區（定員五人）

（仙臺市、刈田、柴田、伊具、亘理、名取、宮城、黑川、加美、志田、遠田郡）

菅原傳（政前）六六　元參與官

中島鵬六（政元）四四　辯護士

内ヶ崎作三郎（民前）五二　早大教授

藤澤幾之輔（民前）七〇　前商相

守屋榮夫（中新）四五　元官吏

第二區（定員三人）

（玉造、栗原、登米、桃生、牡鹿、本吉郡）

小山倉之助（民新）四五　會社員

菅原英伍（民前）四三　辯護士

矢本平之助（民新）六四　農業

福島縣

第一區（定員三人）

（福島、郡山市、信夫、伊達、安達、安積郡）

菅野善右衛門（政新）四五　農業

堀切善兵衛（政前）四七　新聞社長

粟山博（民前）四五　著述家

第二區（定員五人）

（若松市、岩瀨、南會津、北會津、耶麻、河沼、大沼、東白河、西白河、石川、田村郡）

八田宗吉（政前）五五　農業

石射文五郎（政元）六七　農業

金澤安之助（民前）五四　農業

林平馬（民新）四六　著述家

菅村太事（民前）六六　農業

第三區（定員三人）

（石城、双葉、相馬郡）

松本孫右衛門（政元）五六　重役

木村清治（政新）五九　醫師

比佐昌平（民前）四五　農業

岩手縣

第一區（定員三人）

（盛岡市、岩手、紫波、下閉伊、九戸、二戸郡）

田子一民　（政新）　四八　元官吏

鈴木　巖　（政元）　六三　會社員

熊谷　巖　（政前）　四六　元官吏

第二區（定員四人）

（稗貫、和賀、膽澤、江刺、西磐井、東磐井、氣仙、上閉伊郡）

廣瀨爲久　（政前）　五三　鑛山業

志賀和多利　（政前）　五五　參與官

小野寺　章　（政新）　四四　辯護士

柵瀨軍之佐　（民前）　六〇　重役

青森縣

第一區（定員三人）

（青森市、東津輕、上北、下北、三戸郡）

中川原貞機　（政新）　五三　產馬組合長

藤井達也　（政新）　四一　著述家

工藤鐵男　（民前）　五四　大學講師

第二區（定員三人）

（弘前市、西津輕、中津輕、南津輕、北津輕郡）

工藤十三雄　（政前）　四九　新聞社長

鳴海文四郎（政元）五二　酒造業

長内則昭（民新）六〇　農業

山形縣

第一區（定員四人）

（山形、米澤市、南村山、東村山、西村山、南置賜、東置賜、西置賜郡）

西方利馬（政前）四六　農業

高橋熊次郎（政前）四九　農業

佐藤啓（民元）六一　農業

黑金泰義（民元）六二　元官吏

第二區（定員四人）

（鶴岡市、北村山、最上、東田川、西田川、飽海郡）

松岡俊三（政前）四九　重役

熊谷直太（政前）六二　辯護士

奥山龜藏（民新）五三　重役

淸水德太郎（民新）四六　元官吏

秋田縣

第一區（定員四人）

（秋田市、鹿角、北秋田、山本、南秋田、河邊郡）

池内廣正（政前）五二　新聞社長

鈴木安孝（政新）五一　辯護士

町田忠治（民前）六六　前農相

田中隆三（民前）六五 重役

第二區（定員三人）

（由利、仙北、平鹿、雄勝郡）

井出繁三郎（政前）六五 元官吏

池田龜治（政前）六二 農業

榊田清兵衛（民前）六五 農業

福井縣

全縣一區（定員五人）

佐々木久二（政新）五一 會社員

山本條太郎（政前）六二 滿鐵社長

熊谷五右衛門（民前）六四 農業

添田敬一郎（民元）五八 協調會理事

松井文太郎（實元）六七 機業

石川縣

第一區（定員三人）

（金澤市、江沼、能美、石川郡）

中橋德五郎（政元）六五 商相

箸本太吉（政新）三七 日大秘書

永井柳太郎（民前）四八 著述家

第二區（定員三人）

（河北、羽咋、鹿島、鳳至、珠洲郡）

青山憲三（政前）五〇 農業

櫻井兵五郎（民元）四九 會社員

佐藤實（民前）四一 銀行家

富山縣

第一區（定員三人）
（富山市、上新川、中新川、下新川、婦負郡）

石坂豊一（政前）五五 元官吏
野村嘉六（民前）五六 辯護士
寺島權藏（民前）四一 會社員

第二區（定員三人）
（高岡市、射水、氷見、東礪波、西礪波郡）

上埜安太郎（政前）六四 政務次官
松村謙三（民新）四六 重役
山田毅一（民新）四二 通信社長

島根縣

第一區（定員三人）
（松江市、八束、能義、仁多、大原、簸川郡、隱岐）

木村小左衛門（民前）四一 農業
櫻内幸雄（民前）四九 重役
原夫次郎（民前）五四 辯護士

第二區（定員三人）
（飯石、安濃、邇摩、邑智、那賀、美濃、鹿足郡）

島田俊雄（政元）五二 辯護士
俵孫一（民前）六〇 元官吏

沖島鎌三（中新）四四 新聞社長

鳥取縣

全縣一區（定員四人）

矢野晋也（政新）四一 新聞社長
豊田收（政新）四七 校長
谷口源十郎（民前）四六 農業
三好榮次郎（民前）四四 重役

岡山縣

第一區（定員五人）

（岡山市、御津、赤磐、和氣、邑久、上道、眞庭、苫田、勝田、英田、久米郡）

玉野知義（政新）五三 縣會議長
岡田忠彦（政前）五一 元官吏
横山泰造（政新）五九 重役
久山知之（政新）四〇 岡山縣議
鶴見祐輔（中新）四四 著述家

第二區（定員五人）

（兒島、都窪、淺口、小田、後月、吉備、上房、川上、阿哲郡）

犬養毅（政前）七四 元遞相
星島二郎（政前）四二 辯護士
小谷節夫（政新）四四 新聞社長
小川郷太郎（民前）五三 著述家
西村丹治郎（民前）六三 同業組合長

廣島縣

第一區（定員四人）

（廣島市、佐伯、安佐、山縣、高田郡）

名川侃市（政前）四六 辯護士
岸田正記（政新）三四
藤田若水（民前）五三 辯護士
森保祐昌（民新）四九 辯護士

第二區（定員四人）

（吳市、安藝、賀茂、豐田郡）

肥田琢司（政新）四〇 支部幹事
望月圭介（政前）六二 遞相
山道襄一（民前）四七 前參與官
宮原幸三郎（民元）六七 會社員

第三區（定員五人）

（尾道、福山市、御調、世羅、沼隈、深安、蘆品、神石、甲奴、雙三、比婆郡）

鳥居哲（政前）四二 秘書官
小山寛藏（政新）四七 農業
宮澤裕（政新）四五 秘書官
横山金太郎（民前）五九 辯護士
作田高太郎（民新）四二 辯護士

山口縣

第一區（定員四人）

（下關、宇部市、厚狹、豐浦、美禰、大津、

（阿武郡）

久原房之助（政新）六〇 元社長

庄　晋太郎（政新）五九 酒造業

桝谷音三（政新）五七 會議所會頭

藤井啓一（民元）六一 辯護士

第二區（定員五人）

（大島、玖珂、熊毛、都濃、佐波、吉敷郡）

西村茂生（政新）四四 會社員

吉木　陽（政前）四八 重役

葛原猪平（政新）五一 重役

兒玉右二（政前）五六 重役

澤本與一（民新）四九 元官吏

和歌山縣

第一區（定員三人）

（和歌山市、海草、那賀、伊都郡）

木本主一郎（政新）五四 會社員

山崎傳之助（民新）五六 新聞業

中村啓次郎（民前）六二 重役

第二區（定員三人）

（有田、日高、西牟婁、東牟婁郡）

中村　巍（政前）五六 元外交官

小山谷藏（民元）五三 重役

田淵豊吉（中前）四七 著述家

徳島縣

第一區（定員三人）
（徳島市、名東、勝浦、那賀、海部、名西郡）

淺石惠八（政元）六五　農業
生田和平（政前）五二　商業
原田佐之治（民前）五五　酒造業

第二區（定員三人）
（板野、阿波、麻植、美馬、三好郡）

秋田清（政前）四八　政務次官
高島兵吉（民前）六四　鑛業
眞鍋勝（民新）四八　辯護士

香川縣

第一區（定員三人）
（高松市、大川、木田、小豆、香川郡）

宮脇長吉（政新）五九　陸軍大佐
戸澤民十郎（民前）五一　辯護士
小西和（民前）五六　會社員

第二區（定員三人）
（丸龜市、綾歌、仲多度、三豐郡）

三土忠造（政前）五八　藏相
山下谷次（政前）五七　校長
松田三德（民前）四三　農業

愛媛縣

第一區（定員三人）

（松山市、溫泉、伊豫、上浮穴、喜多郡）

岩崎一高（政元）六二 公吏

須之内品吉（政新）八六 辯護士

高山長幸（政前）六二 重役

第二區（定員三人）

（今治市、越智、周桑、新居、宇摩郡）

河上哲太（政前）四八 元參與官

竹内鳳吉（政新）五二 商業

小野寅吉（民前）六三 農業

第三區（定員三人）

（宇和島市、西宇和、東宇和、北宇和、南宇和郡）

二神駿吉（政新）六一 重役

佐々木長治（政前）三五 銀行業

村松恒一郎（民元）六五 著述家

高知縣

第一區（定員三人）

（高知市、安藝、香美、長岡、土佐郡）

中谷貞頼（政前）四二 會社員

濱口雄幸（民前）五九 民政總裁

富田幸次郎（民前）五七 會社員

第二區（定員三人）

（吾川、高岡、幡多郡）
坂本志魯雄（政新）五八 實業家
大西正幹（民新）四九 辯護士
下元鹿之助（民前）五四 會社員

福岡縣

第一區（定員四人）
（福岡市、粕屋、宗像、朝倉、筑紫、早良、糸島郡）
山口恒太郎（政前）五六 重役
多田勇雄（政新）四七 農業
宮川一貫（政新）四四 日東協會長
中野正剛（民前）四三 新聞社長

第二區（定員五人）
（若松、八幡、戸畑市、遠賀、鞍手、嘉穂郡）
久恒貞雄（政新）五九 鑛業
大里廣次郎（民前）五四 醫師
吉田磯吉（民前）六二 鑛業
龜井貫一郎（民衆）三七 慶大講師
淺原健三（九州民憲）三二 藥種商

第三區（定員五人）
（久留米、大牟田市、浮羽、三井、三瀦、八女、山門、三池郡）
山崎達之輔（政前）四九 政務次官
有馬秀雄（政前）六〇
野田俊作（政前）四一 重役
臼田久内（民元）六五 商業

大内暢三（中前）五五 農業

第四區（定員四人）

（小倉、門司市、企救、田川、京都、築上郡）

坂井大輔（政前）四二

内野辰次郎（政前）六一 陸軍中將

勝正憲（民新）五〇 元官吏

末松偕一郎（民新）五四 前知事

大分縣

第一區（定員四人）

（大分市、大分、北海部、南海部、大野、直入、玖珠、日田郡）

三浦數平（政前）五八 辯護士

金光庸夫（政前）五二 重役

松田源治（民前）四五 辯護士

一宮房治郎（民元）四五 東亞同文理事

第二區（定員三人）

（別府市、西國東、東國東、速見、下毛、宇佐郡）

成清信愛（政新）四三 酒造業

元田肇（政前）七一 元鐵相

重松重治（民前）五九 米穀商

佐賀縣

第一區（定員三人）

（佐賀市、佐賀、神崎、三養基、小城郡）

田中亮一（政新）三九 農業
石井次郎（政新）六一 農業
福田五郎（民前）五二 海運業

第三區（定員三人）

（東松浦、西松浦、杵島、藤津郡）

川原茂輔（政前）七〇 農業
西英太郎（民前）六五 新聞社長
森峰一（民新）四六 鑛山業

熊本縣

第一區（定員五人）

（熊本市、飽託、玉名、鹿本、菊池、阿蘇郡）

原田十衛（政前）三八 會社員
松野鶴平（政元）四六 會社員
小橋一太（民前）五九 元官吏
大麻唯男（民前）四〇 元官吏
平山岩彥（民元）六四

第二區（定員五人）

（宇土、上益城、下益城、八代、葦北、球磨、天草郡）

中山貞雄（政前）三九 會社員
上塚司（政元）三九 秘書官
中野猛雄（政新）四六 會社員
安達謙藏（民前）六五 前遞相
深水清（民新）六〇 地主

宮崎縣

全縣一區（定員五人）

矢野力治（政新）六五　農業

水久保甚作（民新）四五　記者

三浦虎雄（民新）四五　主計中佐

鈴木憲太郎（民新）四七　重役

二見甚郷（民新）四一

北海道

第一區（定員四人）

（札幌、小樽市、石狩、後志）

森　正則（政新）五七　取引所理事

岡田伊太郎（政前）五二　雜穀商

中西六三郎（民元）六三　辯護士

山本厚三（民前）四八　海運業

第二區（定員四人）

（旭川市、上川、宗谷、留萌）

林路一（政新）三九　道會議員

東　武（政前）六〇　政務次官

坂東幸太郎（民前）四八　農業

淺川浩（民前）六〇　土木業

第三區（定員三人）

（函館市、檜山、渡島）

黑住成章（政前）五四　參與官

佐々木平次郎（政前）五六　倉庫業

平出喜三郎 (民元) 五三 海運業

第四區 (定員五人)

(室蘭市、空知、膽振、浦河)

板谷順助 (政前) 五二 海運業

松實喜代太 (政前) 六三

檜野禮助 (政新) 五四 會社員

岡本幹輔 (民元) 四四 會社員

神部爲藏 (民前) 六五 土木業

第五區 (定員四人)

(釧路市、河西、釧路、根室、網走)

木下成太郎 (政元) 六四 農業

三井徳寶 (政新) 五四 金物商

小池仁郎 (民前) 六三 水産業

前田政八 (民新) 五五 木材業

鹿児島縣

第一區 (定員五人)

(鹿児島市、鹿児島、揖宿川邊、熊毛、日置郡)

床次竹二郎 (民前) 六三 民政顧問

岩切重雄 (民前) 四一 元官吏

原　耕 (民新) 五三 醫師

藏園三四郎 (民前) 六〇 辯護士

岩川與助 (中新) 四三 重役

第二區 (定員四人)

(薩摩、出水、伊佐始良、囎唹郡)

寺田市正 (民前) 五三 農業

赤塚正助（民新）五七 元外交官
東郷實（民前）四八 農業
崎山武夫（民新）三九 鐵道省囑託

第三區（定員三名）

英義彦（政新）
津崎尚武（民前）
永田良吉（政前）

沖繩縣

全縣一區（定員五名）

漢那憲和（民新）五三 海軍少將
伊禮肇（民新）三九 辯護士
龜割安藏（政新）五三 會社員
竹下文隆（政新）四四 日醫理事
花城永渡（政元）五一 辯護士

青森縣各市町村歳入歳出豫算高

○青森市

昭和元年度 一、〇一八、六〇七、〇〇
同 二年度 九六九、八三九、〇〇

○弘　前　市

元年　三四〇、四八二、〇〇
二年　三六四、三七六、〇〇

○東津輕郡

○油川町
元年　三三、三〇五、六四
二年　三三、五〇七、四三
○蟹田村
元年　三七、三五九、四八
二年　四七、五〇二、九三
○高田村
二年　一五、四九九、〇〇
三年　一七、〇五五、〇〇
○奥內村
二年　三一、三八三、三三
三年　二九、九八七、七五
○大野村
二年　三四、七五三、九八
三年　三三、四〇七、四九
○瀧內村
二年　五一、二五九、七七
三年　一八、三六七、三八
○荒川村
二年　二五、九二〇、二九
三年　二八、四五〇、六七
○野內村

二年　五一、九七四、〇八
三年　六三、九八八、二七
〇一本木村
二年　一六、五四六、八一
三年　一七、〇八四、〇四
〇筒井村
元年　二〇、六二八、九一
二年　二三、一七〇、七九
〇東平内村
元年　一八、〇六〇、六五
二年　二一、二三九、七七
〇今別村
元年　二七、〇五三、二七
二年　二九、三一四、二五
〇西平内村
元年　二八、四四九、〇八
二年　三三、四四一、六五
〇後潟村
元年　二九、七三七、七七
二年　二五、〇八六、九〇
〇三厩村
元年　四四、四二〇、五八
二年　五四、二九七、三三
〇新城村
二年　三四、一九五、四一
三年　三〇、二八五、〇一

〇西津輕郡

○木造町
二年　一六五、七八〇、〇〇
三年　一六六、一五二、〇九
○水元村
二年　二二、四一〇、〇〇
三年　二〇、三九二、〇〇
○森田村
二年　八四、二四七、五〇
三年　六一、七七九、八四
○東力村
二年　二三、四〇六、〇〇
三年　二三、七〇四、〇〇
○赤石村
二年　三〇、三七八、二五
三年　七四、七九四、二一
○出精村
二年　三七、〇七三、〇〇
三年　三九、〇三八、〇〇
○岩崎村
元年　六五、九三九、七九
二年　三二、九五六、二六
○稲垣村
二年　六七、二二五、〇〇
三年　五六、七九七、〇〇

○南津輕郡

○藤崎町
二年　四二、二六九、六九

三年　四三、五二一、九一

○女鹿澤村

元年　三九、三五八、八一

二年　二七、一四六、五一

○藏館

元年　四二、〇八五、五四

二年　三七、二六五、六六

○常盤村

元年　二七、五六四、八三

二年　五三、九〇五、七一

○五郷村

元年　三七、四二三、四九

二年　三七、三〇五、二二

○碇ケ關村

元年　三六、七三九、八九

二年　三一、三三〇、一〇

○金田村

元年　三三、一四六、一三

二年　四五、八四三、六八

○六郷村

二年　三三、五一五、一二

三年　三三、一九九、九〇

○町居村

元年　一五、一七一、六一

二年　一六、〇八七、六六

○大松村

元年　二〇、七三三、一六

二年　一九、三六四、八二

○竹館村
元年　三九、一二五、〇八
二年　三九、〇八八、九八
○山形村
元年　五九、六四三、二二
二年　四七、六五四、六五
○十二里村
二年　二五、九〇七、一二
三年　二六、二二一、七〇
○富木館村
二年　一三、二三六、〇〇
三年　二一、八〇〇、〇〇
○野澤村
二年　三八、二四八、二六
三年　三四、四一八、〇九
○畑岡村
二年　二一、二〇三、〇〇
三年　二一、八九六、〇〇
○浪岡村
二年　一一九、三八八、二〇
三年　一四〇、九九〇、六三
○中郷村
二年　四八、八七四、〇〇
三年　四六、二七九、〇〇
○光田寺村
二〇　四〇、三六三、九〇
三年　三三、四五五、七八
○大光寺村

二年　三八、八八九、〇〇
三年　三六、八四七、〇〇

〇淺瀬石村
二年　二六、八〇一、〇五
三年　二〇、三五九、二〇

〇猿賀村
二年　二六、三三四、一九
三年　二六、七八五、二五

〇尾崎村
二年　二六、七一三、七五
三年　二五、四八八、一七

〇北津輕郡

〇五所川原町
二年　二二四、二七七、六七
三年　一三一、〇六九、二〇

〇金木町
二年　四〇、三四七、〇〇
三年　四四、五八二、〇〇

〇飯詰村
二年　一三、七四二、〇〇
三年　一四、一五八、〇〇

〇相内村
二年　二一、八一三、〇〇
三年　一三、八〇三、〇〇

〇長橋村
二年　二三、四六五、〇〇
三年　二九、八一七、〇〇

○[illegible]島村

二年　二三、九三三、〇〇

三年　二四、〇八三、〇〇

○武田村

元年　二六、八五一、〇〇

二年　二五、七二八、〇〇

○中川村

元年　一八、〇二七、一二

二年　二〇、五七二、七〇

○三好村

元年　一七、五八五、〇〇

二年　一七、八八一、〇〇

○嘉瀬村

元年　三七、六一二、一〇

二年　四一、〇三七、〇〇

○小泊村

元年　二四、九三〇、〇〇

二年　二四、八八〇、〇〇

○二郷村

元年　二五、〇四七、一二

二年　二四、三六一、〇〇

○小阿彌

元年　一六、三九七、〇〇

二年　二一、五六一、五九

○沿川村

二年　一七、三七八、〇〇

三年　一七、二八八、〇〇

○　村

元年　二四、六四〇、〇〇
二年　二六、九六八、〇〇

〇中津輕郡

〇堀越村
二年　二三、八六一、五五
三年　二四、七八二、七四
〇高杉村
二年　四九、四九五、〇五
三年　三一、一二三、六六
〇西目屋村
二年　三七、二九〇、〇〇
三年　三五、六一三、〇〇
〇駒越村
二年　二六、五五一、五〇
三年　三四、七二一、七〇
〇裾野村
二年　三〇、六〇九、〇三
三年　三一、八一一、四三
〇相馬村
二年　二四、九三六、八三
三年　二八、〇六一、八四
〇大浦村
二年　二五、〇五一、八五
三年　二五、五二一、二四
〇豐田村
元年　三二、六二八、三三
二年　三八、八〇九、〇〇

○岩木村
元年 三八、六五三、〇〇
二年 三四、五三二、〇〇
○千歳村
元年 三五、三一三、〇七
二年 三四、六七〇、五五
○東目屋村
元年 二七、三〇一、〇〇
二年 二四、八六三、〇〇
○藤代村
元年 四三、六二四、七二
二年 四三、八六四、三〇
○船澤村
元年 二〇、三二五、三二
二年 二一、八一六、三三

○上北郡

○野邊地町
二年 二七三、〇五一、〇〇
三年 二二一、九九七、〇〇
○七戸町
二年 一二〇、八七三、七一
三年 一〇八、三〇九、五六
○三本木町
元年 一二五、四三八、二〇
二年 一一九、一八八、〇〇
○四和村
一〇〇、七九六、三八

四四、五三二、一四

○涌野館村

元年　三八、四三五、〇三

二年　三四、七六六、六〇

○下田村

元年　三五、五八三、一八

二年　四五、八三八、〇〇

○横濱村

元年　二七、九六一、五八

二年　四六、五五二、四九

○六戸村

元年　九一、七五四、六四

二年　五五、九六三、九四

○三澤村

元年　八三、八七四、二四

二年　五四、二〇五、一一

○天間林村

二年　五七、六八六、〇五

三年　四八、五七〇、九七

○藤坂村

二年　二五、六八九、〇〇

三年　二九、二五五、〇〇

○大澤內村

二年　四八、八五六、二七

三年　三九、六七九、一六

○六ヶ所村

二年　五一、七五四、七四

三年　四七、九七七、八一

〇下北郡

〇東通村

元年	四一、八〇四、〇〇
二年	六二、六一八、〇〇

〇風間浦村

元年	三三、六二二、五五

〇佐井村

元年	三七、二七八、〇〇
二年	三七、八九九、〇〇

〇大湊町

元年	八〇、五九八、八七
二年	七九、二三三、二二

〇三戸郡

〇八戸町

大正十四年	一九五、〇六二、一〇
昭和　元年	二六四、一八六、八〇
同　二　年	一九九、七四一、五〇

〇小中野町

元年	一一八、五三七、八九
二年	八五、四五七、四四

〇湊町

二年	二二八、五〇七、九二
三年	一六九、一三七、五〇

〇三戸町

二年	六九、七三八、〇〇

三年　六〇、五三一、〇〇

○五戸町

元年　二二九、七六三、〇〇〇

二年　七七、三一〇、〇〇

○豊崎村

二年　一七、四〇三、六一

三年　一九、二三三、二三

○名久井村

二年　五七、一九四、七六

三年　六六、九五二、〇一

○猿邉村

元年　二八、八二〇、〇〇

二年　三一、二一〇、〇〇

○淺田村

元年　八、八八六、〇四

二年　九、二一六、四一

○戸來村

元年　四一、五七五、一七

二年　四二、四一九、七三

○斗川村

元年　二九、三四七、七六

二年　二四、三三三、一九

○上郷村

元年　二三、六五八、〇〇

二年　二一、五一四、〇〇

○向村

二年　二七、二八九、四六

三年　一九、八四四、八九

○野澤村
元年　二一、〇一一、五三
二年　二一、五一八、四一
○平崎村
元年　四四、二五二、八九
二年　三二、四五〇、五七
○地引村
元年　一四、一五三、一六
二年　一五、三四二、一一
○川内村
二年　二五、三五八、六一
三年　二五、〇三〇、九六
○市川村
元年　二四、四七五、二一
二年　二四、八九一、八〇
○北川村
元年　一七、六八九、六二
二年　一八、八八六、五四
○館村
二年　四七、四四九、二五
三年　四九、一七〇、六八
○上長苗代村
元年　五八、九七七、四九
二年　三四、四九二、六九
○下苗代村
二年　二五、〇二二、五〇
三年　二五、八〇〇、〇二
○大館村

二年　五八、〇九五、六二
三年　二八、七八七、四五
○階上村
二年　四四、九七八、六六
三年　五一、九三〇、六〇
○是川村
元年　一四、六五〇、四六

二年　一五、二五一、五四
○島守村
元年　四八、二五〇、三一
二年　四二、三三七、七七
○中澤村
二年　三九、八六七、九五
三年　四一、〇三七、五〇

青森縣市町村長及助役收入役名簿

○青森市

市長　中野治
助役　佐藤晃
收入役　小山田晴祥

○弘前市

市長　松下賢之進
助役　中山泰秀
收入役　齋藤竹次郎

○東津輕郡

○油川町
町長 西田源藏
助役 館田平吉
收入役 福井直作
○原別村
村長 齋藤萬兵衛
助役 小笠原寅一郎
收入役 千葉勇三郎
○蟹田村
村長 山崎金之助
助役 記田寛藏
收入役 西片又吉
○高田村
村長 長內健造
助役 間山長一郎
收入役 鎌田熊吉
○奧內村
村長 阿部助太郎
助役 蝦名要之助
收入役 羽賀彥三郎
○大野村
村長 原子武麿
助役 渡邊嘉市
收入役 木村岩太郎
○瀧內村
村長 渡邊繁一
助役 木村富彌
收入役 渡邊四郎司
○荒川村
村長 白鳥芳三
助役 川村閑
收入役 山田重穗
○野內村
村長 鈴木源吉
助役 赤坂陽太郎
收入役 秋庭藤吉
○一本木村
村長 田中金兵衛
助役 新山森之助
收入役 堀谷榮
○筒井村
村長 德差甚作

助役 中村隆一
收入役 櫻田俊郎
○東平內村
村長 葛西要之助
助役 赤平榮司
收入役 船橋松太郎
○今別村
村長 中井柾五郎
助役 藤田藤市
收入役 島中藤吉
○西平內村
村長 木村清藏
助役 木村敬三
收入役 千代谷順次
○後潟村
村長 山口甚十郎
助役 大科福三
收入役 沼田重一
○三厩村
村長 缺員
助役 白鳥俊三郎
收入役 平岡若義
○新城村
村長 工藤英夫
助役 中村幸八
收入役 闕

○西津輕郡

○木造町
町長 葛西麟平
助役 加福熊吉
收入役 櫻庭又太郎
○水元村
村長 西村孫兵衛
助役 缺員
收入役 田村彌吉郎
○舞戸村
村長 缺員
助役 大村八百吉
收入役 齋藤弘
○森田村
村長 山谷省三

助役　缺員
收入役　原田亮一

○車力村
村長　北澤武三郎
助役　秋田谷常四郎
收入役　小森嘉四太郎

○赤石村
村長　清野彪一
助役　寺澤清
收入役　太田穗

○出精村
村長　太田山藏
助役　竹內九郎右衛門
收入役　高橋與次郎
○岩崎村
村長　缺員
助役　七戸文之助
收入役　村山金作

○稻垣村
村長　長内長五郎
助役　尾野莊三
收入役　秋元正雄
同副　野崎武四郎

○越水村
村長　神久一
助役　金子重之進
收入役　川田兼吉

○南津輕郡

○藤崎町
町長　幸田健作
助役　八木橋新太郎
收入役　樋口瀧藏

○尾上村
村長　西谷彪逸
助役　山淵豊太郎
收入役　須藤賢藏

○女鹿澤村
村長　成田治
助役　澁谷克巳
收入役　石岡佐吉

○藏館村
村長 水木吉右衛門
助役 齋藤俊匡
收入役 吹田義俊
○常盤村
村長 佐々木磐根
助役 鎌田德太郎
收入役 淺利周太郎
○五鄉村
村長 長谷川宗一
助役 成田良策
收入役 常田久吉
○碇ケ關村
村長 櫻庭新助
助役 藤谷秀太郎
收入役 工藤平作
○金田村
村長 松田操
助役 小田切米吉
收入役 駒井治五兵衛
○六鄉村
村長 宇野勇作
助役 大平正英
收入役 鎌田良策
○町居村
村長 大澤清造
助役 今井萬太郎
收入役 成田藤藏
○大松村
村長 工藤林之作
助役 棟方明策
收入役 西村秋一郎
○竹館村
村長 缺員
助役 三浦康司
收入役 桑田豊治
○山形村
村長 木村慶太郎
助役 山本貞一郎
收入役 工藤角五郎
○十二里村
村長 清野千代吉

助役　工藤岩太郎
收入役　成田惣吉
○富木館村
村長　高木重兵衛
助役　鈴木七之助
收入役　米村一藏
○野澤村
村長　對馬政治郎
助役　前田忠一
收入役　前田慶助
○畑岡村
村長　佐藤榮三
助役　神　榮三
收入役　三浦重吉

○浪岡村
村長　山內敏英
助役　山內淸四郎
收入役　山內英七
○中郷村
村長　對馬瑄太郎
助役　工藤靖夫
收入役　前田藤太郎
○光田寺村
村長　中山喜代吉
助役　鈴木靜一
收入役　白戶萬太郎
○大光寺村
村長　長內健榮

助役　須々田孫右衛門
收入役　對馬秀之助
○淺瀨石村
村長　鳴海長左衛門
助役　北山　巖
收入役　後藤金太郎
○猿賀村
村長　淸藤盛治
助役　葛西又右衛門
收入役　白戶久兵衛
○尾崎村
村長　齋藤義行
助役　木村惣之助
收入役　齋藤彥太郎

○北津輕郡

○五所川原町
町長　平山又三郎
助役　茂田忠次
收入役　小笠原茂右衛門
○金木町
町長　中谷新吉郎
助役　仙庭榮八
收入役　三上恭太郎
○鶴田村
村長　澁田文男
助役　田澤伴次郎
收入役　赤城傳次郎

○飯詰村
村長　阿部次郎太
助役　大久保勇作
收入役　飯塚清左衛門
○相内村
村長　三和五郎兵衛
助役　秋田谷長次郎
收入役　三和元八
○長橋村
村長　石岡義雄
助役　片岡作太郎
收入役　太田子之助
○松島村
村長　加藤定市

助役　野呂千次郎
收入役　福士永太郎
○武田村
村長　奈良七五郎
助役　大川正一
收入役　田中萬次郎
○中川村
村長　山川彬
助役　佐々木清治
收入役　山形龜吉
○脇元村
村長　對馬伊太郎
助役　缺員
收入役　村元永吉

○三好村
村長 川浪善忠
助役 川浪力
收入役 澁谷久左衛門
○嘉瀬村
村長 山中禮一
助役 太田浪五郎
收入役 高橋竹四郎
○小泊村
村長 秋元金四郎
助役 開米農夫
收入役 三橋永八郎
○二郷村
村長 澁谷善策
助役 須郷長四郎
收入役 須郷與作
○小阿彌村
村長 佐藤利四郎
助役 小枝七三郎
收入役 石澤秀男
○沿川村
村長 齋藤俊治
助役 齋藤貞吉
收入役 山口育郎
○北津輕村
村長 奥田順藏
助役 野上千代松
收入役 新岡仁三郎

○中津輕郡

○堀越村
村長 佐藤忠郎
助役 蔦川健吉
收入役 朝日武
○高杉村
村長 藤田嘉七
助役 水島峰五郎
收入役 石郷岡權八
○西目屋村
村長 竹内樵助
助役 西川東吉郎
收入役 三上卯三郎

○駒越村
村長 白澤多吉
助役 田中兼二
收入役 佐藤松三郎
○裾野村
村長 小山内貞章
助役 三上金左衛門
收入役 高橋正明
○相馬村
村長 成田重雄
助役 成田左衛門次郎
收入役 田澤才吉
○大浦村
村長 野崎利助
助役 本間孫吉
收入役 三上義雄
○豊田村
村長 一戸顯
助役 中田武範
收入役 工藤景三
○岩木村
村長 山川崎彦作
助役 須藤市右衛門
收入役 鳴海勘四郎
○千年村
村長 松木純一郎
助役 佐藤源兵
收入役 尾崎圓次郎
○清水村
村長 成田清太郎
助役 花田要之助
收入役 石岡健助
○東目屋村
村長 西澤直太郎
助役 伴市三郎
收入役 佐藤佐一
○藤代村
村長 大瀬意澤男
助役 赤石利三
收入役 缺員
○船澤村
村長 長尾政治

助役 蒔苗規久衛
收入役 蒔苗 丈

〇上北郡

〇野邊地町
町長 石黒熊三郎
助役 渡邊芳三
收入役 工藤順太郎
〇七戸町
町長 藤島 譲
助役 金井鉦次郎
收入役 太田富也
〇三本木町
町長 和田足也
助役 金崎政雄
收入役 上野 靜
〇四和村
村長 工藤良太郎
助役 大江純碩
收入役 中渡伊太郎
〇浦野館村
村長 漆戸 潔
助役 渡部勝太
收入役 森川第次郎
〇東通村
村長 山本權太郎
助役 山本角次郎
收入役 澤野喜八
〇法奥澤村
村長 缺員
助役 奥山東一
收入役 漆坂正夫
〇下田村
村長 袴田健三
助役 柏崎孝一
收入役 木村佐太郎
〇横濱村
村長 杉山庄作
助役 鈴木新策
收入役 木村金五郎
〇六戸村
村長 吉田正太郎

助役 田中莊七
收入役 新戸部政八
○三澤村
村長 小比類巻要人
助役 平出利根次郎
收入役 野々宮龜藏
○甲地村
村長 澁川祐治
助役 向井健治
收入役 蓬畑勝郎
○天間林村
村長 千葉喜代美
助役 向中野寅吉
收入役 袰田藤太郎

○藤坂村
村長 苫米地吉喜
助役 小澤岩見
收入役 田中久吾
○大深内村
村長 小向由藏
助役 成田喜三郎
收入役 棟方義雄
○六ケ所村
村長 高田達也
助役 缺員
收入役 田中喜太郎

○下北郡

○風間浦村
村長 佐々木正之助
助役 高橋仁太郎
收入役 飯田還藏
○佐井村
村長 大島渉
助役 小原久太郎
收入役 松谷彰次
○大湊町
町長 太田貞藏
助役 今勝吾
收入役 缺員
○脇野澤村
村長 川岸謙吉

助役 高松勘次郎
收入役 畑岸傳吉

○三戸郡

○八戸町
町長 關春茂
助役 池田元治
收入役 船越勝江
○小中野町
町長 中村榮吉
助役 缺員
收入役 石橋宇吉
○湊町
町長 吉田第吉
助役 河村稻作
收入役 戸狩嘉津美
○三戸町
町長 諏訪内剛人
助役 淺井祐三
收入役 堀口留吉
○五戸町
町長 由浦胖
助役
收入役
○豊崎村
村長 三浦芳雄
助役 中村三之助
收入役 赤坂忠治
○名久井村
村長 前田弓矢
助役 黒川健三
收入役 佐藤熊藏
○猿邊村
村長 井畑幸八
助役 和田弘
收入役 前田堅吾
○淺田村
村長 淺石英太郎
助役 鈴木源一
收入役 石渡平助
○戸來村
村長 佐々木傳次郎

助役 戸來金吾
收入役 村下勝次
○斗川村
村長 中村米治
助役 松尾正志
收入役 佐藤三郎
○田子村
村長 宇津宮直吉
助役 北村雄二郎
收入役 內宮重太郎
○上鄕村
村長 神秀四郎
助役 坂本米太郎
收入役 眞田幸一

○向村
村長 留目政治
助役 倉館末吉
收入役 坂本米藏
○野澤村
村長 田島明納
助役 田島市太郎
收入役 佐藤忠雄
○平良崎村
村長 缺員
助役 岩館松三
收入役 月館三治
○地引村
村長 駒嶺賢治

助役 松村喜助
收入役 小笠原仁藏
○川內村
村長 豊川彌之助
助役 缺員
收入役 橋 幸吉
○市川村
村長 野口幸吉
助役 石田謙吉
收入役 鈴木清三
○北川村
村長 川守田富彌
助役 佐々木大次郎
收入役 川村示次郎

〇館村
村長 近藤喜衛
助役 松原民彌
收入役 北山靜敬
〇上長苗代村
村長 山內亮
助役 馬渡惣次郎
收入役 石橋金七
〇下長苗代村
村長 村上岩太郎
助役 上村石次郎

〇大館村
村長 遠山景雄
助役 泉山善藏
收入役 掛端米吉
〇階上村
村長 野澤三藏
助役 小幡茂信
收入役 松倉清藏
〇是川村
村長 東政之進
助役 林崎景年

收入役 是川義三郎
〇中澤村
村長 稻垣邦
助役 中村雄一
收入役 石屋長兵衛
〇島守村
村長 坂孫吉
助役 中村正
收入役 簗瀨綱吉

○青森市

石館喜久造
吹田鐙三郎
佐藤清之助
横山清蔵
小田桐恒蔵
齋藤兵太郎
和田喜太郎
朝井省三
柳谷助四郎
久慈玉三郎
柴田正吉
小田桐正信
飛島良助
林貢次郎
淺井潔
加賀秀雄
戸川善太郎
相馬武一
木村辭達
村本良助
三上保眞
奈良岡岩五郎
佐藤運次郎
木村虎雄
若井由五郎

○弘前市

近藤東助
小林剛助
鳴海定五郎
長尾富士麓
山形良太郎
工藤豊吉
菊池長之
久保喜一郎
井上皓
高田善吉
櫻田清芽
伊藤孝太郎

櫻庭秀輔
福永忠助
成田久次郎
豐田勇八
今谷喜兵衞
東海健藏
佐齋重三郎
境喜一
佐藤要一
坂本安藏
花田倫
竹林孫右工門
野村峯次郎
小山勝次郎
工藤福彌

○東津輕郡

○油川町

館田金鐵
三上繁太郎
瀧澤初太郎
工藤平吉
淺幡文長
島田文作
田中長太郎
田中宇一郎
三浦宇八

○原別村

小笠原倉之郎
佐藤仁次郎
東留吉
三上覺一
鹿田周之助
鹿内惣左工門
齋藤金藏
豐川嘉四藏
白取石太郎
鹿内三衞
鹿内元衞

○蟹田村

村田儀郎
小川卯三郎
横山永助
木戸市之助
松山市助
石田竹之助
笹木末吉
坂井幾太郎
石岡才次郎
丹羽周吉
泉孫太郎
成田惣吉

○高田村

奥崎義郎
鎌田彦次郎
大柳安太郎
間山長一郎
奥崎嘉作
山崎初太郎
大矢尾治
新山久次郎
白取三蔵
新山八太郎
室谷勇一郎
齋藤孫一

○奥内村

大柳友次郎
渡邊嘉與吉
相馬清雄
成田惣吉
奥崎義郎
鎌田彦次郎
大柳安太郎
間山長一郎
市川寛一
溝江四郎三郎
瀧本勝右衛門
蝦名寅太郎

村上彦吉
杉田元吉
奥谷一
大澤平太郎
澤田淵太郎
赤田半助
川田佐太郎
井上喜代太郎

○大野村

福士忠吉
加藤丑太郎
神惟精
原子武麿

○瀧内村

木村平八郎
柴田熊太郎
松島尾治
泉田龜吉
渡邊利助
澤谷玖輔
澤谷助吉
相馬福太郎
吉崎門次郎
我滿千代吉
秋元豊太郎
高村兼吉

○荒川村

中村　次五兵衛
倉内平助
吉崎子之助
渡邊治三郎
木村富彌
林小三郎
倉内七五郎
渡邊八助
五戸佐與吉
川村基
白鳥勝之助
白鳥目慶

川村勇一
山田常作
八木澤三次郎
金澤直太郎
田邊福松
櫻田子之助
田邊澤吉
佐藤尾治
櫻田文吉
棟方忠太郎
荒井儀作
神佐太郎

○野内村

若木若太郎
山口由藏
能代谷傳一郎
蝦名與吉
橫內義悍
橫內藤彌
川村茂資
山口福次郎
赤松和一
增子嘉一
赤松權太
米田千代吉
森山石太郎
蛯名武哉
平田義造
澤谷光一

○一本木村

小鹿庄太郎
小鹿豊作
太田兼松
太田瀧三郎
木村重作
堀谷峯太郎
小倉貞太郎
米田松藏
鈴木幸太郎
蝦名清助

田中力松
田中常次郎

○筒井村

三上文太郎
德差甚助
工藤鐵夫
小泉要吉
佐藤熊太郎
遠藤旨純
土田祐助
佐藤重藏
阿保龜之助
小泉子之助

○今別村

鳴海保次郎
小鹿多七
中井柾五郎
小鹿宇一郎
小鹿宇衞太郎
中島幸吉
川村專右エ門
小鹿治兵衞
相内豐太郎
（三名缺員）

○西平內村

千代谷權八郎
本堂作太郎
大水慶之亟
今萬吉
山眠清次郎
山谷金太
田村善太郎
後藤福太郎
豐橋岩之助
豐島正
逢坂岩吉

○後潟村

千島吉藏

吉澤喜之助
佐々木源兵衛
工藤愛太郎
工藤猪三郎
坂本吉三郎
赤平重廣
工藤傳吉
工藤一
小鹿貞苗
瀧屋藤助

○三厩村

奈良初太郎
鶴谷音吉

○新城村

安保幸五郎
宇恵野岩次郎
伊藤吉五郎
田中才作
牧野貞吉
大宮長太郎
木村梴吉
澤谷市松
駒谷忠一
倉内善作
山本善次郎
晴山丑松

○西津輕郡

佐藤直次郎
佐藤愼一
坂本慶作
有馬專助
蝦名九左エ門
竹内和德
工藤英夫
佐藤得世
川村常吉

○木造町

佐藤多助
葛西喜一郎

市田忠四郎
髙谷慶藏
松木勘吉
市田房吉
島田玄隆
松木和吉
葛西末吉
川島勇太郎
川島春次郎

○水元村

出町源藏
川村慶作
中野彌七郎

相場友太郎
長峯 佐左エ門
秋庭久太
瓜田次郎八
加賀谷勝榮
秋庭明規
寺山嘉市
寺山銀藏
山形長吉

○舞戸村

工藤 五郎兵衛
大村八百吉
白﨑健次郎

番場健造
月永音次郎
池田祐一郎
田附慶一郎
傳福庄吉
神 清助
齋藤喜一郎
若松正好
佐藤七太郎

○森田村

盛 善三
外崎 吉右エ門
佐藤其吉

鶴賀長助
山崎永作
野呂七
山谷省三
平間成章
島田豊吉
奈良憲之亮
原田豊次
盛友太郎

〇東方村

村上覺次郎
北澤豊太郎
松橋亘

成田繁秋
秋田谷常四郎
化澤清一
中村專助
工藤治三郎
松橋嘉七
鳴海藤助
北澤石太郎
佐藤宗吾

〇赤石村

内山由太郎
岩本嘉四郎
世永順一

福井熊七
戸沼英藏
奥口倉次郎
清野祐一
佐藤吉太郎
清野早次郎
太田安太郎
工藤豊作

〇出精村

福島善兵衛
江良金藏
須藤源太郎
太田由藏

小笠原喜代太郎
竹内九郎右エ門
小山田 兵次郎
藤田勝太郎
乳井惣吉
白戸茂八
田中豊

○岩崎村

堀内福太郎
七石稜七郎
堀内利彌
七戸誠吉
龜川彌吉

○稻垣村

笹森藤七
柴田柾太郎
大屋重兵衛
工藤行雄
齋藤良之助
菊池汲太郎
野宮圭助
佐藤長壽
花田兼藏
川崎豊太郎
三上源藏
木津谷又八

○越水村

櫻庭晴光
帶川藤太郎
傳法谷善三郎
蝦名康親
秋元廉作
神善吉
岡本豊太郎
尾野藤三
黒瀧重助
石戸谷八郎
齋藤與三郎
長内長五郎

長谷川清賢
金子重之進
長谷川榮彌
長谷川長藏
長谷川勘七
吉田耕夫
工藤佐兵衛
大澤仁助
工藤安雄
長谷川清衍

○南津輕郡

○藤崎町

木村又吉

佐藤慶吉
藤本徹郎
新谷清之助
加福彦一
加福與助
村上六兵衛
齋藤瀧衛
藤本乘太郎
唐牛良三
町田豊作
幸田健作

○尾上村

西谷壽郎

西谷嘉三郎
西谷貞藏
田邊文四郎
工藤德二郎
長內仁左エ門
須藤周太郎
葛西長九郎
葛西惣右エ門
野呂嘉知郎
外崎平八
毛塚源太郎

○女鹿澤村

山內壽

對馬政徳
奈良岡銀藏
奈良岡伴助
花田愛作
石岡政吉
成田治
高谷喜代太郎
福岡音三郎
西塚富太郎
西塚謙逸
兼平文作

○藏館村

佐々木莊次郎
福田泰吉
藤田善藏
成田哲郎
原子藤一郎
水木吉右エ門
原子藏吉
原子春吉
板垣無前
菊池權三郎
松岡直吉

○常盤村

高木正風
成田弟助
佐々木喜兵衛
高木茂兵衛
古館龜吉
館山常吉
笹森長之助
奈良岡文作
羽賀俊徳
三浦義三郎
鎌田覺之助

○五郷村

長谷川宗一
長谷川信太郎
鎌田政隆

成田匡之進
鎌田愛太郎
林　善勝
小倉富士雄
佐藤清作
西村子太郎
雪田儀三郎
鎌田健四郎
雪田惣四郎

○碇ヶ關村

佐々木彦一
佐々木誠一
佐々木丑松

柴田彌作
柴田清一郎
木村永吉
野呂金助
岸　鍍吉
横山嘉吉
北山金之助
中畑善吉
小田桐銀之助

○金田村

森田茂左エ門
佐藤善右エ門
松田　操

小野龍治郎
工藤惣四郎
工藤佐助
葛西武美
佐藤得美
木村喜福
佐藤惣左エ門
山口久左エ門
村上倉吉

○六郷村

木立文三郎
村上勝歷
津川喜三郎

猪股良雄
大平正英
高田健吉
宇野善兵衛
宇野勇作
山口秀太郎
佐々木甚七

○町居村

奈良慶次郎
櫛引岩太郎
今井米太郎
奈良吉五郎
今井權四郎

奈良清助
葛西善吉
水木知名一

○大松村

石村今五郎
葛西佐吉
長内岩太郎
工藤捨三郎
小笠原正榮
西村邦助
工藤善五郎
丸山宇兵衛
齋藤菊三郎

野呂由藏
高橋豊太郎

○竹館村

三浦康司
田中正清
桑田長作
内山勘彌
外川源藏
阿部重太郎
芳賀豊作
相馬東洲
工藤甚作
福士辰五郎

田中利作
小野桃李
相馬藤太郎
外川熊太郎
比内已之吉

○山形村

渡邊與吉
佐藤秀男
佐藤彦作
千葉彦一
森山福太郎
盛彦一郎
佐藤伊太郎

今孫左エ門
飯塚重吉
熊澤瞭靜
木村長彌
工藤甚助
乘田傳之助
佐藤貞助
丹羽小一郎
木村甚太郎
小川勝已
齋藤米次郎

○十二里村

清野千代吉

黑瀧惣太郎
三上淵太郎
宮川仁太郎
泉惣十郎
村上長次郎
三上作之亟
安田清次郎
中村慶之助
福士角十郎

○富木館村

横山喜佐久
佐藤信
横山彌太郎

横山顯吉
高木儀八
能登谷芳太郎
一戸三之助
工藤佐市
工藤豊太郎

○野澤村

工藤丑之助
小山勇太郎
田中武雄
田中次郎
木村廣之助
一戸吉五郎

工藤熊太郎
田中定吉
工藤定四郎
工藤由吉
棟方五三郎

○畑岡村

葛西萬太郎
太田彌吉
工藤仁太郎
葛西米次郎
田中忠次郎
葛西勇八
佐藤貞作

工藤傳藏
野呂順三
大高弘
佐藤貞次郎
田中初太郎

○浪岡村

山内傳三郎
山内堅藏
鹽崎勇太郎
永井勘四郎
平野柾五郎
平野亮德
猪股幸三

太田忠助
山田權九郎
秋元岩吉
坪田忠吉

○中郷村

相馬儀三郎
淺原茂八
福士慶次郎
齋藤芳續
鈴木又三郎
猪股精司
齋藤實
石澤佐之

高木淺次郎
佐藤清吉
酒井長次郎
齋藤多七
對馬清太郎
澤權太郎
工藤與兵衛
鈴木福次郎
信平林之助
山口靜吉

○光田寺村

清藤銀次郎
盛竹次郎

金枝作之亟
八木橋正
山谷清吉
三浦幸次郎
中村政弘
鈴木久之助
八木橋子次郎
中山福太郎
木村茂作

○大光寺村

古川嘉千代
船水四郎右工門
菊池武憲

須々田孫九郎
芳賀定榮
大川亮
奈良源五郎
古川百太郎
澤田利作
今井藤右エ門
相馬三郎司
工藤甚助

○淺瀬石村

一戸重兵衛
豊田榮助
鳴海甚五郎
櫻田佐兵衛
森貞次郎
内山友四郎
内山忠藏
工藤孫一
北山淺一郎
北山良雄
北山長太郎
佐藤四郎左エ門

○猿賀村

小野哲男
濟藤盛治
三上保正
工藤半三郎
小田桐半三郎
宮川治五左エ門
小林宇右エ門
今井仁太郎
福士助五郎
船木久榮
葛西千瑞
葛西豊作

○尾崎村

葛西倉之助
中島寅吉
八木橋八十八

齋藤文次郎
古川七兵衞
小内山孫作
齋藤惣次郎
八木橋佐太郎
丹代二郎
齋藤武城
古川清左エ門
葛西甚五郎
葛西多兵衞
佐藤仁左エ門
齋藤精城

○大鰐町

前田藏吉
山内榮一
外崎一布
中島恒榮
幸山義雄
棟方松三郎
佐藤龍八郎
白取七次郎
山田榮治
山口惣太郎
山谷虎之助
工藤喜代治
長利良造
植田元太郎
工藤文韻
原子保雄
貴田松太郎
松岡善作

○北津輕郡

○五所川原町

工藤彌助
木村東太郎
增田貢
原慶助
川越茂萬
小野藏次郎
中村吉次郎

齋藤文次郎
秋元久吉
佐々木哲三郎
佐々木清治
澤田長助
山上善助
木村長吉
佐々木傳一郎
荒川谷健次郎

○金木町

津島忠次郎
伊藤豊吉
高橋良三郎
芳賀忠一
阿部義雄
白川常
久松豊吉
白川五郎八
成田清二郎
眞田市五郎
泉谷藏次郎

○鶴田村

太田彦兵衞
工藤慶作
三浦致一
三浦嘉七
尾崎修一
下山丑藏
齋藤俊作
坂本辰之助
坂本善次郎
高島與六
野宮浪太郎
赤城作太郎

○飯詰村

三橋八之助
眞田萬吉
鳴海酉藏
中道顯成

山口植右エ門
其田勝衛
中谷惣助
奥田慶吉
山口仁太郎

○相内村

三和男司
三上利三郎
三和四三郎
佐藤稔
佐藤藏之亟
山内桃太郎
木村元市

青山市五郎

○長橋村

清野爲藏
須藤富士太郎
土岐泰次郎
太田賢次郎
長尾久次郎
石岡義雄
土岐米三郎
秋元藤太
石岡直作
齋藤貞助
片岡金助

松野安藏

○松島村

高橋伴次郎
高橋薫太郎
高杉喬
寺田孫作
小野莊助
高橋藤太郎
木村太一
福士萬之助
廣瀬清
高橋永助
對馬淺次郎

高橋宇三郎

○武田村

野村藤七
鈴木淺次郎
佐藤彌八
三上勇太郎
高松米太郎
佐野安太郎
葛西柾次郎
塚本斧太郎
米塚俊次
米塚喜代太郎
新岡彌四郎

○中川村

吉岡穗吉
小山内勝藏
岡田寅五郎
原榮太郎
高橋安太郎
外崎彥太郎
秋田喜十郎
山形一
葛西長次郎
秋田豐吉
畠山源司

○脇元村

和島佐吉
藤田竹松
中山才五郎
藤田藤太郎
竹谷元太郎
櫛引長一
葛西善太郎
竹谷兼藏
高橋彌三郎
俵谷定四郎
三上茂吉
石岡又五郎

○三好村

木村勝之助
小野善一
長尾角左エ門
長尾唯一
澤田八郎
小野藤太郎
乘田米次郎
川浪力
工藤松五郎
高橋與作
高橋辰三郎
川浪與市郎

○小泊村

白岩喜三郎
工藤安太郎
福士兵吉
北島金四郎
齋藤柾五郎
成田岩助
橋本佐市
阿部七五郎
山田酉藏
今三郎
秋元周藏
柏崎由太郎

○二鄕村

三上米吉
松山喜代吉
三上茂之助
三上武雄
須鄕慶助
成田亥次郎
佐藤豐太郎
工藤喜代吉
松山榮
工藤末吉
澁谷善策

○小阿彌村

安田治助
工藤長吉
村山源太郎
三戸藏吉
成田精一郎
長內峰吉
田澤三郎
佐藤利次郎
佐々木日出男
小枝多七
成田太郎
長內峰吉

○沿川村

大谷市太郎
北島德木
櫻庭嘉四郎
小野幸藏
工藤吉太郎
川口多作
北島四郎
福士文吉
山口義作
久米田大八
北島與七郎

○北津輕村

古川松太郎
宮越萬太郎
新岡久一郎
小野柾次郎
佐々木兼次郎
成田淸之助
神武一
三上熊次郎
小山內權七

○中津輕郡

○堀越村

○高松村

板垣丹次郎
佐藤兼一
佐藤才吉
佐藤由太郎
阿保東次郎
道川惣次郎
齋藤兼吉
千葉兼市
千葉喜八郎
山田三次郎
相馬惣吉
小堀竹四郎

○西目屋村

須藤繁文
藤田嘉一郎
葛西直四郎
相馬藏助
小山内晋
水島純良
藤田龜之進
兜森俊雄
八木橋豊四郎
木村繁壽
藤田時彌
小島壽七

○駒越村

竹内越助
三上義三
澤田藤吉
三上鐵之助
三上三郎治
工藤運吉
三浦善作
坂田福太郎
成田善之助
佐藤善兵衛
佐藤忠一
西川友太郎

木村大助
木村儀三郎
佐藤常太郎
佐藤元吉
佐藤徳美
大高彌助
對馬本吉
三上長之助
三上嘉作
戸澤嘉助
小松友吉
高谷瀧藏

○裾野村

高橋甚內
泉田岩太郎
藤田登
藤田長作
成田又右衛門
小野仁次郎
須藤喜一郎
須藤清次郎
工藤金市
增田丑太郎
工藤佐太郎
工藤山太郎

○相馬村

中島佐一
山內要左衛門
澤田善助
中澤清十郎
佐藤岩吉
大場幸太郎
山內巳之助
田澤文太郎
成田米吉
中澤豐吉
成田久太郎

○大浦村

八島利滿

○豊田村

笹豊作
笹義幹
工藤源之助
笹多助
五十嵐長晴
成田早苗
今文作
本間彌市
三上善一
前田島吉
鳴海藤太郎
一戸斷

○岩木村

中田武範
工藤景三
小山田德進
福士文敏
田中豊太郎
木村出白
奈良八十八
小野助逸
相馬善作
石岡福太郎
小山田幸正
奈良岡幸一

○千年村

三上藤太
山崎知江
三上銀作
小山尾治
今直吉
佐藤銀藏
三上源造
玉田酉藏
櫻庭由吉
太田親作
蒲中豊三郎
齋藤要文郎

齋藤榮
吉田市太郎
齋藤正作
尾崎長之助
工藤以佐美
齋藤元吉
伊藤新吉
相馬梅吉
千葉一
吉川和吉

○清水村

今治三郎
石岡専太郎
成田勇作
石岡貞策
館山貞雄
竹内永作
上田與惣市
今雅夫
井澤寅吉
岩崎多吉
成田孝之進
石岡粕太郎
山田岩藏
長谷川長治
下山由太郎
森山岩太郎
萬西久藏

○東目屋村

長谷川毅
三浦多助
三上伊作
佐々木盛之祐
福澤紋作
田澤安太郎
齋藤征吉
吉澤萬次郎
竹内久一郎
竹内善兵衛
田村嘉之助

三上知足

○藤代村

石戸谷寅五郎
石戸谷駿二郎
川崎萬之助
藤田米三
佐々木平吉
土屋修三
相馬彌吉
大瀬武雄
藤田東吉
藤田長次郎
岩谷利男

松山忠一

○船澤村

對馬彌五郎
對馬金五郎
住吉豐太郎
對馬周太郎
高谷貞助
小山内彦一郎
對馬銀之助
佐藤元衛
對馬兵太郎
五十嵐元吉
佐藤權太夫

蒔田與七
前田佐之助
長尾長助
長尾佐助

○上北郡

○野邊地町

中村久治
飯田第次郎
島谷正太郎
吉田富藏
野坂與治兵衛
西村豐譯
山根吉三郎

細田長三郎
井山保太郎
林　慶造
霞元司郎
江口義太郎
吉田林治
杉山久之丞
伊藤吉五郎
濱中源七
小坂吉三郎
松本第太郎
飯田廿五郎
野村治三郎
野坂林八郎

○七戸町

三上時治
野村權治
泉山萬次郎
盛田達三
駒ケ嶺虎太
高田耕一
中原秀太郎
石田幸次郎
山本勇吉
米澤與助
濱中和三郎
藤谷德太郎

小原第吉
石田與太郎
盛田七百二
西野慶治
中野吉太郎
三上定吉
小原次郎
小舘市太郎
工藤千之助

○三本木町

佐々木第次郎
笹森專太郎
水野陳好

益川東太郎
小笠原八十美
井關友彥
石川健
土屋寛
大坂七郎
篠田龍夫
東竹松
前川原淸右衛門
豊川留之助
角田吉松
豊川德松

○四和村

瀧澤勇太郎
佐々木親甫
今泉操六
鶴田孫十郎
宮時市助
沼宮内英之丸
那川七
佐藤銀藏
工藤弘三
小笠原傳正
布施小平治
太田茂八郎

○浦野館村

檜館惣之助
蛯名半治
小林俊人
町屋定家
新山半助
千葉太郎右衛門
沼山市太郎
沼口金藏
坂本吉三郎
蛯名一郎
蛯名治三郎
和田小太郎
蛯名寳之助
蛯名酉松

苫米地良平
米澤德治
和田勝次郎

○法奥澤村

高淵岩太郎
下川原太郎
田畑勇
下久保馬藏
小笠原松次郎
小笠原佐太郎
小笠原寅吉
小笠原誠三
小笠原定雄
小笠原丹吉
小笠原哲治
下山常太郎
江渡寛治
太田吉司
小笠原奥治
長谷地市太郎
古館長之助

○下田村

蛯名英一
堤淺吉
鈴木芳三
馬場繁樹
山崎吉太郎
成田健次郎
柏崎甚六
柏崎市太郎
馬場彥七
苫米地定助
杉森元治
村越平太郎

○横濱村

小川寅之助
新藤德藏
新渡喜兵衛
柏谷運次郎

畑中幸吉
大關平八
中山千代吉
澤谷常松
秋田專太
小關松藏

○六戸村

苫米地順司
田中小太郎
吉田宇之松
坂本由松
石橋次郎
種市正造

佐藤五之助
杉館文吉
田口庄次郎
田中五三郎
山内伊太郎
圓子廣治
江渡廣司
津島毅文
名久井勝太郎
吉田規
高坂市

○三澤村

山本太郎

小比類卷金太郎
堀要之助
山本重助
小島文平
山村東
馬場克夫
佐久起
畑山與吉
河村利藏
月館榮次郎
吉田喜代志
浪岡貞藏
浪岡竹次郎
桑島豊次郎

石橋清藏

○甲地村

原田禮吉
大久保市太郎
蛯名松太郎
駒井長太郎
加賀竹松
黒川十吉
蛯澤治郎左衞門
下淺勝三郎
二部應太
大山佐太郎
前出房男
吹越福松
井上德次郎
山本藤一郎
沼山隆治
濱田鐵之助

○天間林村

工藤德治
附田友次郎
澤田喜代太
小又福藏
金澤作兵衞
楢　萬吉
白石松太郎

一ノ渡惣右衞門
鳥谷部長野
向中野由藏
町屋永次郎
中村儀三郎
高松轍三
半崎與之助
中村長六
附田福松
李澤長盛
千葉軍藏

○藤坂村

鎚田耕一

竹ケ原伊七
佐々木元治郎
苫米地吉喜
佐々木喜代治
松田喜代松
田中大藏
伊東正隆
江渡儀兵衛
丸井勘七
小山田市次郎

○大深內村

小原金治
福澤留吉

中野渡善六
中野渡勘右衛門
澤目美正
田島長之助
小笠原久八
田中仁助
小田石
大下內眞一郎
立崎助定
佐々木勝次郎

○六ケ所村

種市忠七
福岡福松

橋本佐助
福田嘉市郎
高橋毅郎
小泉淸藏
高村太助
田中五兵衛
駒形長太
高田德松
高村熊藏
高梨石太郎
渡部泰敏
三角久松
米田與太郎
濱飯喜三郎

守田與吉
木村宮治

○下北郡

○東通村

上路里次郎
手間本多次兵衛
坂本豊治
相内多三郎
伊勢田直吉
成田重次郎
四ツ谷吉治
角本伊太郎
川向與志美
坂本半右衛門
伊勢田義明
高屋敷勘六
太田喜四郎
住吉與太
二本柳寅吉
吉光元松
畑中金作

○風間浦村

八谷常次郎
八谷理之助
長谷榮太郎
佐賀清太郎
横濱與太
宮古富太郎
越膳庄太郎
林嘉藏
能渡嘉代吉
五十洲豊次郎
清野啓一

○佐井村

若山清之助
正村佐太郎
加賀富太郎
高橋利一
山崎惣吉

竹内治郎吉
辻信太郎
樋口勘兵衛
長尾謙之亟
奥本房吉
福田徳蔵

○大湊村

白濱久助
飛林佐太郎
川島松太郎
古藤政吉
高橋直次郎
工藤三之亟
奥川清次郎
飛内峯蔵
宮本久四郎
野村理三郎
辻廣太
道上定吉
本山直治
新谷榮八
北野末太郎
蒔川徳次郎
柳谷三之亟
佐々木佐五兵衛

○脇野澤村

山本聰
大山久二郎
櫛引孫二郎
吉田一郎
佐々木忠太郎
鹿目敬治
立石與太郎
山崎末松
立石覺平
櫛引石太郎
川岸謙吉

○三戸郡

○八戸町

宮本由藏
橋本和吉
近藤元二
木村芳美
米川德松
山本勝次郎
石橋要吉
金澤慶藏
遠山景雄
久水恒哉
畑中丈之助
小山田義郎
山田文次郎
中村秀三

○小中野町

岩淵榮助
瀧澤治兵衞
松本京吉
西村春秋
工藤新助
木村忠太郎
細越長太郎
大崎助右衞門
中村龜一郎
細越清吉
月館彥太郎
山浦武夫

香喜多吉三郎
大久保福三郎
山田陸奥雄
植木重藏
齋藤末太郎
淺沼善吉
中村千代松
下野末太郎
大久保萬吉
宮澤辰之助
室岡榮三

○湊町

沖田重雄

吉田第吉
武尾憲三郎
田中富次郎
高谷金五郎
貝堀市太郎
近藤末吉
川守田五藏
加賀菊松
尾崎誠
田中清三郎
小島力藏
清水策次郎
三浦三郎兵衛
大橋留吉

○三戸町

軒七郎
越後右衛門佐
佐々木喜兵衛
澤井藏吉
工藤倉松
松原仁八
五戸岩次郎
定萬之亟
武藤傳次郎
船場綱吉
田島三太郎
元塚謹三郎

中島武兵
松尾節三
松尾忠治
山口英男
福田多吉
矢幅三次郎
田島治
松尾甚助
日野千代吉
松尾清八
大村有
松尾市兵衛
照井重太郎

○五戸町

三浦種良
高奥恒吉
藤田寛平
田村喜三郎
大西五三郎
三浦益三
和田寛次郎
江渡惣右衛門
高橋直七
奥寺末松
木村和太郎
谷泰次郎
菊池良助
鳥谷部新八
鳥谷部勝太郎
川村清助
木村徹五郎
松尾由郎

○豊崎村

山内安太郎
永田竹松
小泉吉太郎
種市石太郎
三浦芳雄
三浦徳松
安平幸之助
小泉源助
小泉甚之助

○名久井村

中村重藏
宮木多平
砂葉熊太郎
中館源太郎
工藤祐吉
椛澤和三郎
川守田音吉
東館鐵三郎
佐藤久之丞

松井喜代松
山本三之助
玉川萬次郎
松本松次郎
日渡圓松
西塚德右衛門
小笠原八十吉
大下德松
若本熊吉

○猿邊村

漆館文次郎
工藤村治
米田巳之松

米田孫作
藤澤命助
中村久治
杉澤萬平
奥　芳松
木田伊之松
富野駒吉
荒田福松

○淺田村

關口直太
鈴木市太郎
坂本萬次郎
沼田昌一

木澤和吉
石ヶ森孝之藏
中川原貞機
古川巳之助
槍澤福松

○戸來村

細川岩見
長野專太
小笠原忠次
櫻井茂
平葭勘平
藤村倉吉
田茂三郎

小坂甚督
木村正司
高橋克衛
久保田庄作
福山福間

○斗川村

大村榮助
松原哲壽
水梨長松
田中實
坂本拗藏
小島吉太郎
寺牛榮作

澤田長七
佐藤善次郎
武士澤長吾
大澤竹五郎
乘上喜三郎

○田子村

藤田榮太郎
宇藤錄平
佐野專吉
小坂哲郎
山下伊勢松
尾形與左衛門
古田直七

池田正太郎
千葉清之助
日ノ澤勝次郎
櫻井榮太郎
泉山石藏

○上郷村

柳田專次郎
石井長太郎
穂積金藏
道地太藏
上平孫太
澤口辰之助
岩間福太郎

○向村

中村善八
日向八太郎
風張重吉
原玉次郎
堀内左見太
米内　司
坂本長太郎
馬場忠二郎
馬場他郎
留目豊作
極檀忠五郎
中居春松

○野澤村

大向才太郎
上平三治
工藤覺次郎
畑中留吉
田島明納
田島市太郎
太田倉之亟
戸賀澤孫太郎
高山馬吉
工藤榮八
岡田勘之助
高峯勘次郎

○平良崎村

赤坂喜代治
川代菊松
崩辰之助
中鶴間卯之松
沖田芳太郎
工藤賢次郎
谷坂芳太郎
月舘金藏
沖田丑藏
中野重四郎
西舘　留
相内助賢

和田喜代助
沼畑春治

○地引村

夏堀源太郎
吉尾英夫
深貝石太郎
森林初太郎
中川原三太
矢倉猿松
高橋松之助
石橋菊次郎
夏堀七之助
島守萬次郎

○川内村

大久保吉太郎
野村兼松
新井山長一郎
佐々木喜八郎
類家兼太郎
中里兵助
中里源太郎
原孫太郎
橘仁右衛門
鈴木源太郎

○市川村

鈴木七郎
鈴木謹吾
鈴木市助
風穴孝一郎
谷地萬治
向谷地吉
小笠原留
田村常太郎
野口幸吉
木村政太郎
三浦直哉
木村千之助

○北川村

佐々木平助
畠山甫
板垣馬吉
立花松三郎
岩間孫太郎
川守田富彌
立花力三
川村理啓
西塚三五郎
石塚熊太郎

○館村

山田大太郎
下斗米龜次郎

山田松之助
川口福次郎
松田熊五郎
柴田藤松
三浦萬次郎
寺澤要一郎
貝吹岩吉
佐々木孫四郎
清水德松
田村三之丞
齋藤市太郎
大久保與藏
瀧澤德十郎
野澤扇治

三浦助十郎

○上長苗代村

大島福藏
大島市郎
松倉萬次郎
小笠原喜一
上野竹三郎
中村省吾
工藤富齋
上村喜代見
瀧川彥之
山内亮

○下長苗代村

上村米吉
下村松之助
田名部米吉
田名部右衛門次郎
吉田又吉
木村錠之助
大澤淸宏
早狩嘉太郎
中村鐵藏
工藤萬治
中村丑松
河原木萬次郎

○大館村

外館三郎
泉山繁
高橋兵作
石橋德太郎
上條利吉
小山助次郎
安達石太郎
泉山權太郎
蟹澤彦右衛門
畑中雪藏
梅本榮藏
寺地千松

○階上村

中田岩太郎
濱谷辰之助
佐京石太郎
鹿糠辰之助
木村由太郎
桑原市三郎
蛭子石太郎
鳥屋部元三郎
田中福太郎
南孫吉
工藤鐵藏
土橋寅松

向源三郎
荻澤助秋
柳澤豊吉
久保益
正部家恒次郎

○是川村

中居市松
北城茂兵衛
番地岩太郎
新山徳次郎
田中市太郎
前田松次郎
上野寅吉

田端軍藏
上野清三郎
阿部藏三
中村永八
下館佐吉

○中澤村

森田芳松
森山彦松
藤井仁太郎
古舘源太郎
中村孫右衛門
細越清之助
奥瀬彦松

須藤綱吉
畑山福藏
成田元次郎
稲垣邦

青森縣 木炭產額（青森縣勢其の一）

年次	白炭 數量	白炭 價額	黒炭 數量	黒炭 價額	其他 數量	其他 價額	計 數量	計 價額
大正十四年	三、七九八、四七九貫	八二七、六八〇円	五、五〇三、九一九貫	一、一九七、〇七三円	九三、五四〇貫	一六、四七四円	九、三九五、九三八貫	二、〇四一、二三六円
同 十三年	三、六三二、九八六	八七六、三五〇	五、四九六、九八一	一、二三四、五七九	九四、七一三	一九、八〇四	九、二二四、六八〇	二、一三〇、七三三
同 十二年	四、〇五四、八二九	一、〇〇五、一七二	五、八八九、七三一	一、三一三、七三一	一六四、三五七	三一、〇七二	一〇、一〇八、九〇七	二、三四九、九七七
同 十一年	四、二一三、四三九	一、〇七四、四一五	五、二二一、四五五	一一六、三八五	九三、一〇八	一八、九四六	九、五二八、〇〇二	一、三〇九、七四六
同 十年	三、七〇五、八八一	一、〇一三、三九七	五、一五七、七二五	一、二六八、七三八	七六、九七二	一五、四二九	八、九四〇、五六八	二、二九七、五六四

青森縣 蠶業

沿革　本縣蠶絲業の起源は詳ならずと雖蓋し數百年前にあるものの如し史に徵するに津輕地方に於ては元祿の頃藩主津輕信政公は野元道玄の進言を容れ蠶業を奬勵し又安永の頃時の勘定奉行樋口某の建議に依り栽桑の普及に力を致せる事蹟あり降て文政の頃に至り弘前の篤志家武田某なる者自ら資を投して斯業の奬勵を企て福島地方より蠶種を移入して之を配付し或は敎師を聘して士民男女の別なく一般は養蠶製絲の普及に

務め而して其事業は維新前後に至るまで之を繼續せりと言ふ、南部地方に於ける起源は不明なれとも是れ亦津輕地方に同じく甚た遠かるべし、一說に依れば文政・天保の頃福島伊達地方の者三戸地方に移住して斯業の經營を爲したるは其發達の動機なりと謂ふ、分業的の蠶種製造の行はれたる濫觴は南部方面に於ては明治三四年頃三戸地方に於て彼の横濱蠶種の製造を試みたるに始まり津輕地方に於ては明治七年の頃弘前藩士の授産事業として蠶種の製造を試みたるを其の起源とす製絲業の濫觴は不明なるとも三戸地方に産する胴取製絲は地方の特産にして之を京都に上せ名聲を博せしことありと言ふ要するに藩政當時より維新前後に至る迄の蠶業沿革は藩政時にありては斯業に厚き保護奬勵を加へたれとも未た隆盛を見ずして久しき歳月を經過し又維新後廢藩置縣の當時より之を藩士授産事業として奬勵を加へ爾來種々の計劃を立て普及發達を企圖せりと雖近來までは依然として向上發展の機運に向はざりしなり、然るに最近に於ける國運の伸張と斯業の發展とは本縣の蠶業をして斯の如き萎靡不振の狀態にあるを許さざるを以て明治四十年の頃より百方之が奨勵に努めたる結果漸く農民の覺醒を促すに至り爲に永く不振の狀態にありし蠶業も發達の緒に就き進展の狀見るべきものあるに至れり。

二現況　養蠶の最も盛なるは南部方面即ち上北三戸の二郡にして縣下繭生産總額の九割以上を占め現時益々發展の狀態なりとす。津輕方面は未だ創業時代にあるを以て幼稚なるを免れざれども現今の趨勢として漸く斯業の有利なるを認識せる結果桑園を經營し或は山桑を利用して育蠶を試むるもの益増加せり大正十五年度に於ては晩霜の被害ありしと夏秋期に於ける天候不順の爲前年に比し産繭額稍減少もるも最近に於ける成績の趨勢は夏秋蠶の發達著るしきものあり殊に近時養蠶及蠶種の改良に伴ひ南部方面に於ては頗る優良の繭を生産し製絲工場二箇所ありと雖何れも大正九年の創業に係る大正十五年度の生絲産額は器械座繰を通して約五千二百貫なり。

繭産額

年次	養蠶戸數	掃立枚數	繭生額	同價額
大正十五年	五、八三三戸	二七、〇九七戸	一三三、一一五戸	九一〇、八二四円
大正十四年	五、六八八	二七、四六四	一四四、八一〇	一、三八五、三三八
大正十三年	五、七〇六	二七、三八四	一〇六、八七〇	八一九、三九〇
大正十二年	五、七六九	二六、一六九	一二八、五二九	一、〇七五、〇五二
大正十一年	四、七四九	二一、九二七	一〇三、八三五	八九八、一三五

三桑園　桑園反別は一千六百餘町歩にして內一千五百餘町歩は上北、三戸の二郡に於て占む桑品種は飼育法の改良に伴ひ春蠶用としては赤市平・五郎治早生・重島・惣助早生・夏秋蠶用としては大葉早生・十文字・改良鼠返・甲撰・淸十郎・魯桑實生・春秋兼用としては赤木・改良秋田・水澤・一ノ瀬等の植栽を奬勵す。輓近に於けを養蠶の顯著なる振展は桑園整備の必要を促し漸次稚蠶用並専用桑園等の增設を見るに至れり。

桑園

年次	畑反別	見積反別	計
大正十五年	一、四五三、五町反	二二八、一町反	一、六八一、六町反

大正十四年	一、三二一、一	三四九、〇	一、六六〇、一
大正十三年	一、二六三、〇	三四八、九	一、六一一、九
大正十二年	一、二二七、七	三三八、五	一、五五六、二
大正十一年	一、一六二、七	三三一、二	一、四九三、九

四　蠶業に關する縣の施設並團體

蠶業奬勵に最も力を致せるは明治四十年以降にて其狀況に應じ時に改廢あり而して現今の施設に係る事業の主なるもの左の如し。

桑園の改良增殖　大正十二年以降縣の直營事業として桑苗圃を經營し當業者に廉價に供給し以て桑園の普及改良を圖りつゝありしが大正十二年之れか廢止と共に桑苗の交付も亦休止するの止むなきに至り縣は之に代るべき施設の必要を認め新に蠶業補助規定を設け養蠶組合・農會其の他の團體及一般當業者に苗圃の設置並桑園の改良增殖を督勵し補助金交付の途を開き以て桑苗の生產桑園の改良普及に努めつゝあり。

接木講習會　桑苗生産普及の一助として大正八年以降毎年數名の接木教師を採用し縣下各地に派遣し講習會を開催し相當普及の現狀にあるも桑苗の自給自足は桑園改良の根源なるを以て更に一段の奬勵を加へ技術の普及發達に努めつゝあり。

養蠶指導者の設置　最近に於ける本縣蠶業の狀勢は蠶品種の改良育蠶法の改善夏秋蠶の勃興等顯著なる發達を來し新養蠶者の增加に伴ひ指導者の設置を要望するもの激增せるに鑑み養蠶組合、農會等の團体に補助金を交付し指導者を設置せしめ以て之が改善普及に努めつゝあり。

養蠶組合聯合會及其他の團體　本會は縣下五十有餘の町村養蠶組合の連絡統一機關として大正十三年の創立に係り事務所を縣廳內に置き事業として桑園の基本調査各種品評會講習講話視察員の派遣等を施行するの外組織組合に對し必行事項を設け共同の施設經營の遂行を期しつゝあり尙之の外縣は蠶種同業組合に補助金を交付し組合事業の振展を助成しつゝあり。

屑物整理講習　蠶業上の遺利を獲得し且つ副業的家內工業として最も有益なるを以て縣は大正元年以降之れが普及に努め每年教師を各郡市に派遣し傳習を行ひ漸次普及の狀態にあるも斯業の現況は尙技術の改善向上を要するもの尠からざるにより更に一段の獎勵を加へ技術の向上普及を圖らんとす。

共同殺蛹乾繭所　由來本縣は生產繭の僅少なるに加へ交通不便等の關係よりして產繭は之を乾繭所の設置を獎勵し其創設費に對し補助金を交付し來れり爲に現今に於ては縣下を通じ五十五箇一回の收容量約二千五百貫一晝夜の乾繭能率六千三百餘貫に達し產繭の乾燥上殆ど遺憾なき迄に普及せりと雖も最近に於ける產繭の激增は從來の市場組織及取引方法に改善を要すべきもの多く乾燥裝置の如き大規模のものを必要とするに至れり故に縣は市場の改善を策し其の創設費及改善費に對し補助金を交付しつゝあり。

蠶業取締所　縣廳內に本所を、支所を三戸郡三戸町、上北郡七戸町及弘前市の三ヶ所に設置し尚業務の繁激なる場合は更に臨時出張所を開設し蠶絲業法による諸般の取締を勵行するの外當業者の指導啓發に努め斯業の發達を圖りつゝあり、十五年度管内蠶種製造額は原蠶種六千二百蛾普通蠶種五十四萬五千餘蛾なり。

蠶業試驗場 本場は大正七年上北郡七戸町に設置せられ其の事業の主なるものは原蠶種の製造配付。桑種苗の配付。蠶及桑樹に關する試驗調査技術員の養成及實地指導等なりとす。而して十五年度に於ける配付蠶種は日本種四種、支那種五種歐州種一種にして其の蛾數一萬五千五百蛾にして桑の接穗配付本數は赤市平・五郎・治早生。十島・赤木・改良秋田。及改良鼠返を合し三萬四千本なり。

青森縣 礦 業

一現況 大正十四年中本縣礦產價額は二十萬六千六百四十一圓にして大正九年に於ける三百三十一萬三千三百六十圓に比し約六分に過ぎず內譯せは左の如し

種別	産額	金額
金	二、五一〇匁	一四、八〇九圓
銀	三三五、八七二匁	四六、三〇四圓
銅	三一三、七一三斤	一四二、四三五圓
滿俺	七、八五六貫	三四六圓
硫黄	一、四五一貫	二、七五七圓
計		二〇六、六四一圓

大戰當時は一時未曾有の盛況を呈したりしが漸次衰頽し從つて産額も亦減少せり。

青森縣　畜産業

産馬

沿革　本縣畜産業の大宗たる産馬の業は本邦の驥北、南部馬の發祥地として往古より發達せるものにして蓋し古來天惠の良牧。馬政制度施設の完備、上下を擧げて之れに熱誠し自然環境共に具備したる結果にして吾南部産馬史は本縣産業史の一頁を飾るのみならず本邦產馬史に陸離たる光彩を放ち古今吾邦種馬・軍馬・產業馬の最優駿の資源地として所謂南部馬の聲名天下に冠たるは偶然にあらざるなり。

就中維新前南部藩の馬政の其の用意周到を極め、現今實施する種馬の貸付、糶駒市・步金徴收・馬籍整理組合の組成・良種の保護制度・馬政機關其職制・等現行の產馬行政度は實に舊藩の遺制を繼承せしものに外ならざるなり。明治四年青森縣を置かるるや。南部三郡に限り產馬步金を一定し。糶駒代價十分の三を縣に徴收し。之を以て專ら舊法繼續に要する費途例之は種馬購入貸下費又は種糶市開場費等に供用し。明治八年税法改正に際し從來の步金を產馬仕方金と改稱し，之を一種事業の收入金と爲し。縣に於て益主力を傾けて種馬の貸下費も使用するの方針を執り。明治九年よりは獨り種牡馬のみならず更に牝馬を買入れて貸下ることゝ爲せり。斯の如くなるを以て糶駒及種馬貸下の事務其他悉く縣に於て管掌執行し。所謂諸事官行の狀態なりしなり。然るに二三年を經。民間の氣風漸く一變し、縣も亦時勢の風潮に從ひ之を民業に移さんが爲同十二年南部三郡の産馬當業者を勸誘し。産馬維持協會を創立せしめ、委員を選定し、從前民間に貸下中の種馬其他財産全部を該委員に引渡し茲に全く其主權を民間に移されしも。其財産及事務の執行は協會の請願に依り從來の通り再び縣に於て其委託を受け、代て之を管理することゝなれり斯の如くして南部三郡に於ける産馬事務の執行は一旦民業に歸したりと雖。種々の事情の爲。其基礎動もすれば動搖し易く。爾後漸く各所に紛議異論を醸成し、遂に一方は分離を主張し。他方は團結を主張し葛藤紊亂の末遂に兩派の訴訟となり。爲に惜むべし産馬の財産を擧けて蕩盡するに至れり。加之明治十六年秋期の糶市に當りては前例なき一市場を二分する等民心分離歸着する所なし。茲に於てか縣當局及民間の有志倶に焦慮し極力調停融和に奔走し遂に同十七年四月從前縣にて委託を受けたる事務財産は擧げて之を民間に還付し又更に舊慣遺法を斟酌し民情・風俗・地理・交通の便宜に據り。相集合せる幾箇の産馬組合を構成せしむる爲、縣は南部三郡産馬取締規則及馬籍取締規則を發布し。同年秋期の糶市より一般に之を實施せしめたり。茲に於て從來久しく產馬地方に蟠居せる紛紜は全く一掃し去りて。民心漸く其堵に安んぜり。

明治十七年布達せる產馬取締規則の要領は從來の慣例によりて糶駒區を七組（七戸。三本木・野邊地・田名部。八戸・三戸。五戸）に區別し、牡馬は必ず二歲の秋、組合の糶駒市に牽出し競賣に付すべきものとす。毎組肝入二名を置き組合に關する一切の事務を整理せしむ。糶駒金高十分の三に過ぎざる金額を徵收して。組合の經費に充つることゝせり明治十八年種牡馬取締規則を發布し同十九年種馬貸下規則を發布し。同二十二年產馬取締規則を改正し同時に產馬組合長及產馬委員改選規則等を布達し、同三十二年津輕五郡馬匹改良獎勵規則を發布し。津輕各郡內產馬組合購入種牡馬に一頭百圓の補助を給す。同三十四年二歲牡馬糶賣規則を發布す。

二現況　明治三十五年時の縣知事山內一次青森縣產馬改良の方針を確立せんが爲。官民中より學識經驗ある畜產家を招集して會議を開き左の方針を決定したり。

一　三戸・上北・二郡（三戸・五戸・八戸・三本木・七戸・野邊地ノ各産馬組合ヲ含ミ南部馬ノ主産地トス）は乘用即ちサラブレツト種・アングロアラブ種を主とし若しくはトロツター種を以て改良す。

一　下北郡（田名部）は輕輓用即ちトロツター種・ハクニー種・アングロノルマン種を以て改良す。（但トロツター種ハ現在種馬トスルモノナシ）

一　津輕五郡は輓用種を以て改良も但し當分其雜種を種牡馬に充つること。

以上の方針を確立するや同年牛馬改良補助規則を發布し、産馬組合の購入する種畜に左の割合を以て補助金を交付することゝせり。

上北・下北・三戸郡の産馬組合には一頭の代金四千圓以上の洋種には其代金の七分を補助し三千五百圓を極度とす。

前　の他郡産馬組合には一頭の代金六百圓以上の種畜に其代金の七分を補助し四百九十圓を極度とす。

右補助制の結果に依り南部三郡の産馬組合は競うて海外より洋種牡馬を購入し、明治三十七年までに其數約二十頭に達し本縣產馬の面目を一新するに至れり。

明治三十九年種畜代金補助制を廢し代ふるに種馬貸下規定を定め經費を以て內外產種牡馬を購入し各組合に貸與することゝ爲し、同年以降四十四年に至るまで每年海外より二頭の種牡馬を購入し、各產馬組合に順次貸與し其數十一頭に達せり。內國產は每年約十二頭を購入貸與せり。四十五年より海外產の購入を止め內國產十二頭か購入し縣立種馬育成所に於て飼育し、四五歲に至り貸與することゝ爲し以て現今に至れり。

是より先き明治二十九年上北郡七戶町に奧羽種馬牧場設立せられて同場種牡馬の餘勢種付を許可せられ、アングロアラブ種・アラヂュ號・アロエー號・アラブ種・オパイヤン五ノ六號・サラブレッド種・インフオーメーション號・ダイヤモンドウエッヂング號・ラシカッタ號・ガロン號・ロイチユール號等の高貴の血液を受けたる產駒續出して本縣產馬の血種愈向上し更に三十九年濠洲產牡馬四百餘頭の貸下ありて縣下各郡に配布し愈改良向上を來し更に明治四十一年上北郡野邊地町に青森種馬所を設置せられて國有種牡馬の現在百頭に達し愈々馬種の改良固定に資し質に洗錬されたる馬種の資源地をなす蓋し偶然にあらざるなり。

大正十四年二月馬政第二期計劃に準じ特選牝馬の体型標準を決定し、各組合別馬種生産率を定め八戸は乗馬八割。輓馬二割、五戸、三本木は乗馬七割輕輓馬三割、野邊七戸は輕輓馬七割乘馬三割。三戸。東津輕。西北・中南は輕輓馬のみ。田名部は小格輓馬を生ず。右牝馬の体型標準決定と共に種馬供用方針を左の如く定む。

一。輕種は『アラブ』『サラブレッド』『アングロアラブ』種及其直接父系を同種に稟くるもの。

一。中間種は『アングロノルマン種』及直接父系を同種に稟くるもの。

『ハクニー』種及其系統のものは當分の內供用す。

右之方針を以て玆に血種の統一固定体型の整理を期し益其の改良に邁進しつゝあり津輕五郡は主として育成使役地にして產馬は不振なりしも明治三十五年種畜補助制發布

以來各郡競ふて產馬組合を組織し生產改良に努め長足の進步を來し其資質敢て南部に讓らざるものを產し就中東津輕郡はアングロノルマン種に於て其名嘖々たり西・北亦六百頭の生產ありて其發達著敷ものあり。

三畜產に關する縣の施設並團體

縣立種畜場　大正元年度縣立種馬育成所として上北郡七戶町に創設せられ縣費を以て候補種牡馬を購入收容し四歲又は五歲迄育成し傍ら產馬組合に貸付し其他民有候補種牡馬の預託を受け之を育成し一面幼駒育成法の模範を民間に示し來りしが大正十二年度縣立種畜場と改稱組織變更擴張せられ馬は從前の通り育成を爲すと共に縣有種牡牛の育成種付を爲すことゝし尙更に大正十四年度より優良種豚の配付及余勞種付を行ふことゝせり現在候補種牡馬三歲十三頭同四歲十三頭種牡牛短角種（英國輸）一頭ホルスタイン種二頭候補牡牛一頭種豚七頭を繫養す。

產馬畜產組合　は南部に在ては既に明治十七年縣の產馬取締規則に依りて組織し明治三

十三年産牛馬組合法の發布後其組織を改正し、大正四年畜産組合法の實施により現在の組織に改めたり明治三十七年七月南部三郡產馬組合聯合會成立し明治三十九年一月津輕五郡產馬組合加入し茲に全縣下を通したる靑森產馬組合聯合會の設立を大成し、大正四年畜產組合法に依り現今の組織となり目下西北・中南・東津輕郡・田名部・野邊地・八戶・三戶・五戶・七戶・三本木の十組あり、產馬組合事業の主なるもの左の如し。

（一）種牡馬の供給　組合內の村落を數個の種馬組（下野組合ト稱ス）に分ち適當に種牡馬を配布補充す。其配付の方法は各組同樣ならず、或は種牡馬現物を以てし或は補助金を以てす、又種馬所派遣の種牡馬繫養の厩舍を設備し。其他種付に關する種々の便宜を圖る組合に貸下げられたる縣有種牡馬は組合自ら飼養し又は種馬組に轉貸飼養せしむ尙三戶・五戶・八戶・三本木・七戶・野邊地・田名部の各組合は種牡馬管理に奬勵金を出す。

（二）總馬賓査　明治三十六年縣令を以て發布せる牛馬藉取締規則に依り。組合は每年一回賓地に就き總馬賓査を行ふ但し津輕五郡に於ては町村役場に於て之を取扱ふ。

（三）二歳駒の糶市開設　縣令の規定に依り二歳駒の糶市を開設す九月上旬津輕に始まり十一月中旬三本木に終る。組合事務の最も重要なるものにして馬名簿の調製市場の設備買代金の出納・歩合金の徴收顧客の接待。應接等開市中は勿論其前後數旬組合役員は日夜多忙を極む。而して從來は糶駒のみなりしも明治三十九年以來縣の規定に依り牝牡も亦必ず糶市に附することゝなりたるを以て其頭數從前に倍し組合の大小に從ひ多きは千四百少きも二百内外にして一日平均百頭を糶賣するを常とす、縣下を通じて六千頭な糶賣す。

（四）品評會・講習會の開催　馬匹品評會の開催は各組合必ず之を行ふ多くは二歳牝牡馬にして優良牝馬保留の目的を以て牝馬のみの品評會を開催するもの漸次增加し三本木、五戸、三戸七戸、組合にて優良牝馬に奬勵金を交付す縣は大正十三年度より各組合の開催する二歳牝牡馬品評會に對し賞金を授與することゝなれり、畜產講習會は隨時開催す。

（五）其他種牡馬檢査、種付牝馬檢査、軍馬購買　各府縣の馬匹購買等に諸般の設備を爲し、官廳其他命令往復等平生組合の處理する事務尠からず。

産馬組合聯合會　の施行する主なる事業。

（イ）産馬共進會の擧行　産馬共進會は其の由來甚だ久しく、明治十二年南部三郡産馬優等會なるものを開設し十四年に至る間毎年之を開き爾來永く中絶し二十二年之を再興し爾後時々開設し、四十年に至り産馬組合聯合會の主催を以て從來の優等會を産馬共進會と改稱して第七回を三戶町に開き馬政局の産馬奬勵規程に依り同局より審査官を派遣し褒賞を授與せらる。爾後毎年一回各地に開催し大正十四年其第廿四回を開くに至れり。共進會に要する經費は總て聯合會之を支辨し來たりしが大正七年より縣の補助を受くることゝなれり。

（ロ）競馬會の擧行　聯合會主催の競馬は明治三十九年第一回を野邊地に開催し、其後中絶し四十三年第二回四十四年第三回を同地に開き、大正元年春期は鮫に秋期は野邊地に開催し、爾來毎年二回開催することゝなれり、四十四年以來農林省及縣より賞金の補助を得るに至れり。

（一）馬市場の開設　毎年十一月三本木に於て三本木產馬畜產組合糶市閉市の翌日より三日間青森縣中央家畜市場を開設し一般馬匹の取引に便す遠くは北海道及隣縣より牽付くるもの多し。

（二）聯合會は其他馬產に關して各組合の統一を圖り、官廳と組合との中間に介在して處理する所多し。

馬種類別頭數

年次	洋種			雜種			和種			計			合計
	牝	牡	騸	牝	牡	騸	牝	牡	騸	牝	牡	騸	
大正十五年	二、〇三六	五一五	一三六	三五、六九三	七、〇五二	六、三三三	一、一四九	三五一	二五四	三八、八七八	七、九一八	六、七二三	五三、五一八
大正十四年	二、〇七五	五〇六	一四八	三五、八六七	七、一六〇	五、五七二	二、三〇八	六一〇	四〇一	四〇、二五〇	八、二七六	六、一二一	五四、六四七
大正十三年	二、〇六六	五三三	一三三	三五、九九一	七、九〇八	四、八一〇	二、八二三	八五九	四四四	四〇、八七九	九、三〇〇	五、三八六	五五、五六五
大正十二年	二、〇八四	五七二	一三〇	三六、六七八	八、八八一	四、〇二六	三、四八六	九九九	四一七	四二、二四八	一〇、四五二	四、五七三	五七、二七三

牝馬頭數並生産馬頭數

年次	牝馬總頭數	三歲以上の牝馬頭數	生産馬頭數 牝	生産馬頭數 牡	生産馬頭數 計
大正十五年	三九、〇一九	三三、四四五	三、〇五二	二、九二八	五、九八〇
大正十四年	四〇、一五二	三四、五一一	二、七五六	二、七八四	五、五四〇
大正十三年	四〇、八七九	三四、五九一	三、一〇三	三、〇三三	六、一三四
大正十二年	四三、二四八	三五、六五六	三、二七八	三、〇七五	六、三三三
大正十一年	四三、二一五	三五、四四二	三、二五二	三、一八五	六、四三七

貳歲頭數賣頭數並價額

年次	性	頭數	價額	一頭平均價格	最高價額	最低價額
大正十五年	牝	二、七八五	五三〇、九五八円	一九〇、六四九円	八、〇〇〇円	三〇円
	牡	二、七四八	五六三、九四六	二〇五、二二〇	五、〇〇〇	二〇
大正十四年	同	三、〇八一	五六五、七二八	一八三、六一八	二、七〇〇	二五
	同	二、九七一	六二三、四五五	二〇九、八四七	四、二五〇	二六
大正十三年	同	三、二三四	六一六、三五九	一九〇、五八七	五、〇〇〇	二〇
	同	三、一六二	六八八、三三五	二一七、六八七	三、〇〇〇	二二
大正十二年	同	三、一一三	五四七、五三一	一七三、八六〇	二、二〇〇	三〇
	同	三、一七〇	六四八、二八六	二〇四、五〇七	三、一五〇	二一

年次	性	頭數	價額	一頭平均價額	最高價額	最低價額
大正十一年	同	三、四三六	六二一、七七五	一七八、〇四九	一、五〇〇	三五
	同	三、三八〇	七一五、六三五	二一一、三三六	二、四五〇	三〇

貳歳駒軍馬購買頭數並價額

年次	性	頭數	價額	一頭平的價額	最高價額	最低價額
大正十五年	牡	三八二	一二六、四三五円	三三〇、九八二円	一、七〇〇円	二三〇円
大正十四年	同	三六〇	一二四、〇九五	三四四、七〇八	一、五〇〇	二五〇
大正十三年	同	四四九	一四五、七九〇	三二四、六九九	五五〇	二四〇
大正十二年	同	四五六	一五四、八三五	三三九、五五〇	六五〇	二五〇
大正十一年	同	三八八	一三四、七六〇	三四七、三三九	七五〇	二四七

貳歳駒農商務省購買頭數並價額

年次	性	頭數	價額	一頭平的價額	最高價額	最低價額
大正十五年	牡	二五	二七、二〇〇円	一、〇八八、〇〇〇円	三、〇〇〇円	六〇〇円
大正十四年	同	二六	三〇、一五〇	一、一五九、六一五	二、九〇〇	六五〇
大正十三年	同	二六	五四、三五〇	二、〇九〇、三八五	二、七〇〇	六〇〇
大正十二年	同	二四	二七、五五〇	一、一四七、九一七	三、一五〇	六〇〇
大正十一年	同	二八	三二、二五〇	一、一五一、七八五	二、四〇〇	七〇〇

青森縣　商　業

現況　商業の盛衰は常に交通機關の發展と相伴ひ陸海の交通に係る所頗る大なり。殊に藩政時代に於ては物貨輸出入の港灣を限り又自ら之を經營したる等の事情は其商業發達の上に阻害を與へたるもの亦尠からざりしなるべし。津輕の十三港は古來内地蝦夷地聯絡の一大市場にして物貨此に集り商業亦從て振ひしが、其後寛永二年青森港を開きて海運を通し、次て延寶六年鰺ヶ澤より大阪に青森より江戸に粟米を輸送するに及び國外輸出の道大に開けしが、此二港に限り輸出入を許したるを以て、十三港は自ら市場の價値を失ひ、國外より輸送し來る所の物貨青森鰺ヶ澤に輻輳するに至る。而して輸出品の主なるものは米穀にして日用の雜貨木綿等を輸入したりき。斯の如く二港は物貨の集散地となりしを以て商業漸く盛なるに至りしは自然の數なりとす。其他の諸港に在りても魚類・薪炭・木材等を輸出せしを以て自ら其間に商業の行はれたるを知るべし。南部藩に在りては野邊地港によりて物貨の輸入を爲し、商賈常に來集したりしかは同港は自ら商業の集中點となれり。其他斗南藩の諸港よりは海產木材等を輸出し日用の物貨を輸入したるを以て亦商業の地たりしなり。而して當時港稅の制、出港に輕くして入港に重かりき、蓋し商賈保護の趣旨に出てたるなり八戶藩にありては鮫港に藩有の船舶を備へ海產。大豆等の輸出を爲せり。當時同藩の制私の擅に賣買することを許さず從て藩に於て之を經營したりと謂へり。各藩の貨物輸出入に關する概況斯の如し。而して其領內に於ける各地の商況に至りては今舊記の徵すべきものなしと雖、思ふに城市たりし地自ら繁榮を萃め物貨の如きも亦是より領內の各地に供給せられ、以て一般の需要を充たしたりしものならん。又當時商業發展の上に頗る影響を與へたりしは藩か各種商品の價額を一定したりしことにして、此制は廢藩置縣の後も尙ほ襲用を恐定し以て許可を受けしむることゝせり。然れども官の許可を得ずして暴利を貪る者あるときは之に對して處分を爲す等の制裁を存せり。同年八月更に命を下して商品の價額は商賈の各時定むる所に任ずることゝ爲し。全く其禁を解けり。之を要するに藩制時代の商業は各其領内に限られ其價額の如きも皆一定の率に依りしを以て商賈の利する所極めて少く。從ひて久しく不振の境にありたるは當時の狀勢として亦已むを得ざるものありしなるべし、降つて現今に至りても本縣商業の尙振はざる所以のものは其位置東北の一隅に僻在して久しく交通不便なりしこと其一因ならずんばあらず。而して一般の生活狀態頗る單純にして自給自足を以て足れりとし。唯自己の生產のみを商品となし從ひて他の嗜好に應し販路を擴め信用を維持せんとするが如き進取的思想に乏しかりき是れ商業不振の根本的原因なるべし、畢境するに舊藩時代より廣く他方と交通せざりし習慣未だ存在して激烈なる生存競爭場裡に立たざるが故なり、現に一葦帶水を隔つる北海道の實力は年々非常の勢を以て增進しつゝあるに本縣は最も其の近距離なる地にあるに拘らず。纔に米穀繩筵の類を供給するに過ぎずして。商業的勢力は依然として微々たるを免れざるなり。縣內にありても近時鐵道の開通に依り交通の便大に開けたるに拘らず京濱其他の地方の取引關係頗る少く。弘前第八師團・大湊海軍要港部・奥羽種馬牧場・軍馬補充部支部等大需要者との取引關係は尙未だ全部を本縣商賈の手に收むる能はざる狀態に在り然れども近時青森及弘前商業會議所は諸般の事項に關し熱心施設計畫する所あり。各地重要物産同業組合が亦夫々活動する所尠からず。其他當業者一致協力縣商工聯合會其他の各種團体を組織し販路の擴張に努むる所あり。殊に本縣多年の懸案たる青森港の修築は大正四年六月起工式を擧行し、今や其工事竣工し鐵道省の計畫せる聯絡船の岸壁繫船も同時に竣工するに至り海陸運輸交通の便益加はり商業界の面目を更むるも亦遠きにあらざるべし。

縣下商戸の數は專業一萬九千百八十三戸、兼業六千八百七十三戸許二萬六千〇五十六戸にして現在戸數の二割を占め其人口五萬三百十二人なり。而して之を業別にするときは物品販賣業者は二萬〇〇七十戸にして其他は旅籠屋・料理屋・湯屋・理髮店・質屋・金貸・請負業等の雜商なり。今之を郡市別にすれば左の如し。

大正十四年調

郡市別	卸賣	仲買	小賣	卸賣及小賣	行商	計	其他
東津軽郡	七戸	四〇戸	九六八戸	一四三戸	五三九戸	一、六九六戸	一、三九四戸
西津軽郡	九	六四	七一四	二九一	四六一	一、五三九	九六四
中津軽郡	四	四二	五〇三	三四	三四一	九二三	七九〇
南津軽郡	四八	二八五	一、一六二	一九八	五六六	二、二五九	一、五〇九
北津軽郡	二	二七	七五七	一五一	四七七	一、四二三	一、〇一四
上北郡	四	四〇	一、三四八	一五〇	九〇七	二、四四九	一、六六四
下北郡	―	二八	八四一	七九	二五二	一、二〇〇	六〇七
三戸郡	五〇	八三	二、三一八	五五七	一、〇一一	四、〇一九	二、七〇三
弘前市	三三	一七	一、二五七	四三四	二一三	一、九五五	九四四
青森市	九四	四八	一、六五三	三八〇	四三五	二、六〇九	一、二三五
計	二五九	六七四	一一、五一九	二、四一六	五、二〇三	二〇、〇七〇	一三、三三五

二、輸出入　本縣の生産物にして縣外へ移出する主なるものは米穀・林檎・馬鈴薯・繩・莚・叺・清酒・味噌・醤油・木材・木炭・鰯及其他海産物・木通蔓細工・牛馬等にして其移出先は東京・横濱・大阪・神戸・下關・北海道各地なり、移入の主なるものは絹綿織物・銅鐵・陶

器・石油・破糖・紙・果實・鹽鰯・鹽鮭・身缺鰊・罐詰・肥料等にして、其の移入先は絹綿織物類にありては東海道及兩毛地方日用雜品にありては京阪地方最も多く、海産物にありては北海道とす。而して交通運輸機關の發達に伴ひ貨物の集散益繁多となり逐年增加の趨勢にあり最近一箇年間の內外輸入の狀況を擧ぐれば左の如し。

(イ)都市別移出入調（單位千圓）　大正十四年

移出の部

種類	東津輕郡	西津輕郡	中津輕郡	南津輕郡	北津輕郡	上北郡	下北郡	三戸郡	弘前市	青森市	計
穀菽	一二四	一、二九四	二九	四、四二五	一七一	六三	—	一、三八五	一、一三六	六、九八〇	一五、六〇七
果實	一	六	一、一六三	一、三六九	四三	—	二	二五七	五三三	二〇八	三、三六八
其他農産物	—	二	—	四三	二	三三六	六	一二三	二一	四六	六三三
製材丸太材	八五三	一二五	五〇	二一	三六	六五三	八二五	九七七	六六	一、〇三一	四、〇三九
木炭並其他林産物	三	三六	—	四	—	三七八	一八四	二、六七九	六一	三三三	三、六七六
水産物	二七一	三四〇	—	二	六八	三二八	一、三六一	二、四一五	—	三一四	五、〇三一
畜産物	五	一六	一	六	七	二六五	一三一	五九九	—	六四	一、〇九四

種別	東津輕郡	西津輕郡	中津輕郡	南津輕郡	北津輕郡	上北郡	下北郡	三戸郡	弘前市	青森市	計
飲食物	八四	八	一	七一	―	一〇八	―	二,六一二	四七三	九六八	四,三二四
化學工業品	一八	―	三四七	―	―	―	―	五,九四七	―	五二一	六,八三三
織物及糸類	―	―	―	―	―	一	―	五六八	八七	―	六五六
製作工業品	五二	三八	三五	五七五	一五	―	―	一一七	六〇〇	一,二七六	二,六九八
雜品	―	―	―	―	―	五二	―	五	―	三九	九六
合計	一,四四二	二,〇七五	一,六一六	六,四〇六	七四一	一,五〇九	二,八九九	一七,七一三	二,九七六	一一,七五七	四九,一三四

移入の部

種別	東津輕郡	西津輕郡	中津輕郡	南津輕郡	北津輕郡	上北郡	下北郡	三戸郡	弘前市	青森市	計
穀類	八	一九〇	―	二五五	六	一九九	二〇八	二,〇一九	三二五	二,六三〇	五,五二〇
果實	―	一	―	六	八	六	二	二〇五	一,三七一	二六九	一,八六八
蔬菜	―	―	―	一	―	二四	六	五八	九七	三〇九	四九五
其他農產物	八	一	―	二	三	二	―	一二四	一三四	六二	三四五
製材	―	二三	―	五九	―	―	七	六〇六	四四六	五一四	一,六五五
其他林產物	―	四	―	―	―	―	―	一二九	六四	四八	二四五
肥料	五	三二	一八	三〇七	六四	五四	四	一九一	一六九	一三四	九八八
水產物	五	六五	―	一〇四	一一四	二一	三六	六九九	三一九	三,一〇八	四,四六一
畜產物	―	四	一〇	一三	一五	四	六〇	一五五	九七	一〇〇	四五八

鑛産物	四〇	九	—	二	三	五	五	七〇四	一九三	五八七	一,九二七
飲食物	一九	一一五	—	四八	一三	一九三	一四	二,八〇〇	一,五二九	二,四二七	七,三九七
化學工業品	六	九	—	二五	八二	三六	三六	一,〇四九	一,五一四	三,七六四	六,五四一
染織物	六六	五三	—	七七	四〇七	一三五	一三	三,一三一	二,五三三	二,五三三	九,〇一六
製作工業品	五九	五	—	七〇	五七	四〇	三〇	一,一四一	一,九〇四	一,八五四	五,一六〇
雜品	一	一	七	七	五	二五	九	二六八	一三三	一,〇〇三	一,四四九
計	五八七	五〇一	五六	七四六	八九五	七三三	六六九	一三,二六九	一〇,六九七	一九,三五二	四一,五〇五

(ロ)縣内各驛(移出壹萬噸以上のもの)移出入貨物調(單位噸)

大正十四年調

驛名	貨物數量 移出	貨物數量 移入	驛名	貨物數量 移出	貨物數量 移入
青森	二九九,五一一	一八一,六七八	田名部	一〇,二四三	五,五〇四
浦町	一六,三三八	九,一九五	浪岡	一七,〇八二	六,六九〇
野内	四〇,七二一	二,三九九	川部	一四,八七一	四,六八五
古間木	二九,六四六	一三,七四七	弘前	三三,六二八	九六,九五九
尻内	一三,五四八	五,〇八二	大鰐	一九,九三〇	六,四〇三
劔吉	三,三六二	三,三六八	碇ケ關	一〇,五四五	一,三一七
三戸	二八,六〇八	一三,八四九	黒石	四六,七八〇	二七,〇一九
八戸	五八,五四九	四八,五二三	外二十五驛	一三二,五三五	五八,五五三

湊	一六、五五九	三三、一八二
種市	一〇、〇六一	三、五九九
合計	八九一、四九七	五三一、七五二

（八）青森港移出入貨物調　大正十四年

（数量単位噸 価格単位千円）

種類別	移出 数量	移出 價額	移入 数量	移入 價額
動物	三、三三四	六三二、四六八	四、二四〇	五九八、六五三
穀物及種子	八三、四三三	三、八三三、七五八	五三、七一七	七、八六四、〇三九
植物類	五二四	一八一、八二八	一三九	三一、三四九
水産物	六、一二七	一、八一〇、三七二	一七〇、七一三	三四、四六八、五八二
穀粉、澱粉、蔬菜、果實類	四三、二一九	二、六七三、五五一	一七、九〇四	一、四七三、六七一
酒類味噌醤油	三〇、九二九	九、八二八、八〇六	一、八九二	八五四、九六六
其他飲食料品	一〇、八七四	二、九九一、九三三	三五、七六一	四、〇三五、一四四
煙草	五、四四三	五、九六〇、〇八五	五五	五、四七五
皮毛骨角其他製品	一、九五六	二、〇二一、八五六	四八六	二四一、四四五
油脂及蝋	四四、五二六	六六、六六一、六二四	一四、五九九	二、一六二、九一〇
薬品染料塗料	二、九四〇	二、一三三、二四五	二、五四四	一、四八九、五八七
絲縷繩索同材料	五、八三一	四、九六五、四一〇	三、六二五	一、四八九、五八七
布帛及同製品	二、五三六	二五、一六八、二八二	二、三七四	二、三七三、一六四

衣服及附屬品	一七、一〇四	二〇、六六五、四三〇	四八四	五六、七八〇
製紙原料紙及同製品	三五、七五九	二一、七三三、五三七	八、二四五	一、四一八、七五七
織物及同製品	二六、一四三	六〇三、三二九	一〇三、三三七	二、〇三六、九三〇
金屬及同製	四三、三四一	二、三九五、三〇六	七、一五三	一、六九二、七八〇
陶磁器子及硝子製品	八、九三五	一、六六六、六一七	二三五	二一、四三五
車輛時計機械類	七、四三五	八、六一〇、九三〇	一、六四〇	一、六三七、一五五
肥料及飼料	八二六	三三九、〇〇〇	八一、〇六八	一〇、二二五、二〇一
木竹及同製品	一〇、六〇〇	一、〇五一、五三一	三三九、九九三	六、二一八、四八三
雜品	一七八、五五一	二〇、五九五、九四一	三三、二二五	七、三六九、七二〇
合計	五五九、三六六	一五〇、四〇四、八六八	七六二、五七九	七七、六二三、四〇八

(二)港灣移出入調(單位圓)

港名		移出高	移入高	移出入高合計
青森港		一五〇、二〇四、八六八	七七、六二三、四三八	二二七、八二八、三〇六
東津輕郡	油川港	四八、五三六	一三三、六六二	一八二、一九八
	蟹田港	一五三、三六七	三四六、二二七	四九九、五九四
	今別港	二四、一九五	五八、九二三	八三、一一八
	三厩港	—	二四三、三五〇	二四三、三五〇
	茂浦港	三二、四七〇	三六、一二〇	六八、五九〇

郡	港			
西津輕郡	深浦港	一二五、七〇四	七二、二六〇	一八七、九六四
	鰺ヶ澤港	一、一四八、七二五	七三五、二四〇	一、八八三、九六五
	岩崎港	一三八、七一四	三四、〇一一	一六二、七二五
北津輕郡	小泊港	一、九九二、七七五	一〇七、六五〇	二、一〇〇、三二五
上北郡	野邊地港	九七、五〇〇	二、八八〇	一〇〇、三八〇
	泊港	四一〇、七五〇	二六七、一〇一	六七七、八五一
下北郡	大湊港	九、七五〇	四二九、六〇六	四三九、三五六
	川内港	八五八、七一七	六〇〇、八四六	一、四五九、五六三
	佐井港	一五八、六〇〇	一八六、八六〇	三三五、四六〇
	大畑港	六三五、九〇五	一三〇、二九〇	七六六、一九五
	大間港	五一七、〇二七	五三〇、八八七	一、〇四七、七一四
	白糠港	一〇一、六九〇	七三、九八〇	一七五、六七〇
三戸郡	湊港	五七二、八二三	一、五六一、四三七	二、一三四、二六〇
	鮫港	一一、一〇〇	一三、五一〇	二四、六一〇
合計		五七、三九三、二〇六	八三、一八八、三二八	一四〇、三七一、三三三

（ホ）青森港輸出入調（單位 數量擔 價額圓）

大正十五年

品名	輸入 數量	輸入 價額	輸入 輸入先	輸出 數量	輸出 價額	輸出 輸出先
米	四六、三七七担	四一三、三三九	印度	｜	｜	｜
大豆	五四三	三、一七八	支那、浦鹽	｜	｜	｜
小豆	｜	｜		｜	｜	｜
荏胡麻子	七三六	九、九三六	關東州、大連	｜	｜	｜
原油	一六、三五九、四四五瓦	三、三七一、九六二	ボルネオ	｜	｜	｜
揮發油	一四二、四七六瓦	一三一、九七八	墨西哥、サンフランシスコ	｜	｜	｜
石油	二、二〇四、八八六瓦	一、一一〇、八〇六	北亞米利加洲 蘭領印度ケマトラ	｜	｜	｜
其他ノ鑛油	四六六担	九、二二五	亞細亞洲ボルネオ	｜	｜	｜
パラフヰンワックス	三〇、三〇四	六七七、七七七	亞細亞洲 露領亞細亞	｜	｜	｜
木材	三、七四七石	一六九、五七八	サンフランシスコ	｜	｜	｜
豆糟	四二、五八二	一、二五八、四九〇	支那、浦鹽、大連、關東州	｜	｜	｜
生鰊	一五、五六二	一三三、八二三	沿海州	｜	｜	｜
鹽鱒	一二六、四一七	七〇九、一三八	同	｜	｜	｜

生鱒	三七、九四二	三一〇、一七一	ニコウイウスク、樺太、沿海州	—	—	—
鹽鱒	二五、三三五	二八四、五五八	カムサツカ 西カムサツカ	—	—	—
生鮭	五九、八一〇	一、〇八九、六一五	オホツク、ニコライウスク 樺太沿海州	—	—	—
鹽鮭	一、五六五	二七、五三八	沿海州	—	—	—
筋子	九一	六、七二〇	西カムサツカ	—	—	—
鱒罐詰	二四、八七九	八二三、七〇八	同	—	—	—
其ノ他		三七、八九七	關東州	—	—	—
鮮魚				一、六二三	三八、八五三	シヤトル
鹽スケ	—	—		三、三四九	一〇九、三一三	ハンブルグ
林檎	—	—	—	二八六	二、五七四	北滿綏芬河 ボクラニーチナヤ ハルビン
食鹽	—	—	—	四、八〇〇	一八七	ダツタ
合計	—	一〇、四七八、五三二	—		一五〇、九二六	

靑森縣　本縣に於ける各種商工業の振興は金融機關の發達を促し銀行業の發展近時顯著なるものありて大正六年に比し資本金約三倍に增加せり尙靑森縣農行銀行は大正十二年日本勸業銀行と合併し其支店として經營せられつゝあり今昭和元年下半期末に於ける調査に依れば縣內に本店を有するもの二十八公稱資本三千百三十二百五千圓此拂込濟額一

千六百三十萬三千圓なり尚同期末に於ける貸出金額七千〇三十四萬五千圓預り金額五千七百〇一萬一千圓なり今之れを銀行別に擧ぐれば左如し。

昭和元年度

銀行名	所在地	資本總額	拂込濟額	各種積立金	預り金	貸付金
株式會社第五十九銀行	弘前市親方町	千円 一〇、〇〇〇	五、三五二	二、三一五	一七、五三七	三、八四二
同 津輕銀行	同 百石町	一、五〇〇	九〇〇	四九〇	二、七三六	二、七四三
同 弘前銀行	同 一番町	二、〇〇〇	六一二	一八八	三、五〇一	四、一六五
同 弘前商業銀行	同 百石町	四〇〇	四〇〇	一三三	一、七七三	二、一七五
同 弘前宮川銀行	同 土手町	五〇〇	一三五	四八	二、二四九	一、九七七
同 立試銀行	同 土手町	五〇〇	三三〇	九五	五九九	一、〇三七
同 青森商業銀行	青森市大町	一、五〇〇	九一五	二一九	一、二一九	一、八四八
同 青森銀行	同 大町	一、〇〇〇	六四〇	一四七	一、三三三	一、八五四
同 鳴海銀行	同 新町	一、〇〇〇	三五〇	六三	二、三五〇	二、三一九
同 東奥銀行	同 大町	一、〇〇〇	四〇〇	四四	一、五一八	一、七四四
同 泉山銀行	三戸郡八戸町	二、〇〇〇	六〇〇	一一四	二、七二九	三、〇一七
同 階上銀行	同 八戸町	六一、〇〇〇	六五〇	二六四	二、〇九〇	二、六八〇

同	八戸商業銀行	同 八戸町	三〇〇	七〇〇	二八二	三、一六〇	三、八七九
同	三戸銀行	同 三戸町	七〇〇	三四〇	三一六	一、六八五	二、三九〇
同	五戸銀行	同 五戸町	五〇〇	三五〇	四六	一、〇〇五	一、三三一
同	木造銀行	西津軽郡木造町	一、〇〇〇	六二五	四五	九〇〇	一、六七三
同	尾上銀行	南津軽郡尾上村	一、〇〇〇	七〇〇	一三四	一、一三一	一、九〇七
同	藤崎銀行	同 藤崎町	一二五	一二五	三三	八三	二九九
同	五所川原銀行	北津軽郡五所川原町	七五〇	四五〇	一九二	一、〇九四	一、五七六
同	佐々木銀行	同 五所川原町	五〇〇	一二五	四九	一、八三三	七三三
同	板柳銀行	北津軽郡板柳町	一、〇〇〇	三二五	六〇五	一、一〇三	一、四〇六
同	板柳安田銀行	同 板柳町	五〇〇	一二五	一〇	三三四	七三三
同	金木銀行	同 金木町	二五〇	二五〇	一〇五	六六〇	六三三
同	立五一銀行	上北郡野辺地町	一〇〇	一〇〇	二〇五	三三〇	五三一
同	上北銀行	同 野辺地町	三〇〇	二六二	三三	一、四〇七	七四七
同	下北銀行	下北郡田名部町	五〇〇	二七五	一〇七	一、五一五	一、六四九
同	青森貯蓄銀行	青森市米町	三〇〇	一三五	一六	一、八〇七	八六六
同	青森貯蓄銀行	同 大町	五〇〇	一六二	八〇	九五二	七七七
計	二八行		三一、三二五	一六、三〇三	五、七六三	二七、〇一一	七〇、五四五

但藤崎銀行は昭和二年三月三十一日弘前商業銀行と合併昭和二年七月東奥銀行は岩手縣第九十銀行と合併せり。

四信託業

縣下に於ける信託業者は青森信託株式會社一社にして同社は大正十三年五月免許を受け專ら金錢及有價證券の信託を主とし未だ信託知識の一般普及を見ざる昭和元年度末に於て左記の如き成績を擧げ堅實なる發達を遂げつゝあり。

資本金一、〇〇〇千圓拂込資本金四〇〇千圓。信託口數二二九。信託財產一、七三五、一二四圓

五無盡業

縣下無盡業者は株式會社五にして公稱資本金九拾五萬圓拂込濟資本金貳拾八萬圓にして其の契約口數五萬〇〇三十四口給付金契約高二千四百〇〇八千八百圓を算し相當の成績を擧けつゝあり今之れを營業者別に擧ぐれは左の如し。

昭和二年三月末日現在

名稱	所在地	資本總額	拂込濟額	契約口數	給付金契約高
盛融無盡株式會社	青森市寺町	五〇、〇〇〇円	二五、〇〇〇円	五、三三八円	二、四九七、六〇〇円
青森無盡株式會社	同　米町	二〇〇、〇〇〇	五〇、〇〇〇	一七、八三三	八、七五八、二〇〇
東奥無盡株式會社	三戸郡八戸町	五〇〇、〇〇〇	一二五、〇〇〇	一七、六九〇	七、一一七、〇〇〇
津輕無盡株式會社	北津輕板柳町	一〇〇、〇〇〇	二五、〇〇〇	四、五〇四	二、三九五、八〇〇
弘前無盡株式會社	弘前市元寺町	一〇〇、〇〇〇	三五、〇〇〇	四、五五〇	三、二三〇、二〇〇
合計		九五〇、〇〇〇	二八〇、〇〇〇	五〇、〇三四	二四、〇〇八、八〇〇

青年は國家の柱

青年《せいねん》は志を立てると云ふことが、人生に處する最初《さいしよ》の大仕事である。志がちやんと立つて居れば、青年は誘惑《ゆうわく》に陥つたり、墮落したりすることはない。今日の青年に墮落《だらく》するものの多いのは、誰でも志を起すことはするけれど、立てないからである。志は起したばかりでは直ぐ倒れてしまふ。一度志を起《おこ》したならばそれを養つて堅固な地盤《じばん》の上に立てなければいけないのである。

志はどうして立てたらよいかといふに、青年《せいねん》の時自分で立てるより外はない。智識經驗《ちしきけいけん》の少い青年のことであるから、先輩の教を受けてその方針を決《き》めて行かなければならないが、それはたゞ參考とすべきである。先輩の教訓といつた所で、悉く一致してゐるわけではなく、甲《かふ》の先輩《せんぱい》は實業家になれといひ、乙の先輩は文學者《がくしや》になれといふやうな場合もある。だから先輩の言は自分で取捨《しゆしや》して定めるがよい。

志《こゝろざし》といふものは一度立てたら飽まで貫《つらぬ》いて行かなければならない。それには色々な困難や障害に出あふことが少くないけれど、そこが志の堅固《けんご》か堅固でないかを試す機會《きくわい》である。自分の意志の強弱《きやうじやく》ぐらゐは、少し反省すれば自分でよく知れるのである。そして自分は意志が弱いと氣がついた時に、決して失望《しつばう》するには及ばぬ。氣《き》がついたといふことが心を入れかへる緒《いとぐち》であつて、奮つてそれに打ち勝たうとする精神さへ振《ふ》り起《おこ》せば、そこに忽ち強い意志が現はれるやうになる。

人の生れ甲斐《かひ》ある生活は、先づ第一に目的のある生活《せいくわつ》でなければならない。人格の一大特色は目的を立てゝ、すべての行動《かうどう》をこれに統一し、そしてその實現に努めるにある人生《じんせい》の進歩發展といふのも、皆一歩一歩と目的に近《ちか》づいて行くことである。成功といふのは目的に達し得たることである。だから目的があつてこそ人生は光《ひかり》があり力がある。我々は一事には一事の目的《もくてき》を有ち、一生には一生の目的を有つてそして人としての意義《いぎ》ある生活をするやうに努めなくてはならないのである。

人は幼《をさな》い時は自分で目的のある生活《せいくわつ》をしてゐるのではない。保護者に導かれ教へられてゐるので、保護や指導がないと、その時々の衝動《しようどう》や本能のはたらきで盲目的に動くから、自ら放縦《はうじゆう》になり惡い事もするやうになる。それが段々成長すると自覺といふ心のはたらきが生れて、自分の目的を定めて活動するやうになつて來る。そこで人は動物のやうな低級生活から、初めて人格《じんかく》といふものゝある高級生活に進むことになるのである。

古人《こじん》は十五歳を志學の齡といひ、立志を修養《しうやう》の最大要件としてゐるが、少年から青年に進んで來《く》ると、一つの事に目的を有つだけでなく、もつと大きい所《ところ》の目的を立てゝ、多くの行動をこれに統《とう》一して行かうといふやうになり。進んでは一生涯《しやうがい》を貫く大目的をも定めやうとするやうになる。

青年の中には自分《じぶん》の目的を定めやうとして、それがなか〳〵定《さだ》めることが出來ないと直ぐ悲觀してしまつて、人生は不可解《ふかかい》であるとか、人生は暗黒であるとかいつて煩悶《はんもん》するものもあるが。これは薄志弱行といはなければならない。人は最初から自覺した目的を有つたものではなく。修養を積んだ結果として、段々に人生の各方面にそれ〳〵目的《もくてき》を立て、最後になつてこれ等を統一する最高《さいかう》の目的を發見するものである。それをまだ智識も經驗《けいけん》も少い人が、急に人生の目的を定めやうとするのは。無理《むり》な要求といはねばならない。

實際我々《じつさいわれ〳〵》は人生の各方面に於いて、最善であると信ずる目的《もくてき》を立てうるものであつて決して悲觀《ひくわん》すべきものではない。人間に價値ある志を立つべき事は實に數限りないほど澤山あるので、人生を悲觀したり失望したりする餘地《よち》はないと言つてよい。

志を立てるのに堅固《けんご》である以前に先づ高くすることが必要《ひつえう》である。最も高い所に志を立てればよいのであるが、人は性格《せいかく》がそれ〴〵異つてゐるから。各人の性格に基《もとづ》いて、その人が善いと信ずる所に心の方向を確定《かくてい》すべきである。大なる志を懐いてゐても。五十六十と年を取るに從つてその半分をも達しえないで終るのが。社會の實際狀態《じつさいじやうたい》であるから。志は性格に應じて出來るだけ高《たか》くしておくのがよい。

日本歴史《にほんれきし》に現はれた大人物の中で。豐臣秀吉ぐらゐ絶大《ぜつだい》の志を立てたものはない。天正五年織田信長は秀吉《ひでよし》を征西總督となし、「功成らば中國をすべて汝《なんぢ》に與へやう。それより進んで九州を取れ」と言つた時に。秀吉は「中國を征定することとは私の方寸《はうすん》の裏にある。中國一たび定まらば、その地を分つて公の近臣《きんしん》に封じたまへ。私は勢に乘じて進み、一擧《きよ》して九州を征定し。九州平がば一歳の收入をたまはりたい。それを以て軍備をとゝのへ、海を渡つて朝鮮《てうせん》に入らん。公が私の功を賞したまふならば私を八道に封じたまへ、私は八道の兵を率ゐて明國へ進軍し、四百餘州を席卷《せつくわん》し、三國を合せて一となさん。これ私が宿志《しゆくし》である。」と言つた。信長大いに笑つて「秀吉《ひでよし》又大言《またたいげん》するか。」と言つたといふことである。

學問《がくもん》をするものが歐米の智識を摸倣するだけでなく、十分に自修《じしう》をして創作する能力を養ふことが、列國競爭《れつこくきやうさう》の現代に於いて痛切に必要となつて來たのである。青年の自修すべき事は、學校の生徒では教科書《けうくわしよ》であるが、それ以外に自修すべき事は實に多いのである。自然界のさま〲の現象や、社會に起る數限りないあらゆる事件は、文字のない大教科書《だいけうくわしよ》である。

自習《じしう》は學問藝術に限つたことではない。我々の徳性を養《やしな》ふにも必要である。徳性を養ふ自修といふのは、自分で省みて工夫《くふう》することである。例へば一日の朝には今日はどういふ善《よ》い事《こと》をし、どういふ惡い事を避けやうか」といふことを思《おも》ひ、その日の晩には「朝思つた事柄が實行《じつかう》しえたかどうか」とかへりみるとか、又は前から自分の有つてゐる惡習慣《あくしふくわん》を除いて、良い習慣を養《やしな》ひたいと思へば、どうすればよいかと考《かんが》へるなどは、頗る良い自修法である。

學を習ふには自分《じぶん》の本心から出るやうにし、父母や教師《けうし》に叱言を言はれてやつとやるといふやうなことでなく、自分から進んで習ふべきである。フランクリンは自分で十三德目を作つて、德性《とくせい》を養ふべく毎日反省した。即ち飲食《いんしよく》は適度であつたか、無駄言《むだごと》はいはなかつたか。規律正しくしやうと決心した事を事行したか、適度を守つたか、清潔であつたか、小さな事《こと》に心を動《うご》さなかつたか、潔白であつたか、謙遜《けんそん》であつたか無駄使ひをしながつたか、勤勉であつたか、誠實であつたか、他人に害を與へなかつたか、フランクリンが偉大な功業《こうげふ》を仕遂げた裏面には、かやうな精密《せいみつ》な自修の努力がひそんでゐるのである。

學問の目的は知識を得て、よくこれを消化しこれを統《とう》一して、眞理《しんり》を探求する資料となし、又これを活用《くわつよう》して事業を經營するにある。それがためには讀書が必要であり實物を參考するのも大切《たいせつ》であるが、一番肝要なのはこれを實行することである。日本人は今まで智識を詰込む主義でやつて來たために、とかく試驗《しけん》とか肩書とか資格《しかく》とかいふ點に重きを置いて、試驗勉强《しけんべんきやう》で暗記するのが主になつてゐた。

讀書《どくしよ》といふことは先輩の見聞を印刷《いんさつ》したものを讀むことであるが、日本では學問の參考となるべき色々の設備がまだ整つてゐないから讀書《どくしよ》が修養の一番手近かな益友である、ところで、たゞ澤山讀《たくさんよ》むだけではいけない、よくこれを消化し、統一し、分解《ぶんかい》し、又これを活用することが大切である。

書を讀むにも人の性質によつて異《ちが》ひ、習慣によつて異ふ、少しばかり讀むのに澤山の時間を要《えう》す人もあり、速く讀んでしまふ人もあり、讀《よ》んでも要領を得ぬ人もあれば、一部分づゝ飛《と》び／＼に讀んでもちやんと要領を得る人もある。そこで書を讀む時には豫め必要だと思ふ部分だけを讀み、不必要だと思ふ部分《ぶぶん》は捨てゝおいて、精力の經濟《けいざい》をやらなければならぬ。又娛樂の書類《しよるゐ》でも讀みやうによつては少からぬ利益がある。之に反し害《がい》となることもある。娛樂と利益とあはせ得て、面白く讀《よ》むことの出來るのも。利益になるものを面白《おもしろ》く讀むことの出來るのも讀書する人にとつて大なる幸福《かうふく》である。これは習慣で出來ることで。面白いものから利益《りえき》のあることを知り最初嫌であつたものを辛抱《しんばう》して讀んでゐる中に。面白味を感じたりすることもある。子供の時は勉强と遊びとがはつきり別ものであつたのが、年をとるにつれて勉强《べんきやう》が遊びと一つになつてしまふことがあるやうに、讀書も利益《りえき》とたのしみと一時に得ることがある。讀んで早く要領《えうりやう》がつかまへられればられるほど、面白味は增して來るし利益も多くなる。

友人も善《よ》い人を選ばねばならぬやうに。書物も善いものを選《えら》ばねばならぬ。人の一生は短いものである。紅顏の青年《せいねん》もうつかりしてゐる間に老人になるから、讀書するにも無駄《むだ》のないやうに。人としての活動に利益のあるものを讀《よ》むやうに心がけ。無駄なものは一册も讀まないといふ決心《けつしん》が必要である。

人は多く見たもの讀《よ》んだものに感化されやすいから、思想の極めて不純《ふじゆん》な、議論の極めて不健全な書をいつも讀んでゐると、自然《しぜん》に讀むもの丶思想や見解に傾いて行つて、しまひには救《すく》ふことの出來ない惡弊が、知らず／＼の間に自分の心に沁《し》みこんでしまふ宗教の書哲學の書を撰《えら》ばないで無闇に讀んだために、厭世《えんせい》の人となつたり人を呪《のろ》ふ人となつたりすることが澤山ある。青年時代は思想も見識も確立しないで、動搖しやすいのであるから、讀むものは穩健《おんけん》なもの、純正なもの。堅實《けんじつ》なものばかりにするが安全である。

書を讀んで一句の胸中《きようちう》に徹するものもあり、一言の肺腑《はいふ》を貫くものもある。又雜念や忘想を拂つて古人と相對して語《かた》る感のあるものもあれば、古史を讀んで現代の事想を考へることもある。

目に讀《よ》むのは上つつらの讀書法である。心に讀む時は語は簡單《かんたん》でも意義は深く。眞に修養《しうやう》の絶好資料となるものある。人生に於いて讀書の趣味《しゆみ》を知らない位不幸はない。書齋に坐しながら世界《せかい》を知り、古人と語ることが出來るのは讀書である。我等を慰《なぐさ》め我等を訓し、その憂ひを除き悲みを去《さ》るのも。讀書にまさるものはない。娯樂は多く對手《あひて》がなくては出來ないが、讀書の快樂《くわいらく》は一人で十分に味ふことが出來る。又大概の娯樂は適當《てきたう》な場所が必要であるが、讀書の快樂は机の上には限《かぎ》らない。電車の中でも自動車の中でも。坐しても臥てゐても。室内《しつない》でも戸外でも林の中でも。到る所でこれを味ふことが出來る。

讀書の利益《りえき》はかやうな事ばかりでなく。意志鍛錬の習慣《しふくわん》を養ふものである。むづかしい書を心靜かに讀《よ》んで。一字より一句。一句より一節。一節《せつ》より一章と次第にその意味を知り。勇氣を振つてこれを讀破《どくは》するものは。一面非常に愉快であり。一面には意志《いし》鍛錬《たんれん》の習慣を作るものである。

勝海舟は青年時代に西洋式の兵術を學んでゐた。ある時一書店に舶來《はくらい》の兵書があつたが。それは當時《たうじ》にあつては得がたい珍本《ちんぽん》であつた。海舟は檢しくてたまらず賣價の五十兩を十數日かゝつてこしらへ。書店へ買ひに行くと、その兵書は四谷大番町に住む與力《よりき》の某が買つて行つたとの話に海舟《かいしう》は殘念のあまり某を訪ねて兵書を讓つてくれと賴んだが。承知《しようち》してくれない。それでは借してくれと云つたけれど、それもきゝ入れない。そこで海舟は「晝間は貴君に要であらうが、夜眠つた後なら私に貸《か》してよいではないか。」と言つた。熱心《ねつしん》さに某は外へ持出すことはいけないが。四ッ時を過ぎたら貸してもよい。」と云つた。海舟は當時本所の錦糸堀に住《す》んでゐたから、四谷大番町までは一里半もあるものを、その翌日《よくじつ》から毎時刻をたがへず。雨を降つても風が吹《ふ》いても休まずに通ふこと半歲《はんさい》あまり。終に八卷の兵書《へいしよ》を悉く筆記することが出來た。與力某は感歎して「私は筆記の手數も要らないのに、まだ全部を讀《よ》まないでゐる。あなたが八卷全部を筆記《ひつき》なされたに對し慚愧に堪へない。この書は改めてあなたに進呈する。」と言つた。

フランクリンは少年時代《せうねんじだい》から非常に讀書を好み、父の僅《わづ》かの藏書を熱心に讀んだ中にマーサー博士の「善行論」の如きは彼《かれ》の一生涯の主なる事業に感化を與へたものであるといつてゐる。ある書店の店員と親密になつて、時々《ときどき》店《みせ》の小冊子を借りて讀んだが、それ等は商品《しやうひん》のことであるから。主人に見つけらないやうに、夜間借りて讀んで翌朝必ず返すために、彼は時々《ときどき》徹夜《てつや》して讀書したといふ。

坂本龍馬《さかもとりうま》は幼い時から豪氣で奇行が多かつた。十三歳で水泳《すゐえい》を習つたが、ある日風雨がひどいのに、龍馬は簑笠を着けて水泳場《すゐえいば》へ行く途中、水泳の先生に出あつた。先生が「この風雨《ふうう》に何所へ行くのか」と尋ねると、龍馬は「水泳場へ稽古《けいこ》に行きます」と答へた。先生は驚いて「今日は波が高いから水泳を習ふに不便ぢや。明日晴れるまで待て。」龍馬《りうま》言《げん》をはげまして「先生。それはいけません、水に溺れるのは晴天の浪が平らな時ばかりに限りません。」先生は龍馬の奇言に感心《かんしん》して。一諸に水泳場に行つて怒濤《どたう》の中で水泳を習つた。

業《げふ》を習ふには、すべてかやうに熱心《ねつしん》でなければならない。

品性は意志の一定の習慣のことであつて、意志の習慣を一定するには、行爲の標準といふものを常《つね》に一定する必要がある。例《たと》へば金錢を使ふのに、今日は節儉をし、明日は無駄使ひをし、その翌日は吝嗇にするといふやうなことを繰返《くりかへ》せば、いつまで經つても意志《いし》が一定の習慣をうることは出來ない。

品性の修養《しうやう》に一番多く障害となるものは惡《わる》い習慣である。これに打ち勝つには善い習慣をもつてするより外に途はない。例へば朝寢をする惡い習慣に打ち勝つには、早起《はやおき》の習慣をもつてするやうなものである。良い習慣《しふくわん》を作り出すのは、最初少し注意すれば出來《でき》ることで。それから後は段々習慣となつて來るから、次第に善い品性を作ることも出來るわけである。朝寢《あさね》の習慣をなほすとしても、十日や廿日の朝寢の時間《じかん》になほしてしまへば樂に出來るけれど、五年も六年も惡い習慣となつてゐる場合には、なか〳〵なほすことがむづかしくなる。

一體習慣といふものは我々の毎日の行動《かつどう》が重つて、一つの第二の天性といつたやうな固有性《こいうせい》となつたものであるから、それが自然に心にも影響《えいきやう》して、惡い習慣を多く有つ人は惡人となり、良い習慣を多く有つ人は善人となるといつたやうに、その人の人格にも關係《くわんけい》して來るものである。

習慣は一人の體についてゐるばかりでなく、他人にも感染《かんせん》するものである。兎角人は他人の習慣を眞似《まね》たがるものである。言語や動作などは、甲の習慣が乙に傳はり、乙の習慣が丙に傳はるやうな實例が少くない。

幼少の時から青年時代までは、極《ご》く習慣のつきやすい時期で、一度習慣となつたら、それは第二の天性《てんせい》となつてしまつて一生變らないものである。しかし壯年《さうねん》でも老年になつても、習慣は大切なものであることを忘れてはならない。青年時代の惡習慣も、老年《らうねん》になつて努力すれば改《あら》められるものである。澁澤榮一子は論語の崇拜者で、修養の上にも立派な人であるが、子は青年時代に家《いへ》を出て天下を派浪し、比較的放縦《じかくてきはうじつ》な生活をしたことが習慣となつて、老年《らうねん》になるまでそれがなはらなくて固つたので、それを直《なほ》したい一念から殆ど全くそれを矯正することが出來たといふ。

品性《ひんせい》の感化は實に偉大なものがある。楠正成《くすのきまさしげ》と足利尊氏との二人の中、正成一人は數百年の後までも感奮《かんぷん》せしめて、永久に道徳の鑑となつてゐるのは、その品性の高潔《かうけつ》なのに原因するのである。加藤清正と小西行長《こにしゆきなが》とは秀吉の將として、軍事上の才能だけでは大なる優劣《いうれつ》はなかつたかも知れぬが、今日に至るまで清正公とあがめられ、信仰《しんかう》の神とまつられてゐるのは、加藤清正の品性《ひんせい》が立派であつたからである。

生《うま》れつきの才能がどんなに良くても、品性の力でこれを磨《みが》かなければ、十分に發達させて活社會に用ふることは出來《でき》ない。これと反對に平凡な才能でも、品性の力で磨いたならば、立派《りつぱ》に活用するまでに光を放《はな》たつめることは出來るものである。だから品性を修養《しうやう》するといふことは。直接に才能を發達《はつたつ》させることと大關係があるのである。

一體習慣は氣のつかない間《あひだ》に出來上るものであるから。何か大事變があるとそれを改《あらた》めることが出來る。例へば朝寝をする習慣のある人が。常時《ふだん》はどうしても早起きが出來ないけれど。「そらッ近火《きんくわ》だ」と騒ぐ時には。早起きが樂に出來る。これはどうしてかといふと。習慣はつまらない事だと思つて馬鹿にしてゐるので。常時《ふだん》それが我儘《わがまゝ》についてゐるからである。かやうに習慣を馬鹿《ばか》にしてゐると。それが害をなして一身をあやまることもある。それもその一人だけでなく。ひいては家庭や社會にまで害《がい》を及ぼすことにもなる。だから人は男でも女でも若い者も老人も。努めて良い習慣を養ふやうになれば。大きくいへば國家社會《こくかしやくわい》のためとなり。小さくいへば家庭の幸福《かうふく》を來たし。自分の立身出世の因ともなるのである。

人は氣質や習慣、境遇《きやうぐう》などの異ふに從つて、生活の仕方《しかた》が色々に異つてゐるか。一家の家計《かけい》を上手にやることは。一身を世に處《しよ》する小さなひながたである。人は皆名譽心もあれば、權力の欲望《よくばう》もあり。金錢の欲望もあり。その外に國家《こくか》に對する義務あり、父母《ふぼ》に對する義務あり、親戚朋友又は一般社會に對《たい》する義務などがあるが。これ等は先にすべきものもあれば。後《あと》にすべきものもある。そしてそれ等は各適度に止《と》めておくべきであつて、さうでないと權衡を失し、世に處する道をあやまる。人と社會との關係はかやうに複雜《ふくざつ》であるが、人をして適度《てきど》に社會活動の安全線《あんぜんせん》に立たせるものは、適度の家計適度の名譽、適度の權力の三要件を有つことで出來るわけである。

家計といふものはその身分《みぶん》と收入高との關係で定まるもので、一定の標準《へうじゆん》を立てることはむづかしいけれど。我々の身體は生まれてから。一定の食物と保護とが必要で、少し生長すると養育《やういく》の仕方が異ふに從《したが》つて、習慣もまた異つて來るから。衣食についても人皆同《ひとみなおな》じではないけれど、現代の社會に於《お》ける貧富貴賤の異ひに比べれば、その異ひは少い。百萬の財産家《ざいさんか》も一文なしの貧乏人も、身體に必要な材料《ざいれう》といふものは大した異ひはないので。金持ちは贅澤《ぜいたく》なものを用ひ、貧乏人は必要だけも得《え》られないといふだけである。そして貧富にとつて家計に大小の差等が出來るのは、實際に於いて是非もないことであるが、一方には贅澤とならず、一方には衣食《いしよく》の不足をかこつことなく、社會の平均線《へいきんせん》に近いのを家計の適度といふのである。

名譽の適度《てきど》といふのは惡い名をとることなく、公明正大《こうめいせいだい》に身を處し、高い名譽は人の才能に應ずべきであるが、他人《たにん》の徳義をそこなはず、虚名を博さうとせずに、眞誠の名譽《めいよ》をうることが、即ち名譽の適度である。

權力の適度といふのは社交に於ける權衡《けんかう》であつて、人は他人に媚びへつらつたり、私慾《しよく》のために人の前に平伏するなどは、人の品格をそこなふ大《だい》なるものである。これと同時に他人を下目《しため》に見てはならない。身分位地又は主從《しゆじゆ》の關係などで多少の差異はあるけれども、權柄に失せず謙遜《けんそん》に過ぎず、自分も人として他人の前に立ち。他人をも亦人して扱ふべきである。

これ等三つの要件《えうけん》は、社會上一個人の品格を保つに必要《ひつえう》なものである。そしてこれ等の關係は長い年月の間には、社會《しやくわい》の狀態《じやうたい》を一諸に變化するけれども、一國にありてはひどく變化《へんくわ》しないのを常態とするから、社會道德の標準線《へうじゆんせん》ともいふべきもので。これに對する我々の精神作用も常態を保たなければならないわけである。言をかへて言へば品性《ひんせい》を高くし。そして才能をはたらかせば、事業《じげふ》をなす穩健な順序《じゆんじよ》であるが、品性を養はないで才能《さいのう》ばかり働かすと。一時は成功したやうに見えても。社會の常道《じやうだう》に合はないから、遂に失敗することが多いのである。人格の修養といつて。倫理學の講義を讀んだり。高僧の說敎《せつけう》をきいたりすることも悪いではないが、そんなことよりも實地問題にぶつかつて見るのが、一番効果のある修養法《しうやうはふ》である。例へば「おれは修養を積んで來たから大膽《だいたん》である。」とか「おれは修養が出來てゐるから何等の困難《こんなん》にも屈しない。」とか威ばつてゐる人達が。いざ實地《じつち》にぶつかつて見るとそこに大した困難でもないのについ降參《かうさん》してしまふといふ事が世間には澤山《たくさん》ある。

人格《じんかく》といつても交通交際の上では立派に出來てゐる人で。何か肝要《かんえう》な場合になつて人情にかけた事《こと》をするといふのがあるし。又一方には當時は無頓着なやうでゐて。何か肝腎な場合になると人情《にんじやう》をつくすといふのがある。人格の完成といふのはかやうな一部分《ぶぶん》のものでなく。全體が完備してゐれくてはならない。併《しか》し人間は完全なものではないから。なかく理想通《りさうどほ》りには行くものではない。

人の天性には強《つよ》いものと弱いものとある。天性弱いものが無理《むり》に困難と戰つて行くと身體をこはしてしまふ。そこで弱《よわ》い者は誘惑を避けて世渡りをする。強い人は困難でも誘惑《ゆうわく》でも自分で進んでぶつかつて行つて。これと戰《たゝか》つて勝つことを努める。誘惑を切り抜けることが出來《でき》ないと思ふ人は。なるべくそれを避けて行くがよろしいどんな誘惑《ゆうわく》でも撃退してみせると自信ある人は、奮《ふる》つてぶつかつて勝つがよいので、いろんな事を自分の身に經驗《けいけん》して。段々人格を修養するのが一番よいのである。

「天は自ら助《たす》くるものを助く」とか「人は自分の額の汗《あせ》によつて生活するものである」

人間生活は孤獨《こどく》をゆるさないものである。是非とも多くの人と交はり、相助け相補ふ約束が結ばれてゐる。そしてかくすることに人生の眞の意義《いぎ》が生れるのであつて。人は社交界にゐて初めて人間《にんげん》といふものを知ることが出來るのである。

人は各自《かくじ》性情《せいじやう》が異ひ。各自氣質が異ふものであるから。これと交《まじ》はりこれと接するのはむずかしいやうに思《おも》はれるけれど、人に接するに至誠を以てし。人に交はるに同情《どうじやう》を以てすれば、人と我と相通じて、異つた所は捨《す》て同じ所を採るやうにするから。爭《あらそ》ふこともなく、通じないこともないことになる。こちらが至誠を以て交はるのに、先方でこれに感じないのは、こちらの至誠《しせい》が足らないからであると悟ればよいこちらが同情《どうじやう》を以て接するのに。先方がこれに動かないのは、こちらの同情が足らないものと思へばよい。

物事に感《かん》じやすい人もあれば。物事に感じにくい人もある。怒《おこ》りつぽい人もあれば。容易に怒らない人もある。そこで人々の性情《せいじやう》を觀察し。その場合場合を考へ合せて。社交を圓滑《ゑんくわつ》にすることを心掛けるべきである。人は各長所と短所とあるから。長所をあげるやうにすれば。愚鈍《ぐどん》のものも必ず一得あるものである。我《わ》れ人に對しては赤心《せきしん》を人の腹中に推せば。人亦我れに對して誠實《せいじつ》を盡すやうになる。

人物を觀察《くわんさつ》するに人の短所は直ぐに知《し》れるものであるが。その長所が見がたいものである。そこで見易い短所《たんしよ》を以て人を許し。見がたい長所《ちやうしよ》を忘れてゐると、自分ばかりえらさうに思ひ、他人をけなす心が生じ、社交の圓滑《ゑんくわつ》は破られてしまふ。人の長をあげて、その短所《たんしよ》は言はないやうにし、我が度量を大きくし、他人の短所や缺點《けつてん》も容れて餘裕のあるやうな心の持ち方になれば、それは修養の出來た人で大人物といふことが出來《でき》る。これに反して自分天狗となつて、他人《たにん》を輕蔑《けいべつ》する人は、社交《しやかう》の圓滑を破るばかりでなくその人物の偏狹頑固《へんけふぐわんこ》なことを示すものである。

人は他人に對してかやうな覺悟《かくご》が必要であると同時に、他人から受ける毀譽に對しても、亦同《またおな》じ大度量を養ふて、人のために動《うご》かされない覺悟を養ふべきである。佐久間象山の説に「人已を譽むるも、已に於いて何をか加へん。若し譽によりて自ら怠らば、則《すなは》ち反つて損す。人已を毀《そし》るも。已に於いて何をか損せん。若し毀によりて自ら強くせば則ち反つて益せん」といつてある。譽めるも毀るも彼にあることで。それを取捨判別《しゆしやはんべつ》するのは我にあることである。彼《かれ》にあるものは彼の自由に任かせ。我にとつて資《し》とすべきは採り、資とすべからざるものは捨てる。境に應じて心を轉《てん》じ。しかもその本性を失はないことになれば。心は常に快闊《くわいくわつ》で、どんな場合にも圓滿に適應することが出來る。これが社交界に於ける修養の根本義である。禮儀作法《れいぎさはふ》などは社交界の要件ではあるが、この根本義《こんぽんぎ》を缺く時は、虛禮虛僞となつて他人の惡感を招く原因《げんいん》となるものである。

禮儀作法は社會の習慣《しふくわん》であつて、今日では全く形式になつてゐるものも少くないが、その根抵に至誠や同情の伏在するので。形式もその生命を保つものであるから。たゞ形式に囚《とら》はれて眞實を缺き、形式に縛《しば》られて本意を無くすることのないやうにするがよいのである。

集會《しふくわい》に訪問に談話に、姿勢用語の端正《たんせい》は何人にも快感を與ふるものであるから、他人に接するにはこの心得は必要であるが、虛禮に傾《かたむ》く儀容を衒ふのは本意に背いたものである。その要領《えうりやう》は他人をして不快の念を抱かせない程度にすることである。

人は社會上の身分、位置、職業、年齡、境遇、貧富《ひんぷ》などによつて、千差萬別ではあらうとも。儀容《ぎよう》の要訣は純潔の二字に。よく言ひ現はされてゐるのである。亂髮垢面で東洋の豪傑流を得意とするのも。すでに過去《くわこ》の滑稽劇となつて。時代に適應《てきおう》したものではない。談話にしても多辯を弄すばかりで、少しも誠實もなく同情もないのは、人の動かす力はないものである。むしろ人から輕蔑《けいべつ》されるのである。多辯よりは沈默《ちんもく》が勝つてゐる。しかし全く沈默してゐたのでは。社交は成立つわけはないから。言々句々誠實の心を離《はな》れず。同情の念を失はず。我が意見を徹底《てつてい》せしめ人の言を容れ。我が習ふべきは習ひ、敎《をし》ふべきは敎へ。彼我共に共鳴すれば。談話の快樂は盡《つ》きないであらう。

文化を大きく別《わ》けると二つとすることが出來る。即ち外面の文化《ぶんくわ》と内面の文化とである。外面の文化は形式の上の美觀《びくわん》や整調であつて、人類の官能によつて知ることの出來るものである。音樂《おんきやう》の妙なる音響、誌歌の整調快美なる韻律《ゐんりつ》、精巧なる彫刻、華麗《くわれい》なる繪畫、宏壯優美なる建築等の美術《びじゆつ》がそれである。内面の文化といふのは、心の上の美心そのもの丶美であつて、人類の精神生活を完全にすることが、その根本《こんぽん》をなす最も重要なものである。更《さら》に又人間の理性に訴へて、正邪善惡《せいじやぜんあく》を判別して行く。眞理とか正義《せいぎ》とかいふ方面も、心の内的表現であらう。そして精神生活を完美《くわんび》にするには、宗教によつてなされるのである。

宗教は人類の精神生活《せいしんせいくわつ》の中心である。人心を完美ならしめ沈着《ちんちやく》ならしめる點に於いて最も有力なしかも唯一の方法《はうはふ》である。この意味に於いて世界に於ける諸種の宗教は、人類《じんるゐ》の精神生活を完美にすることに向つて、各その特長を發揮《はつき》させてゐる。

キリスト教は愛《あい》の宗教《しゆうけう》だといはれてゐる。さうとすれば人類《じんるゐ》の情の方面を正しく養ふものであらう。佛教は智の宗教《しうけう》だといはれてゐるが、官能を通じて起り來る所の小意志《かついし》を制御して、大意志の發現を鼓舞するのである。佛教《ぶつけう》にはかゝる方面を滿足させる特種のものがある。自分の身命《しんめい》はいふまでもなく、一切の物を放擲して無縁の有情を濟度《さいど》しやうとの、大願を發せられた大慈悲《だいぢわん》の佛があるのである。

かやうに考へると、意に於いて、智《ち》に於いて、情に於いて、善と美との各一つを配當《はいとう》して滿足させるものは、佛教であるといへるのである。そこで佛教は宗教として、これ等各方面を完美《くわんび》にするものであるといへるであらう。

佛教には大乘《だいじやう》と小乘と二つある。何れも釋尊中心《しやくそんちうしん》として考へるのであるが、小乘佛教では釋尊を「如去」と呼び、大乘佛教では「如來」と呼んでゐる。「如去」といふのは釋尊を普通《ふつう》の人間と考へ、その普通人たる釋尊《しやくそん》が、修養を積むことによつて佛となつたとするのであり。即ち人が向上して眞理と一體となつたのだといふのである。

大乘佛教の「如來」といふのは。眞如《しんによ》から來生したものゝ意味《いみ》である。佛の智慧慈悲ともに眞如《しんによ》に合一して。眞如の全分か佛陀と現はれるから。如より來生するといふのである。人である釋尊《しやくそん》が眞如に向つて去《さ》つたのではなくて。眞如そのものが人類の流轉輪廻《るてんりんえ》する有樣に。無限の慈悲を垂れて人類《じんるゐ》を救はんがために。假りに肉身を現はしたのが釋尊であるとするのである。

宗教的修養には二つの方面《ほうめん》がある。その一つは我れが神に結合《けつがふ》しやうとする向上的修養であつて、他の一つはすでに神に結合《けつがふ》した身を以て。現在に行動しやうとする向下的修養である。向上的修養は信仰を以て根本とする。神を信じ。キリストを信じ。そしてその救濟《きうさい》を信じなければ。キリスト教の基礎《きそ》は出來ない。又佛を信じ。法の信に僧を信じなければ。佛教《ぶつけう》の基礎は立たないのである。信仰は宗教の骨髓《こつずゐ》である。そしてその信ずるといふことは。科學哲學《くわがくてつがく》を信ずることは異つてゐる。科學哲學などの知識的信仰《ちしきてきしんかう》は。その事を認め。その理を肯定して。これを承認《しようにん》する心の働であるが。宗教的信仰は更に一歩を進《すゝ》めて。これに歸依し信賴するものでなければならない。即《すなは》ち神の存在を承認するだけでは。まだ宗教の信仰《しんかう》とはいへない。それに信賴する念を生ずる所に。初《はじ》めて宗教の信仰が成立つのである。神の信ずるといふのは。キリスト教の教義からいへば。神に任せ。神を愛し。神によりて生くることである。佛教に於いても歸依《きえ》すること。信賴することをその生命《せいめい》とするけれども。佛教の門はキリスト教よりも廣く。單に信賴の念だけを基礎とする他力門の外に。自力の法門《はふもん》がある。修行の力によりて解脱の妙境《みやうきやう》に達しやうとするのである。

佛教に於いて阿彌陀如來に歸依し。信賴《しんらい》することを以て往生淨土の因となし。純他力と稱せらるゝ眞宗《しんしう》の教祖親鸞上人などは

「親鸞《しんらん》におきてはたゞ念佛して。彌陀《みだ》にたすけられまゐらすべしと。よき人の仰

を蒙りて。外に別の仔細なきなり。」

といつて絶對信頼《ぜつたいしんらい》によつて安心を得るとされてゐる。親鸞上人の師たる淨土宗《じやうどしう》の
敎祖法然も
「たゞ〳〵往生極樂のためには、南無阿彌陀佛《なむあみだぶつ》と申して疑ひなく往生するぞと思ひとつて、申す外《ほか》には別の仔細は候はず。」

といつて一切の善行を悉くこの六字《じ》にこめてゐる。

日蓮によりて唱導《しやうだう》された妙法蓮華經の經典は、釋尊出世の本懷となし、これに歸依して一切衆生の心にある佛性を、たゞこの一語に呼《よ》び起すとなし、

「妙法の義理を知《し》らざる人も、たゞ南無妙法蓮華經と唱ふるに、解義の功德《くどく》を具すること、恰も小兒の乳を含むに、その味を知らざれども、自然《しぜん》に身を養ふが如し。」

といつてある。他力門《たりきもん》に入つてゐるとしても、その信仰《しんかう》は淨土諸宗とは異つてゐ

るが、その信を以て根柢とする點《てん》は同じである。他力の諸宗でも、自力の諸宗でも。又佛教以外の宗教《しうけう》でも、兎に角宗教といはれる以上は、その修養の第一義として信といふことを說くのである。すでに信ずるといふ以上《いじやう》は、その教示を守つて一歩もこれを誤《あやま》つてはならない。そこで何れの宗教に於いても戒律といふことが說かれてあるのである。

戒律は教祖がその教徒《けうと》の非行を防ぎ、惡を止めるために說《と》き示したものであつて、その教徒たるものは背くことの出來《でき》ない信條である。佛教に於いては戒を以て佛教道德の總名《そうみやう》とし、殺生すること勿れ、偷盜すること勿れ、邪婬《じやいん》すること勿れ妄語すること勿れ、兩舌すること勿れ、惡口《あくこう》すること勿れ。綺語すること勿れ、慳貪なること勿れ、瞋恚《しんい》すること勿れ、邪見なること勿れ等を十戒《かい》とし、何人も守らねばならぬ戒律とした。この戒律《かいりつ》は佛教修行者の甲冑ともいふべきもので、これによりて內外《ないぐわい》の誘惑に勝つのである。

その知見を磨くは慧《けい》にして。心を靜めるのは定である。定は禪定《ぜんぢやう》といつて靜慮の義である。一切の修養は靜慮即ち禪定を重んじ、相對差別の域を脱して。絶對靈妙の境に入らうとする宗教的修養《しうけうてきしうやう》に於いては。靜慮は接神の道として重んぜられた修養である。

他力に於いては我《われ》は佛に救はれると信ずる。しかし救《すく》はれる者の現在の有樣はどうか。自力に於いて。我は佛と同《どう》一性《せい》を有するものと信ずる。しかし同一性を有するものの現在《げんざい》の有樣はどうか。宗教的修養はその第一歩に於いて懺悔《ざんげ》の念がなければならない。懺悔の條件は。罪惡《ざいあく》を自覺すること。救濟の理想とが必要である。罪惡を自覺《じかく》しても救濟の理想がなければ。自暴自棄に陷《おちい》りて。救はれる機はないであらう。神か佛かの力によりて救濟《きうさい》されるだらうと信じでこそ。初めて懺悔がある。そしてこの懺悔《ざんげ》を枝末懺悔と根本懺悔とに。分量上から分ち又形式上からは人前懺悔とに分けるのである。

枝末懺悔といふのは個々《こゝ》の事件に對して。過を改むるに憚《はゞか》ることなき懺悔である。しかし宗教の懺悔は個々の事件に於《お》ける。過を改めて善に遷すことではなくて。その罪惡の根本を滅《ほろ》びつくさうとするのである。

人前懺悔は公衆又は知人の前でするものであつて。有力《いうりよく》なやうに思はれるが、人を相手とするものには多少の衒氣《げんき》があつたり。虛僞があつたりする。宗教の懺悔は人間上の神佛《しんぶつ》を相手とし、自分の腹のどん底を開いて、衷心《ちうしん》から懺悔の實を擧げることである。

向上的修養は他力的にいへば我《われ》より神又は絶對者に向《むか》ふものであつて。自力的にいへば心地を開明し。迷を轉じて悟を開くにある。向下的修養は他力的にいへば、その絶對者に接觸《せつしよく》した光を以て、現實の生活《せいくわつ》に力あらしめんとするのであつて。自力的にいへば、開明された心地《しんち》を以て。萬象に應用自在ならしめやうとするにある。同じ佛教《ぶつけう》の中に於いても。小乘佛教は向上的修養を說《と》いて向下のことをいはないが、大乗佛教は上求菩提下化衆生を目的《もくてき》とし、上、菩提を求むると共に、下、衆生を化《くわ》するを以て目的とし、その修養に於いても單に心地を開明して、佛と同體の性を發揮し、我が心を明鏡《めいきやう》の如くにならしめるを以て滿足《まんぞく》せず、明鏡が萬物を映寫《えいしや》して、しかも汚されないやうになることを大切とするのである。即ち心の鏡が清く明かになつただけではいけない。それがすべての物《もの》を映して執着せぬといふ所に到らねばならぬ。

人間といふものは兎角《とかく》物《もの》に執着するものであるが、それが少しも執着《しふちやく》しないで、自由自在の働をするやうになれば、宗教的修養は出來上つたことになるのである。スウエデンのカール第十二世は陣中で書記官《しよきくわん》に手紙を書かして居た時、敵彈が飛び來つて机上で破裂《はれつ》した。書記官は驚いて「陛下、砲彈だ……」と絶叫《ぜつきやう》した。するとカール十二世は落ちつきはらつて「うむ、砲彈だ。しかし砲彈と手紙と何の關係《くわんけい》あるかな。」といつたこのカール十二世の心《こゝろ》の働は、いま言つた自由自在の働を示した好例《かうれい》である。向上は差別から平等に向《むか》ひ、向下は平等から差別に向ふ。現實を理想化し、理想を現實化《げんじつくわ》す人が安心の境地である。目に觸るゝもの悉く宇宙の大道《だいだう》であり、天地皆神の靈光である。

上りて神に入る向上的修養は、下りて世に處《しよ》する向下的修養となり、煩悶慰安の向的信仰は、實生活《じつせいくわつ》の上に於ける向上的活力となる。こゝに於《お》いて向下的修養は神佛に對する報恩感謝の仕事と、神佛《しんぶつ》の心を心とする慈悲博愛の觀念と、この二つの仕事か必要《ひつえう》になる。香華を供へたり、お賽錢を上《あ》げたりすることばかりが、報恩感謝と思つたのは過去《くわこ》のことで、今日では人が日常の生活を正しく營む所に、報恩感謝の實が擧《あ》がると考へられ、誠心誠意各自の業務を勉强《べんきやう》する所に。神佛の心を喜ばすものがあると思はれる。

宗教は愛を說き、慈悲《じひ》を勸める。社會は共同の團體《だんたい》である。人を愛し、人を惠み、人を助《たす》け、人を憐むのは、我等が神佛の意を體する第一の行動《かうどう》である。言葉も感謝の心を失はず。行ふことも慈悲《じひ》の念を離れなければ、我々は神佛とその言行が一致するに近《ちか》いのである。我等がこの心を以て世界。國家家族に盡《つく》し日常の事に對しても、應用自在である。

人類に最も大切《たいせつ》な恩は。父母の恩一切衆生の恩三寶の恩《おん》の四である。人類の存在はこの四つの外には無いといへるのであるから、こゝに感謝の一念があつてこそ。人類の生活は完全に成し遂《と》げられるのである。古來我が國民思想《こくみんしさう》の中には。この感恩思想が多くの人の言葉によつて又文字によつて。廣く深く人心の奥底に徹してゐて。國民の道德心《だうとくしん》に多く力を與へたことは明かな事實《じじつ》である。日本文化の中心思想の一部を成したものといへるものである。

しかるに現代人《げんだいじん》は多く萬事を、自分を中心《ちうしん》として考へなくてはならないと考へる傾向を生じて來た。現代社會《げんだいしやくわい》の表面に起る爭鬪。波瀾は多く自己《じこ》中心主義《ちうしんしゆぎ》の結果である。そしてこれは十九世紀の後半期から西洋《せいやう》に勃興した唯物主義を直譯的に輸入した教育《けういく》の弊である。しかるにこの科學萬能の物質文明《ぶつしつぶんめい》を以て。最高文化の表化の表現であると考へたものでも。大宇宙の偉大な力によつて恵まれた眞實の心が目覺めて來て。社會奉仕《しやくわいほうし》といふやうな事業が起つて來た。萬事《ばんじ》を機械力を以て解決《かいけつ》させると考へることは。頗る危《き》險《けん》なことであつて。感懷を有する人間が社會奉仕といふやうな感謝生活《かんしやせいくわつ》に入らねばならぬ自覺に達することは當然《たうぜん》である。

社會奉仕にしても「衆生《しうじやう》の恩」にまで徹底しなければ。それは眞の意味の社會奉仕にはならない。世間によく見るやうな僞善的賣名的《ぎぜんてきばいめいてき》の社會奉仕であるならば。それは却つて社會道德《しやくわいだうとく》を毒するものである。社會奉仕は一面自分等の力《ちから》を以て。社會のために何等かの善をしやうとすることであるが。自己の存在がすでに四恩の恵みである以上は。一面に於いて自己《じこ》の力は四恩の力であることに氣がつかなければならぬ。そこに眞實《しんじつ》の感恩感謝の生活が生れて來《く》るのである。こゝまで徹底して來れば。本當《ほんたう》に人間の魂を根抵《こんてい》から落ちつかせるのである。

この感恩思想は大乘佛敎にあるのであるが、その大乘佛敎《だいじようぶつけう》の自由平等、無我の精神が、人類の現實生活《げんじつせいくわつ》に實現されたものでは、親鸞上人の御同行主義である。人間相互の日々の生活が、人間相互の助《たす》け合ひによる恩惠の結果《けつくわ》なる、一初の物の上に感謝《かんしや》の念を捧げて生活することである。故《ゆえ》に眞に文化生活は、眞實の感謝の念、報恩の思想に根ざして組織《そしき》されなければならぬ。そしてかやうな信仰《しんかう》に達しなければ、文化生活は道德的に完成《くわんせい》されないのである。

兎角人間は一生を通《つう》じて修養せざるべからずであるが分《わ》けても青年時代は居ても起きても立つても居ても寸時も修養線《しうやうせん》を脱する事は出來ぬのである青年時代《せいねんじだい》の修養は人間一生の大資本《だいしほん》である以上如何なる人も是非《ぜひ》求《もと》めざるを得ない物質的大資本は壯年時代又は老年時代に入りて得《う》る人も澤山有るが精神的大資本は青年時代に得るに限《かぎ》ると云つて過言ではないより以上の急場《きうば》はなかつたと言へ得るであ

ちふ然れば今日の青年程重大責任の有る時代《じだい》もなかつたのである全く今日の青年は國家を負て立《た》たねばならぬ最も重大責任は生じて有るのである故《ゆゑ》に現今の青年は眞に活きたる青年であらねばならぬ我か國家《こくか》を活きた國家にすると又世界的日本にすると青年の修養《しうやう》如何《かん》に依る全く青年は國家死活のかぎなのである現在《げんざい》に於ての青年は社會生活間の青年よりも國家治る大機關の立場《たちば》なのである出來ざると見れば頼む人も云ふ人《ひと》もないのであるが宜《よ》ろしく活きたる青年にして活きたる而かも世界的恥ない國家《こくか》を産み出されん事を青年に望で止《ど》まないものである。

市町村會議員常識　終

昭和三年四月十五日印刷
昭和三年四月廿五日發行

上製　壹圓八十錢

不許複製

編纂者　東京仁義堂編輯部編纂
發行者　木村柳之助
東京市小石川區八千代町三十八番地
印刷者　池田初五郎
東京市小石川區丸山町十一番地
印刷所　東京仁義堂印刷部

發行所
東京小石川區指ケ谷町四番地
東京仁義堂
電話小石川三六一八番
振替東京七六三〇七番

地方自治法研究復刊大系〔第266巻〕

市町村会 議員の常識〔昭和3年初版〕

日本立法資料全集 別巻 1076

2019(平成31)年3月25日　復刻版第1刷発行　7676-3:012-010-005

編　纂　東京仁義堂編輯部
発行者　今　井　貴
　　　　稲　葉　文　子
発行所　株式会社信山社

〒113-0033 東京都文京区本郷6-2-9-102東大正門前
Ⓣ03(3818)1019　Ⓕ03(3818)0344
来栖支店〒309-1625 茨城県笠間市来栖2345-1
Ⓣ0296-71-0215　Ⓕ0296-72-5410
笠間才木支店〒309-1611 笠間市笠間515-3
Ⓣ0296-71-9081　Ⓕ0296-71-9082
印刷所　ワイズ書籍
製本所　カナメブックス
用　紙　七洋紙業

printed in Japan　分類 323.934 g 1076

ISBN978-4-7972-7676-3 C3332 ¥58000E

広中俊雄 編著 〔協力〕大村敦志・岡孝・中村哲也

日本民法典資料集成

第一巻 民法典編纂の新方針

【目 次】

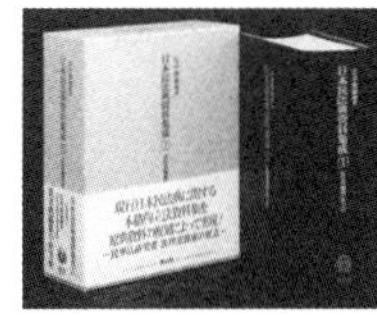

来栖三郎著作集Ⅰ～Ⅲ

《解説》安達三季生・池田恒男・岩城謙二・清水誠・須永醇・瀬川信久・田島裕
利谷信義・唄孝一・久留都茂子・三藤邦彦・山田卓生

信山社

◆穂積重遠
法教育著作集
われらの法　全3集　【解題】大村敦志

■第1集　法　学
◇第1巻『法学通論（全訂版）』／◇第2巻『私たちの憲法』／◇第3巻『百万人の法律学』／◇第4巻『法律入門－NHK教養大学－』／◇正義と識別と仁愛　附録－英国裁判傍聴記／【解題】（大村敦志）

■第2集　民　法
◇第1巻『新民法読本』／◇第2巻『私たちの民法』／◇第3巻『わたしたちの親族・相続法』／◇第4巻『結婚読本』／【解題】（大村敦志）

■第3集　有閑法学
◇第1巻『有閑法学』／◇第2巻『続有閑法学』／◇第3巻『聖書と法律』／【解題】（大村敦志）

◆フランス民法　日本における研究状況
大村敦志 著

信山社

日本立法資料全集 別巻

地方自治法研究復刊大系

改正 市町村制問答説明 明治44年初版〔明治44年4月発行〕／一木千太郎 編纂
改正 市制町村制〔明治44年4月発行〕／田山宗堯 編輯
旧制対照 改正市町村制 附 改正理由〔明治44年5月発行〕／博文館編輯局 編
改正 市制町村制〔明治44年5月発行〕／石田忠兵衛 編輯
改正 市制町村制詳解〔明治44年5月発行〕／坪谷善四郎 著
改正 市制町村制註釈〔明治44年5月発行〕／中村文城 註釈
改正 市制町村制正解〔明治44年6月発行〕／武知彌三郎 著
改正 市町村制講義〔明治44年6月発行〕／法典研究会 著
新旧対照 改正 市制町村制新釈 明治44年初版〔明治44年6月発行〕／佐藤貞雄 編纂
改正 町村制詳解〔明治44年8月発行〕／長峰安三郎 三浦通太 野田千太郎 著
新旧対照 市制町村制正文〔明治44年8月発行〕自治館編輯局 編纂
地方革新講話〔明治44年9月発行〕西内天行 著
改正 市制町村制釈義〔明治44年9月発行〕／中川健蔵 宮内國太郎 他 著
改正 市制町村制正解 附 施行諸規則〔明治44年10月発行〕／福井淳 著
改正 市制町村制講義 附 施行諸規則 及 市町村事務摘要〔明治44年10月発行〕／樋山廣業 著
新旧比照 改正市制町村制註釈 附 改正北海道二級町村制〔明治44年11月発行〕／植田鹽恵 著
改正 市町村制 並 附属法規〔明治44年11月発行〕／楠綾雄 編輯
改正 市制町村制精義 全〔明治44年12月発行〕／平田東助 題字 梶康郎 著述
改正 市制町村制義解〔明治45年1月発行〕／行政法研究会 講述 藤田謙堂 監修
増訂 地方制度之栞 第13版〔明治45年2月発行〕／警眼社編集部 編纂
地方自治 及 振興策〔明治45年3月発行〕／床次竹二郎 著
改正 市制町村制正解 附 施行諸規則 第7版〔明治45年3月発行〕福井淳 著
改正 市制町村制講義 全 第4版〔明治45年3月発行〕秋野沆 著
増訂 農村自治之研究 大正2年第5版〔大正2年6月発行〕／山崎延吉 著
自治之開発訓練〔大正元年6月発行〕／井上友一 著
市制町村制逐條示解〔初版〕第一分冊〔大正元年9月発行〕／五十嵐鑛三郎 他 著
市制町村制逐條示解〔初版〕第二分冊〔大正元年9月発行〕／五十嵐鑛三郎 他 著
改正 市町村制問答説明 附 施行細則 訂正増補3版〔大正元年12月発行〕／平井千太郎 編纂
改正 市制町村制註釈 附 施行諸規則〔大正2年3月発行〕／中村文城 註釈
改正 市町村制正文 附 施行法〔大正2年5月発行〕／林甲子太郎 編輯
増訂 地方制度之栞 第18版〔大正2年6月発行〕／警眼社 編集 編纂
改正 市制町村制詳解 附 関係法規 第13版〔大正2年7月発行〕／坪谷善四郎 著
改正 市制町村制 第5版〔大正2年7月発行〕／修学堂 編
細密調査 市町村便覧 附 分類官公衙公私学校銀行所在地一覧表〔大正2年10月発行〕／白山榮一郎 監修 森田公美 編著
改正 市制 及 町村制 訂正10版〔大正3年7月発行〕／山野金蔵 編輯
市制町村制正義〔第3版〕第一分冊〔大正3年10月発行〕／清水澄 末松偕一郎 他 著
市制町村制正義〔第3版〕第二分冊〔大正3年10月発行〕／清水澄 末松偕一郎 他 著
改正 市制町村制 及 附属法令〔大正3年11月発行〕／市町村雑誌社 編著
以呂波引 町村便覧〔大正4年2月発行〕／田山宗堯 編輯
改正 市制町村制講義 第10版〔大正5年6月発行〕／秋野沆 著
市制町村制実例大全〔第3版〕第一分冊〔大正5年9月発行〕／五十嵐鑛三郎 著
市制町村制実例大全〔第3版〕第二分冊〔大正5年9月発行〕／五十嵐鑛三郎 著
市町村名辞典〔大正5年10月発行〕／杉野耕三郎 編
市町村吏員提要 第3版〔大正6年12月発行〕／田邊好一 著
改正 市制町村制と衆議院議員選挙法〔大正6年2月発行〕／服部喜太郎 編輯
新旧対照 改正 市制町村制新釈 附 施行細則 及 執務條規〔大正6年5月発行〕／佐藤貞雄 編纂
増訂 地方制度之栞 大正6年第44版〔大正6年5月発行〕／警眼社編輯部 編纂
実地応用 町村制問答 第2版〔大正6年7月発行〕／市町村雑誌社 編纂
帝国市町村便覧〔大正6年9月発行〕／大西林五郎 編
地方自治講話〔大正7年12月発行〕／田中四郎左右衛門 編輯
最近検定 市町村名鑑 附 官国幣社及諸学校所在地一覧〔大正7年12月発行〕／藤澤衛彦 著
農村自治之研究 明治41年再版〔明治41年10月発行〕／山崎延吉 著
市制町村制講義〔大正8年1月発行〕／樋山廣業 著
改正 町村制詳解 第13版〔大正8年6月発行〕／長峰安三郎 三浦通太 野田千太郎 著
改正 市町村制註釈〔大正10年6月発行〕／田村浩 編集
大改正 市制 及 町村制〔大正10年6月発行〕／一書堂書店 編
市制町村制 並 附属法 訂正再版〔大正10年8月発行〕／自治館編集局 編纂
改正 市町村制詳解〔大正10年11月発行〕／相馬昌三 菊池武夫 著
増補訂正 町村制詳解 第15版〔大正10年11月発行〕／長峰安三郎 三浦通太 野田千太郎 著
地方施設改良 訓諭演説集 第6版〔大正10年11月発行〕／鹽川玉江 編輯
戸数割規則正義 大正11年増補四版〔大正11年4月発行〕／田中廣太郎 著 近藤行太郎 著
東京市会先例彙輯〔大正11年6月発行〕／八田五三 編纂
市町村国税事務取扱手続〔大正11年8月発行〕／広島財務研究会 編纂
自治行政資料 斗米遺粒〔大正12年6月発行〕／樫田三郎 著
市町村大字読方名彙 大正12年度版〔大正12年6月発行〕／小川琢治 著
地方自治制要義 全〔大正12年7月発行〕／末松偕一郎 著
北海道市町村財政便覧 大正12年初版〔大正12年8月発行〕／川西輝昌 編纂

信山社

日本立法資料全集 別巻
地方自治法研究復刊大系

国税 地方税 市町村税 滞納処分法問答〔明治23年5月発行〕／竹尾高堅 著
日本之法律 府県制郡制正解〔明治23年5月発行〕／宮川大壽 編輯
府県制郡制註釈〔明治23年6月発行〕／田島彦四郎 註釈
日本法典全書 第一編 府県制郡制註釈〔明治23年6月発行〕／坪谷善四郎 著
府県制郡制義解 全〔明治23年6月発行〕／北野竹次郎 編著
市町村役場実用 完〔明治23年7月発行〕／福井淳 編纂
市町村制実務要書 上巻 再版〔明治24年1月発行〕／田中知邦 編纂
市町村制実務要書 下巻 再版〔明治24年3月発行〕／田中知邦 編纂
米国地方制度 全〔明治32年9月発行〕／板垣退助 序 根本正 纂訳
公民必携 市町村制実用 全 増補第3版〔明治25年3月発行〕／進藤彬 著
訂正増補 議制全書 第3版〔明治25年4月発行〕／岩藤良太 編纂
市町村制実務要書続編 全〔明治25年5月発行〕／田中知邦 著
地方學事法規〔明治25年5月発行〕／鶴鳴社 編
増補 町村制執務備考 全〔明治25年10月発行〕／増澤鐵 國吉拓郎 同輯
町村制執務要録 全〔明治25年12月発行〕／鷹巣清二郎 編輯
府県制郡制便覧 明治27年初版〔明治27年3月発行〕／須田健吉 編輯
郡市町村吏員 収税実務要書〔明治27年11月発行〕／荻野千之助 編纂
改訂増補鼇頭参照 市町村制講義 第9版〔明治28年5月発行〕／蟻川堅治 講述
改正増補 市町村制実務要書 上巻〔明治29年4月発行〕／田中知邦 編纂
市町村制詳解 附 理由書 改正再版〔明治29年5月発行〕／島村文耕 校閲 福井淳 著述
改正増補 市町村制実務要書 下巻〔明治29年7月発行〕／田中知邦 編纂
府県制 郡制 町村制 新税法 公民之友 完〔明治29年8月発行〕／内田安蔵 五十野譲 著述
市制町村制註釈 附 市制町村制理由 第14版〔明治29年11月発行〕／坪谷善四郎 著
府県制郡制註釈〔明治30年9月発行〕／岸本辰雄 校閲 林信重 註釈
市町村新旧対照一覧〔明治30年9月発行〕／中村芳松 編輯
町村至宝〔明治30年9月発行〕／品川彌二郎 題字 元田肇 序文 桂虎次郎 編纂
市制町村制應用大全 完〔明治31年4月発行〕／島田三郎 序 大西多典 編纂
傍訓註釈 市制町村制 並ニ 理由書〔明治31年12月発行〕／筒井時治 著
改正 府県郡制問答講義〔明治32年4月発行〕／木内英雄 編纂
改正 府県制郡制正文〔明治32年4月発行〕／大塚宇三郎 編纂
府県制郡制〔明治32年4月発行〕／徳田文雄 編輯
郡制府県制 完〔明治32年5月発行〕／魚住嘉三郎 編輯
参照比較 市町村制註釈 附 問答理由 第10版〔明治32年6月発行〕／山中兵吉 著述
改正 府県制郡制註釈 第2版〔明治32年6月発行〕／福井淳 著
府県制郡制釈義 全 第3版〔明治32年7月発行〕／栗本勇之助 森惣之祐 同著
改正 府県制郡制註釈 第3版〔明治32年8月発行〕／福井淳 著
地方制度通 全〔明治32年9月発行〕／上山満之進 著
市町村新旧対照一覧 訂正第五版〔明治32年9月発行〕／中村芳松 編輯
改正 府県制郡制 並 関係法規〔明治32年9月発行〕／鷲見金三郎 編纂
改正 府県制郡制釈義 再版〔明治32年11月発行〕／坪谷善四郎 著
改正 府県制郡制釈義 第3版〔明治34年2月発行〕／坪谷善四郎 著
再版 市町村制例規〔明治34年11月発行〕／野元友三郎 編纂
地方制度実例総覧〔明治34年12月発行〕／南浦西郷侯爵 題字 自治館編集局 編纂
傍訓 市制町村制註釈〔明治35年3月発行〕／福井淳 著
地方自治提要 全〔明治35年5月発行〕／木村時義 校閲 吉武則久 編纂
市制町村制釈義〔明治35年6月発行〕／坪谷善四郎 著
帝国議会 府県会 郡会 市町村会 議員必携 附 関係法規 第一分冊〔明治36年5月発行〕／小原新三 口述
帝国議会 府県会 郡会 市町村会 議員必携 附 関係法規 第二分冊〔明治36年5月発行〕／小原新三 口述
地方制度実例総覧〔明治36年8月発行〕／芳川顯正 題字 山脇玄 序文 金田謙 著
市町村是〔明治36年11月発行〕／野田千太郎 編纂
市制町村制釈義 明治37年第4版〔明治37年6月発行〕／坪谷善四郎 著
府県郡市町村 模範治績 附 耕地整理法 産業組合法 附属法例〔明治39年2月発行〕／荻野千之助 編輯
自治之模範〔明治39年6月発行〕／江木翼 編
改正 市制町村制〔明治40年6月発行〕／辻本末吉 編輯
実用 北海道郡区町村案内 全 附 里程表 第7版〔明治40年9月発行〕／廣瀬清澄 著述
自治行政例規 全〔明治40年10月発行〕／市町村雑誌社 編著
改正 府県制郡制要義 第4版〔明治40年12月発行〕／美濃部達吉 著
判例挿入 自治法規全集 全〔明治41年6月発行〕／池田繁太郎 著
市町村執務要覧 全 第一分冊〔明治42年6月発行〕／大成会編輯局 編輯
市町村執務要覧 全 第二分冊〔明治42年6月発行〕／大成会編輯局 編輯比較研究
自治要義 明治43年再版〔明治43年3月発行〕／井上友一 著
自治之精髄〔明治43年4月発行〕／水野錬太郎 著
市制町村制講義 全〔明治43年6月発行〕／秋野沆 著
改正 市制町村制講義 第4版〔明治43年6月発行〕／土清水幸一 著
地方自治の手引〔明治44年3月発行〕／前田宇治郎 著
新旧対照 市制町村制 及 理由 第9版〔明治44年4月発行〕／荒川五郎 著
改正 市制町村制 附 改正要義〔明治44年4月発行〕／田山宗堯 編輯

信山社